TRANSMISIÓN

UNA MEDITACIÓN PARA LA NUEVA ERA

BENJAMIN CREME

La foto reproducida en la portada procede de un cuadro de Benjamin Creme: **Om adumbrando a la Tierra**.

Reconocimiento

Como siempre con mis libros, este libro es un resultado de trabajo grupal. Debo un especial agradecimiento en este caso a la contribución de varios colaboradores, especialmente en el Área de la Bahía de San Francisco. Incorpora material de conferencias, seminarios, talleres y escritos de los últimos 29 años. Ésta, la sexta, es una edición expandida, e incluye diversas preguntas y respuestas que se han publicado en la revista *Share International* desde la publicación de la cuarta edición.

Podría ser interesante indicar que, a través de la inspiración de mi Maestro, nuestro conocimiento y visión del propósito subyacente de la Meditación de Transmisión se ha expandido y profundizado considerablemente desde la primera edición publicada en marzo de 1983.

BENJAMIN CREME

Londres

Nota del Editor

El conjunto de información presentado en este libro se ha incrementado gradualmente durante los últimos 29 años. La primera edición del libro, publicada en marzo de 1983, constaba de 80 páginas. El volumen actual, su sexta edición, contiene más del doble de páginas.

La primera edición contenía información derivada únicamente de las conferencias públicas de Benjamin Creme sobre Meditación de Transmisión celebras en Estados Unidos en otoño de 1982. A medida que más preguntas fueron respondidas y publicadas seguidamente en la revista *Share International*, éstas fueron añadidas al libro en cada nueva impresión.

A medida que más material estuvo disponible a lo largo de los años, se crearon nuevos capítulos. En las conferencias de Meditación de Transmisión celebradas en Estados Unidos y Holanda en 1987, Benjamin Creme presentó una charla sobre 'El Papel de la Meditación de Transmisión en el Desarrollo del Discípulo', y reveló más información, incluyendo el propósito subyacente del trabajo de Transmisión. La charla de Creme y las preguntas y respuestas de estas conferencias fueron añadidas en la cuarta edición del libro como Capítulo 10.

La charla temática de Creme en las conferencias de Meditación de Transmisión de 1990 se centró en 'Discipulado y Práctica', e incluían sus comentarios (y los de su Maestro) sobre la práctica concreta de la Transmisión por los discípulos en los 10 años previos. Le siguió un profundo debate sobre cómo mantener el alineamiento entre el cerebro físico y el alma, y mejorar la cualidad del trabajo de Transmisión. El material de este debate fue añadido en la cuarta edición como capítulo 9, 'Mantener el Alineamiento'. Aunque algunas preguntas en este capítulo se solapan con otras en otros sitios del libro, la información podría expandirlas, o expresarse desde una perspectiva algo diferente, y por tanto podría ser útil al lector.

La actual sexta edición contiene algunas preguntas más sobre la Meditación de Transmisión que aparecieron en la revista *Share International* desde la publicación de la cuarta edición en 1998. Para la conveniencia de los lectores que ya tienen la cuarta edición, las nuevas preguntas añadidas están señaladas con asteriscos al final de cada pregunta en el Índice.

Índice

Prólogo

Muchas personas me han pedido que relate algo sobre los pasos que me han conducido al trabajo que estoy realizando. No será un relato completo: existen leyes no escritas de reserva sobre algunos aspectos de la relación Maestro-discípulo. Pero para el interés que pueda tener, y con la esperanza que haga más real y creíble el hecho de los Maestros y el hecho del regreso del Cristo a Su cabeza, escribo lo siguiente:

Cuando tenía cuatro o cinco años, uno de mis pasatiempos favoritos era sentarme en la ventana y mirar el viento. No el efecto del viento en los árboles o las hojas, sino el mismo viento. Observaba los movimientos del aire e intentaba adivinar si soplaba viento del norte, sur, este u oeste. Cuando fui al colegio, aprendí que el aire era invisible, al igual que el viento, y olvidé mi capacidad de ver lo que por supuesto era algún nivel de los planos de materia etérica.

Por encima del denso-físico –sólido, líquido y gaseoso– existen cuatro planos de materia aún más sutil que conforman el envoltorio etérico de este planeta, y del cual los planos densos físicos son una precipitación. No fue hasta 20 años después, a través de la construcción y uso del acumulador de orgón de Willhelm Reich, que nuevamente me hice consciente de este océano de energía del cual nosotros formamos parte, y me demostró totalmente la existencia de los planos etéricos.

Me volví consciente y extremadamente sensible a las corrientes de energía. Tanto que, con el tiempo, podía saber cuándo se había realizado un ensayo atómico en el Pacífico u otra parte del mundo. A través de miles de kilómetros, yo registraba el cambio de las corrientes etéricas causado por las explosiones. Inevitablemente, un día o dos después se publicaba la noticia de que Norteamérica, Rusia o Gran Bretaña habían probado un 'artefacto' de tal o cual tamaño…

Leí, entre muchos otros, los trabajos teosóficos de H.P. Blavatsky y Leadbeater; Gurdjieff, Ouspensky y Nicoll; Paul Brunton; Patanjali; las enseñanzas de Alice Bailey y Agni Yoga; Swamis Vivekananda, Sivananda, Yogananda; Sri Ramana Maharshi, cuyo Sendero de Autoconocimiento intenté seguir. A través de su meditación sobre "¿Quién soy yo?" (y, ahora sé, a través de la Gracia de mi Maestro), me sentí empujado hacia en un sentido de identidad con todo el mundo fenoménico: la tierra, el cielo, las casas y las personas, los árboles y los pájaros y las nubes, los vi como yo mismo. Desaparecí como un ser separado, aunque mantuve la plena conciencia, una conciencia expandida que incluía todo. Supe que esto era la verdadera Realidad, que el estado normal de conciencia despierta simplemente tapaba esto, lo mantenía oculto, a través de la identificación errónea de uno mismo con este cuerpo. También vi a este mundo fenoménico como un tipo de ritual, un espectáculo de sombras chinescas ritualizado, representando un sueño o deseo de Eso que sólo existe, sólo era Real, que también era yo…

A finales de 1958, un condiscípulo que tenía la 'conexión' me dijo que yo estaba recibiendo "mensajes". Esto me sorprendió y no pensé que fuera cierto. Me dijo que los mensajes "rebotaban" en mí, pero que si hacía tal y cual cosa, con el tiempo los recibiría correctamente.

Debí haber hecho lo correcto, porque una noche, a principios de enero de 1959, de forma tan clara que no podía haber error, oí internamente la instrucción: Ve a tal y tal sitio (un lugar en Londres) en tal y tal fecha y hora, dentro de tres semanas. En esa noche, había personas esperando para encontrarse conmigo.

Eso fue el comienzo de un flujo de mensajes que llegaba cobrando ímpetu. Algunos, aparentemente, perdí (luego se me dijo cuándo había perdido uno) y temí tanto perderlos que me los di a mí mismo. Me envié a mí mismo a varios encuentros, donde no sucedió nada ni nadie apareció, pero gradualmente tranquilicé. No los perdí y dejé de inventármelos.

Se me indicó que consiguiera una grabadora y recibí muchos largos dictados de diversa índole. Algunos contenían consejos, orientación, o instrucción espiritual. No se me dijo la identidad del Maestro (o Maestros) que me hablaban así, telepáticamente, y pienso que yo era demasiado tímido para preguntar, aunque se me dijo que podía formular preguntas. No fue hasta años después que supe Su nombre y también que podría haberlo sabido si hubiese preguntado mucho antes.

Una noche, a principios de 1959, durante una transmisión, se me pidió que apagara la grabadora. Luego siguió un discurso sobre Su Reaparición, por Maitreya, el Cristo, Jefe de nuestra Jerarquía Espiritual. Él dijo también que yo tenía una parte en el Plan. En ese momento yo creía que el Instructor del Mundo vendría de uno de los planetas más elevados, probablemente de Venus, y esta información de Maitreya causó un trastorno total de mi pensamiento. En una transmisión poco después de este suceso, mi Maestro, refiriéndose a este conocimiento recién descubierto, añadió: **"Llegará el momento en que se espera que actúes sobre ello"**. Y en otra: **"¡Afirma Su venida!"**.

No puede afirmar que me tomé en serio estas exhortaciones y que esa fue la razón de que me involucrara en este trabajo de preparación para el Cristo. Bajo instrucción, guardé estas cintas durante diecisiete años y me temo que necesité un empujón más bien fuerte del Maestro para lanzarme a este trabajo.

Hacia finales de 1972, cuando estaba más bien estancado y cuando menos lo esperaba, aquel Ser Sabio y Astuto que tengo el privilegio de llamar Maestro, se abalanzó. Me tomó de la mano, y me sometió al período más intenso de eliminación de espejismo e ilusiones, entrenamiento y preparación. Durante meses trabajamos juntos, 20 horas al día, profundizando y fortaleciendo el vínculo telepático hasta que fue de doble sentido con igual facilidad, requiriendo la mínima atención y energía por Su parte. Él forjó en este período un instrumento a través del cual podría trabajar, y que respondiera a Su más mínima impresión (por supuesto, con mi completa cooperación y sin el más mínimo infringir de mi libre albedrío). Todo lo que veo y oigo, Él ve y oye. Cuando Él lo desea, una mirada mía puede ser una mirada Suya, mi tacto, el Suyo. Así, con el mínimo uso de energía, Él tiene una ventana al mundo, una avanzada de Su conciencia. Él puede curar y enseñar. Él permanece, en un cuerpo físico completo, a miles de kilómetros de distancia. No estoy sugiriendo que yo sea Su única "ventana en el mundo". No sé cuán poco frecuente es esto, pero estoy seguro que no es único. Constituye una etapa definida en la relación Maestro-discípulo. Él me ha pedido que no revele Su identidad por el momento, incluso ni a los miembros del grupo con el que trabajo, y a través del cual Él trabaja. Conozco dos razones (podrían haber más) de Su petición, y las respeto, pero puedo decir que Él es uno de los Miembros Mayores de la Jerarquía, un Maestro de Sabiduría, cuyo nombre es bien conocido por los esoteristas en Occidente. Su inspiración ha realzado enormemente el poder conceptual e intensidad de mis pinturas...

En marzo de 1974, Él me dio una lista con 14 nombres de personas para invitarlas a una charla en mi casa sobre 'meditación y temas relacionados'. Todos asistieron.

Hablé sobre la Jerarquía de Maestros, sobre meditación, y sobre su papel en lograr el contacto del alma. Bajo instrucción, les presenté el siguiente ofrecimiento: les invité a formar parte de un trabajo grupal en el cual su meditación oculta procedería bajo la orientación de un Maestro de Sabiduría, a cambio de ello, actuarían como transmisores de las energías Jerárquicas, formando así un grupo puente entre la Jerarquía y los discípulos en el terreno.

El Maestro organizó una transmisión corta para mostrarles lo que suponía. Doce de los 14 aceptaron, dos dijeron que no se sentían preparados para este tipo de trabajo.

El grupo se formó en marzo de 1974 para canalizar las fuerzas espirituales. Nos reuníamos dos veces por semana, al principio, entre una hora y media y dos horas. La cuestión de un nombre para el grupo surgió, pero la instrucción del Maestro fue, y aún lo es, que no debe utilizarse ningún nombre, ni crearse una organización, ni nombrarse cargos, ni crearse muros alrededor nuestro ni de nuestras ideas, manteniendo el máximo de apertura.

Al mismo tiempo, el Maestro me di el plano para construir un instrumento trasnsmisor/transformador que utilizamos en este trabajo, y que yo también utilizo para curar. Tiene la forma de un tetraedro y está basado en el principio de que ciertas formas tienen propiedades energéticas inherentes.

Actualmente se está realizando un gran estudio sobre la naturaleza y propiedades energéticas de la pirámide. La Gran Pirámide de Giza es realmente un instrumento atlante, basado en el poder de la forma. El objetivo del hombre atlante fue perfeccionar el vehículo o cuerpo astral-emocional. Sólo por tener la forma que tiene, la pirámide, cuando se alinea con los polos norte y sur, atrae energía de los planos etérico y astral. Esto se transmitía para el beneficio de la población de la gran ciudad que yace enterrada debajo de las arenas alrededor de la Pirámide y la Esfinge.

El objetivo de nuestra presente quinta raza raíz, la Aria, es perfeccionar el vehículo mental. Cuando se alinea norte y sur, el Tetraedro automáticamente atrae hacia sí y transmite energía de los planos mentales. Este principio está detrás de nuestro uso del instrumento. La instrumentación –cristal de cuarzo, imanes, discos e hilo de oro y plata– focalizan y potencian todas las energías canalizadas a través nuestro por la Jerarquía. La misma forma transformándolas hacia abajo a los planos mentales inferiores donde puedan ser más fácilmente absorbidas por muchas personas. Sin este trabajo de transformación, que el instrumento lleva más lejos, las energías de la Jerarquía, fluyendo como lo hacen principalmente del nivel búddhico (el nivel de la Intuición Espiritual), 'rebotarían' en las masas de personas, y su efecto sería limitado. Esto está detrás de la necesidad de la Jerarquía de grupos transmisores, utilizando alguna forma de meditación u oración.

Bajo la instrucción del Maestro, construí también una Batería de Energía Espiritual, que fue adosada el trasmisor. Hasta ahora sólo la utilizamos una vez, para demostrar, supongo, el principio.

Las personas del grupo han cambiado muchas veces, sólo cuatro del grupo original permanecen. Su número ha crecido y disminuido, pero siempre parece estabilizarse en unos 12 miembros totalmente activos, con otros muchos participantes menos activos o regulares, y con un gran número de grupos filiales, tanto aquí como en el extranjero.

Actualmente, no reunimos regularmente, tres veces por semana para transmitir las energías de la Jerarquía entre cuatro y siete u ocho horas cada vez. Sólo las personas más dedicadas y comprometidas, por supuesto, pueden mantener esta intensidad de ritmo, así que las cifras, necesariamente, se mantienen bajas. Además, celebramos una reunión pública semanal en Friends Meeting House, Euston Road, Londres, en la cual la audiencia es invitada a compartir las transmisión de energías que son enviadas.

En junio de 1974 comenzó una serie de adumbramientos y mensajes transmitidos por Maitreya, inspirándonos, y manteniéndonos informados del progreso de Su exteriorización. También fuimos privilegiados de hacernos conscientes de la gradual creación y perfeccionamiento de Su cuerpo de manifestación, el mayavirupa. En el período desde marzo de 1976 y septiembre de 1977, estas comunicaciones de Maitreya se hicieron realmente muy frecuentes.

Durante el primer año de la vida del grupo, celebramos una reunión abierta en cada luna llena para que amigos interesados de los miembros pudieran participar en la transmisión. En estas reuniones de luna llena, yo daba una corta charla, normalmente sobre la Reaparición del Cristo y la Jerarquía de Maestros, o, en ocasiones, sobre el significado, desde un punto de vista esotérico astrológico, de las energías específicas de la luna llena.

Hacia finales de 1974, el Maestro dijo, varias veces: "Sabes, debes llevar todo esto al público. Es de poca utilidad dar esta información sólo a una

20 personas que están aquí". La pantomima comenzó: yo me quejaba, suplicaba no tener que "aparecer públicamente". Él me aseguraba que sólo bromeaba: "Tengo otros planes para ti", decía, y yo me volvía a relajar. Pero en enero de 1975 Él finalmente dijo: "Lo digo en serio. Proporciona esta información (Él había dictado una información ingente sobre cómo el Plan se desarrollaría) a los grupos, de todos los trasfondos y enseñanzas. Diles lo que sabes. La esperanza es que de las mentes más enfocadas de los grupos se creará una interacción telepática con el público en general, para que cuando te presentes a ellos, están de algún modo preparados".

No me gustó. No me gustó nada. Me gustaba lo que estaba haciendo. Me gustaba trabajar silenciosa, esotéricamente, sabiendo que estaba haciendo algo útil, pero ni agotador ni haciéndome demasiadas exigencias psicológicas. No hice nada sobre los grupos hasta que varios estímulos firmes de mi Maestro al final me pusieron en movimiento. En marzo o abril, escribí esperanzado a unos 40 grupos que trabajaban en líneas espirituales, ofreciendo mis servicios como orador sobre 'La Reaparición del Cristo y los Maestros de Sabiduría'. La respuesta, como es lógico, dado que yo era bastante desconocido, no fue del todo abrumadora. Tuve, creo, entre seis y siete respuestas. Tres de estos grupos estaban interesados en saber más –todos grupos nuevos gestionados por gente joven– el Centre House, el Gentle Ghost y la Franklin School, y di una charla en cada uno, la primera en Centre House, el 30 de mayo de 1975.

Yo estaba muy nervioso. Aunque conocía mi material, no lo tenía en ningún orden determinado. El Maestro, en Su bondad, me dictó una lista de títulos que yo podía ojear, y, de hecho, me adumbró tanto durante toda la charla que Él prácticamente la impartió. Justo antes del final, de repente fui adumbrado por el mismo Maitreya, mi corazón se derritió, y tuve gran dificultad en mantener el tono de mi voz. Las siguientes palabras fueron puestas en mi mente:

"Cuando el Cristo regrese, Él no revelará al principio Su Presencia, ni tampoco los Maestros que le preceden; pero gradualmente se tomarán pasos que revelarán a los hombres que vive entre ellos ahora un hombre de una excepcional, extraordinaria potencia, capacidad para el amor y el servicio, y con una amplitud de visión, mucho más allá de lo ordinario. Los hombres y mujeres, en todo el mundo, se verán atraídos a la conciencia despierta del punto en el mundo moderno en el cual este hombre vivirá; y de ese centro de fuerza fluirá el Verdadero Espíritu del Cristo, que gradualmente revelará a los hombres que Él está con nosotros. Aquellos que puedan responder a Su presencia y Su Enseñanza, se encontrarán de alguna forma reflejando este amor, esta potencia, esta amplitud de visión, e irán al mundo y divulgarán fuera el hecho de que el Cristo está en el mundo, y que los hombres deben mirar hacia ese país desde donde cierta Enseñanza está emanando. Esto tendrá lugar en un período de tiempo relativamente muy corto, y conducirá a al evidencia concluyente de que el Cristo está entre nosotros.

"Desde ese momento en adelante, los cambios que tendrán lugar en el mundo procederán a una velocidad sin precedentes en toda la historia del planeta. Las próximos 25 años mostrarán tales cambios, cambios tan radicales, tan fundamentales, que el mundo cambiará completamente para mejor".

Nadie estaba más sorprendido que yo al oír esta declaración. No fue hasta que volví a escuchar la grabación que estuve seguro, incluso, que tenía sentido.

El 7 de julio de 1977, Maitreya mismo nos informó que Su cuerpo de manifestación estaba completamente terminado, que Él se lo había "puesto", y que Su Cuerpo de Luz (Su Cuerpo Ascendido) estaba ahora en reposo en Su Centro de la montaña en los Himalayas. El 8 de julio, se nos informó, comenzó el Descenso. El martes, 19 de julio, mi Maestro me dijo que Maitreya había llegado a Su "punto focal", un conocido país moderno. Tenía un conferencia esa noche en Friends House, pero se me pidió que mantuviera de momento esa información para mí. Durante nuestra sesión de transmisión del viernes, el Maestro me dijo que Maitreya había estado descansando, aclimatándose, durante tres días, y que ese día, el 22 de julio, Su Misión había comenzado. Esta información se me permitió compartirla con el grupo.

Cerca de medianoche acabó la transmisión y nos congregamos, como era habitual, para tomar un té antes de dispersarnos. Mi mujer encendió la televisión, donde se estaba emitiendo una película de madrugada de un drama familiar con Bette Davis como protagonista. Algunos de los miembros del grupo la miraban, pero, comprensiblemente, mis pensamientos estaban en otro sitio. Realicé algunos comentarios sarcásticos sobre la película y sus actores (normalmente admiro mucho a Bette Davis como actriz). Cuando no pude aguantar más, dije que tenía unas noticias bastante importantes que contarles, de que el Cristo estaba ya en el mundo cotidiano en plena Presencia física, y comenzando Su Misión.

En muchas, muchas ocasiones desde entonces, a infinidad de audiencias, he hecho este anuncio, pero nunca más con el sentimiento de haber compartido, incluso en una escala pequeña, un gran evento planetario. Las lágrimas de alegría en los rostros del grupo alrededor de la mesa mostraban que ellos, también, sentían lo mismo.

A comienzos de septiembre de 1977, se me pidió que diera en público los mensajes de Maitreya. El 6 de septiembre de 1977, se dio el primer mensaje público, en Friends' House, Euston Road, 'experimentalmente', para averiguar, supongo, cómo resistía la demostración de este tipo de adumbramiento y telepatía en público, algo muy diferente a la privacidad del propio grupo de uno. Estos han continuado hasta ahora. En el momento de ir a la imprenta hemos recibido 85 mensajes. Estos son transmitidos por mí a la audiencia. No hay involucrado ni trance ni mediumnidad, y la voz es mía, aunque muy obviamente aumentada en fuerza y alterada en tono por la energía del adumbramiento de Maitreya. Son transmitidos simultáneamente en todos los planos astrales y mentales, mientras que yo proporciono la vibración básica etérica-física para que esto tenga lugar. De estos niveles sutiles, el mensaje impresiona las mentes y corazones de incontables personas, que gradualmente se hacen conscientes de los pensamientos y la Presencia del Cristo. Él libera de esta forma fragmentos de Su Enseñanza, para preparar el clima de esperanza y expectación que asegurará que Él sea aceptado y seguido, rápida y gustosamente.

Es una afirmación enorme y embarazosa para realizar, que el Cristo está dando mensajes a través de uno. Pero si las personas pueden liberar sus mentes de la idea del Cristo como algún tipo de espíritu, sentado en el 'cielo' a la derecha de Dios; si pueden comenzar a verle como realmente es, como un hombre real y vivo (aunque un hombre Divino) que nunca abandonó el mundo; que descendió, no del 'cielo', sino de Su antiguo retiro en los Himalayas, para completar la labor que Él comenzó en Palestina; como un gran Maestro; un Adepto y Yogi; como el actor principal en una Historia del Evangelio que es esencialmente cierta, pero mucho más simple que como se presentó hasta ahora; si las personas pueden aceptar esa posibilidad, entonces la afirmación de recibir comunicaciones telepáticas de un Ser tan cercano y comprensible es también, quizás, más aceptable. En todo caso, lo dejo al estudio de las de la cualidad de los Mensajes mismos para convencer o no. Para muchas personas, las energías, que fluyen durante el adumbramiento, convencen. Muchas personas que vienen a estas reuniones son clarividentes en diferentes grados, y sus visiones del adumbramiento mientras tiene lugar, son para ellos, la prueba más convincente de todas.

Quizás lo anterior ayude a explicar por qué hablo de los Maestros y del Cristo y Su reaparición con convicción. Para mí, Su existencia es un hecho, sabido a través de mi experiencia directa y contactos. Es con la esperanza de despertar a otros a la realidad de este hecho, y al aún más trascendental hecho de Su regreso al mundo cotidiano para conducirnos a la Era de Acuario, que esto se ha escrito.

BENJAMIN CREME

Londres 1979

(El texto anterior son extractos del Prólogo de *La Reaparición del Cristo y los Maestros de Sabiduría* de Benjamin Creme.)

Capítulo 1 – Introducción: ¿Por qué meditamos?

La pregunta podría haber surgido en vuestra mente de por qué las personas meditan en primer lugar. ¿Por qué la meditación? ¿Qué es tan bueno, tan interesante, tan efectivo, que millones de personas en todo el mundo, y en cifras muy crecientes, comienzan, y continúan, practicando meditación? ¿Por qué lo hacen?

Desde el punto de vista de Aquellos a cargo de nuestro avance evolutivo en el planeta Tierra, la razón es que la meditación es el medio, *por excelencia*, de poner al individuo en contacto con su alma. Esa es la razón de que meditemos. Cualquier cosa adicional que busquemos, todo aquello que una meditación específica podría proporcionarnos, la razón fundamental de practicar meditación en primer lugar es entrar en contacto con nuestra alma.

Tanto si lo sabemos como si no, todas somos almas en encarnación. Es el alma la que se encarna, no esta personalidad que nosotros consideramos como nuestro yo, con un cuerpo físico. El alma es un gran ente espiritual, un fragmento individualizado de una gran fuerza denominada el Reino Humano. Al encarnarse el alma una y otra vez, realiza un viaje evolutivo a través de una serie de vehículos, el hombre o mujer en el plano físico, cada uno con su aspecto personal, visión, pensamientos, etc. El vehículo está constituido de un cuerpo físico, un cuerpo astral/emocional y un cuerpo mental, que juntos proporcionan el vehículo para que el alma vea y experimente la vida a este nivel de ser. Este nivel es solo uno, y el aspecto más inferior de todos los niveles posibles de vida que podemos experimentar mientras elevamos nuestra conciencia y conciencia despierta a planos cada vez más elevados.

La mayoría de personas creen que cuando se miran en un espejo se están viendo a sí mismos: viendo si están bien, un poco pálidos, no tan bien, etc. Y el alma utiliza este vehículo para experimentar lo que es la vida en este nivel. Si nosotros, como vehículo, experimentamos la 'vida' correctamente, de igual forma lo hace el alma. Pero, como es habitual, las personas solo ven las ilusiones de los planos físico, emocional y mental, entonces el alma también lo percibe de una forma ilusoria. (La ilusión en el plano físico se denomina 'maya', en el plano emocional, 'espejismo', y en el plano físico, 'ilusión'.)

Fuera de encarnación el alma es un ser divino perfecto, con todo el rango de divinidad que podemos experimentar en nuestro nivel en el planeta Tierra. Pero si presentamos a través de la ilusión aspectos de la 'vida' en el plano físico, emocional y mental, aspectos de la vida que son incorrectos a través de nuestra visión ciega a través de la niebla de la ilusión, entonces el alma también comparte la ilusión.

La mayoría de la humanidad encarnada en este momento, y también no encarnada, vive en la ilusión en un mayor o menor grado. Esencialmente, el alma no reside en la ilusión, pero si le presentamos una experiencia ilusoria, comparte esa ilusión. Solo puede ver aquello que nosotros vemos. Si estamos cegados por el espejismo, la ilusión, entonces eso es lo que presentamos como la naturaleza de la vida al alma.

El viaje evolutivo

El objetivo y propósito de la vida, del alma en encarnación, es el desarrollo de un vehículo cada vez más puro en su respuesta a la naturaleza de la realidad. Y cuanto más pura y más exacta sea la respuesta, más correcta es la visión de la realidad del alma en este nivel.

Pasamos por miles de vidas en este viaje evolutivo: la reencarnación es un hecho de la vida. Pero no somos nosotros, vosotros y yo, con un nombre, sino nuestra alma la que realiza este viaje de perfeccionamiento. Perfecta en sí misma, el alma realiza un viaje de perfeccionamiento en el plano físico a través de una sucesión de vehículos físicos equipados con respuestas astrales/emocionales y con visión y pensamiento mental. Cuanto más evolucionado el vehículo, más perfecta es el alma en su viaje encarnatorio. Ese viaje lleva miles de vidas pero en cierto momento de ese viaje, el alma, en su nivel, comprende que su vehículo, el hombre o mujer en esa encarnación específica, está empezando a responder de alguna forma a su energía y luz. Hasta ese momento, el vehículo, con un tenue hilo desde el alma, solo lleva a cabo su propio propósito: comer, pensar qué comer después, cómo conseguir ese comida, cómo ganarse el sustento, etc.

Pero llega un momento en el cual el alma ve que su vehículo está empezando a responder a la energía y propósito del alma. Cuando el alma ve que esto sucede, dirige al hombre o mujer hacia una meditación de algún tipo. El alma entonces enciende su centro en el costado derecho del cuerpo. Ese es el centro del alma, no en el físico denso, sino en el cuerpo etérico más fino. La Biblia cristiana dice que el sabio tiene el corazón a la derecha, el necio tiene el corazón a la izquierda. Esto significa que el hombre sabio, que sabe que realmente es un alma, sabe que el centro del alma, no el corazón físico, es el centro de nuestro ser. Cuando este centro es encendido por el alma, empieza la evolución del alma en encarnación. La energía y la luz del alma comienzan a brillar, y el alma lleva a su reflejo, el hombre o mujer, hacia la meditación de algún tipo: la meditación es la palanca que une al alma y a su vehículo. Al principio, la persona podría intentar varias meditaciones y decidir no continuar, pero finalmente llega una vida en donde alguna meditación capta la atención, y se invierte una considerable cantidad de tiempo y energía para practicar esa meditación.

De esta forma el lazo entre el alma y su vehículo se hace cada vez más fuerte hasta que al final se establece la unión entre ambos. Yoga significa unión, y a través del yoga de la meditación se realiza ese primer contacto que se va cimentando vida tras vida.

Existen cientos de meditaciones presentes en el mundo. Existe una gran variedad para cualquiera que desee meditar. Cuanto más científica la meditación, más eficaz será, y más realizará el trabajo necesario.

El alma nunca abandona, siempre insiste, y si en una vida la persona no realiza meditación, entonces el alma vuelve a insistir en la siguiente vida y así hasta que finalmente el mensaje llega y la persona empieza a meditar. Podría ser muy fugaz al principio, pero entonces llegan vidas en las cuales la persona está muy comprometida con la meditación.

Y luego empieza a suceder otra cosa. Después de que haya estado meditando durante algún tiempo, el individuo empieza a cambiar bajo la influencia del alma (aunque eso podría no ser percibido por la persona. Depende cuánto saben de ello teoréticamente). Podrías ver los cambios, podrías no verlos, pero tus amigos sin duda los verán. No eres la persona que eras, tiendes a no tener los mismos intereses de antaño. Empiezas a tener otros intereses, más relacionados con el mundo en su conjunto, con las personas en vez de contigo mismo. Este es un paso específico. Todos pasamos por él, y no es algo extraño o terrible que está sucediendo, tan solo es desarrollo, desarrollo del alma.

El alma no conoce barreras, no ve individuos sino al mundo en su conjunto. Ve su propósito en su totalidad, y ve a su vehículo como un estado transitorio que puede utilizar durante un tiempo dado en su viaje encarnatorio. No considera su vehículo inferior o superior a cualquier otro vehículo. Crea el vehículo que necesita. Establece ese vehículo en la matriz y lleva a la mayoría de edad al hombre o mujer a través del cual el alma experimenta la vida en este nivel de ser.

El alma no tiene sentido del tiempo, solo de la eternidad. Piensa en términos de eternidad. Tampoco se ve como un ser separado. Tendemos, erróneamente, a vernos separados. Tenemos nombres diferentes, colores diferentes, religiones diferentes, nacemos en diferentes partes del mundo, y todo esto crea separaciones que tomamos como reales. Desde el punto de vista del alma no son reales para nada: no existe división, ni separación. El alma es consciente del todo y busca transmitir ese sentido del todo a su reflejo, el hombre o mujer.

Esto podría llevar miles de años desde nuestro punto de vista pero desde el punto de vista del alma no existe aquello conocido como tiempo. Sólo existe la eternidad. En nuestra visión limitada, nuestra ilusión, pensamos que el tiempo es una realidad e imponemos esa ilusión en nuestras vidas. Por supuesto, si tenemos que coger un tren, o un barco o un avión para reunirnos, o para hacer una revista o tenemos un plazo para llevarla al impresor, debemos disponer de un tiempo, pero eso solo es una convención, una división imaginaria del día, no es real. Es algo que hemos creado para ayudarnos a afrontar la realidad en el plano físico. Pero no debemos equivocarnos en pensar que es la 'vida'. No es la vida, solo es una conveniencia del plano físico. Fuera del plano físico, el tiempo no tiene trascendencia.

No obstante, existen periodos en los cuales la vida se experimenta de formas diferentes, de una forma más activa o receptiva. Estas son fases de nuestras vidas que nos dan la impresión del tiempo. Son espiraciones e inspiraciones del gran Universo mismo, y todos formamos parte del mismo.

El propósito del alma

No existe nada, ningún átomo de materia o energía en todo el universo que esté separado de cualquier otro átomo. Al igual que tu cuerpo está hecho de minúsculas e interconectadas células, todo minúsculo átomo está relacionado con todos los demás átomos en todo el universo. Así es cómo el alma lo ve.

El alma conoce el significado y propósito de lo que denominamos vida. Conoce el propósito de cada encarnación individual. Fundamentalmente el alma se encarna para impulsar el gran Plan de evolución y relaciona cada encarnación individual a ese propósito mayor. Nuestros cuerpos solo son un cuerpo en una larga sucesión de tales cuerpos, cada uno diferente, cada uno un poco más avanzado, con más de la energía y propósito del alma dentro y por detrás del mismo. Y la meditación es uno de los medios de alcanzar la integración del alma.

El alma está en encarnación, sobre todo, para servir al Plan de evolución del Logos, el Hombre Celestial que enalma este planeta Tierra. La conciencia de ese Hombre Celestial, el Logos, está relacionada con la conciencia mayor de ese Hombre Celestial que enalma no solo este planeta sino al sistema solar en su conjunto. Nuestra alma individual se encarna para impulsar el propósito evolutivo de nuestro Logos Planetario, y lo que es más, su relación con el Plan mayor del Logos Solar.

No sabemos aún cuál es ese propósito pero el alma sí lo conoce, y busca implementarlo a través de su vehículo, y para introducir su propósito individual, una relación con el propósito de nuestro Logos Planetario, y por tanto también de nuestro Logos Solar. Podemos ir aún más lejos y decir que el Plan del Logos Solar está relacionado con el Logos Universal, si puedo llamarle así, del gran sistema de este universo específico del cual nuestro planeta y nuestro sol forman parte. Existen millones de soles y nuestro sol está en los confines de nuestra galaxia específica. En el centro de la galaxia hay un Sol de increíble evolución porque está enalmado por un Ser de impensable y insondable evolución. Se le llama 'Aquel del Cual Nada se Puede Decir'. ¿Qué puedes decir sobre el Plan de un Ser que enalma una galaxia? Es increíble pensar en ello pero aún y así es la naturaleza de la realidad. Y nosotros somos una de las pequeñas células en todo este proceso. Meditamos, en parte, para ayudarnos a llegar a esa conciencia despierta.

El alma intenta, encarnación tras encarnación, traer su conciencia a la vida de su vehículo: llevarla hasta el plano físico para poder crear al final un ser que es en todos los sentidos lo mismo que el alma. ¿Puedes imaginarte un ser así? Bueno, existen. Son hombres tan perfectos en evolución que no tienen defectos, solo tienen Amor divino, Voluntad divina, Propósito e Inteligencia divinos fluyendo a través de ellos cada minuto del tiempo. Existen tales personas y se les denomina los Maestros de Sabiduría.

Al realizar el alma su viaje, gradualmente cambia su vehículo. Cada vez más luz, que es la energía del alma, es reflejada por su vehículo, el hombre o mujer, a través de la práctica de la meditación y el servicio. No es el individuo el que desea servir, sino el alma. Y cuando la unión de los dos a través de la meditación es suficiente, la persona descubre que desea servir: la llamada al servicio del alma es demasiado fuerte para resistirse. El mundo es visto como necesitado de su ayuda, y la persona empieza a servir de la forma en que se lo indique el alma. No existe nadie que no tenga una forma para servir: "Me gusta servir pero no sé dónde estar. No sé si estoy en el lugar correcto". Existe todo un mundo que necesita ser servido y el alma lo presenta. La cuestión es reconocerlo y relacionarse con las necesidades del mundo.

Los Maestros de Sabiduría

Desde mi punto de vista, el factor principal en la Meditación de Transmisión es que es 100 por ciento científica. Funciona porque Aquellos que la presentaron al mundo, los Maestros de Sabiduría, son Maestros de la Ciencia. Los Maestros han realizado este viaje hace mucho tiempo en la mayoría de los casos y han logrado ser lo más perfecto que un hombre o mujer puede ser en el planeta Tierra. No necesitan más encarnaciones en este planeta, que ya no tiene nada más que enseñarles. Pero existe un Sendero que muchos Maestro escogen, el Sendero del Servicio en la Tierra, afortunadamente para nosotros, porque eso significa que un considerable grupo de Maestros, habiéndose perfeccionado, escogen permanecer en el planeta, para supervisar la evolución del resto de nosotros. Estos Maestros de Sabiduría, como muchos de vosotros sabéis, han vivido durante miles y miles de años en las zonas montañosas y desérticas remotas del mundo, como los Himalayas, los Andes, las Montañas Rocosas, las Cascadas, los Urales, el Desierto de Gobi y otros diversos desiertos del mundo. Desde Sus retiros en estas zonas remotas Ellos han supervisado durante miles de años la evolución del planeta Tierra, trabajando principalmente, debido a que Ellos han estado ocultos, a través de Sus discípulos, hombres y mujeres del mundo.

Si me dierais el nombre de cualquier hombre o mujer que ha conseguido traer de forma significativa el don del logro de un tipo u otro, tanto sea en ciencia, arte, música, religión, política, o cualquier otro tipo de actividad humana, me habréis dado el nombre de un hombre o mujer que fue un discípulo de uno u otro Maestro: personas como Shakespeare, Dante, Leonardo da Vinci, Rembrandt, Beethoven, Mozart, Bach, Madame Curie, Einstein, etc. Todos estos son hombres y mujeres que han avanzado cierta distancia en ese viaje evolutivo, en el cual están intentando, en el plano físico, actuar como el alma, porque no pueden hacer nada más, porque así es como son. Así es como ven la vida. Ellos desean ayudar, desean ser creativos y hacer algo de valor y beneficioso para la humanidad y el mundo. Estos son los discípulos, los hombres y mujeres en el plano físico, que están llevando a cabo los planes de los Maestros que son los Custodios del planeta Tierra, del viaje evolutivo en el cual todos estamos inmersos. Es un sendero científico, no una ciencia exacta, una ciencia fría y pura, si puedo exponerlo así, sino una que está abierta y reacciona a todo tipo de estímulos del alma y por supuesto cambios para encontrar una forma mejor y más rápida para alcanzar el objetivo.

Una de las cosas trascendentales de este momento es que estos Maestros, con el tiempo en gran número, están regresando al mundo cotidiano. Existen 63 Maestros relacionados con la evolución humana, y de ellos, actualmente, hay 14 Maestros viviendo en el mundo en encarnación, además del Maestro de todos los Maestros cuyo nombre personal es el Señor Maitreya. Maitreya está físicamente presente en el mundo, y nosotros aquí en Londres estamos honrados por Su presencia. Con el tiempo habrá unos 40 Maestros en el mundo.

Maitreya es esperado por los budistas como Maitreya Buddha, el quinto Buddha, y también esperado por los hindúes como Krishna, o Kalki Avatar, por los musulmanes como el Imán Mahdi, por los judíos como el Mesías, por los cristianos como el Cristo. Todos estos son nombres para Aquel que está a la cabeza y es Líder de los Maestros de Sabiduría, los Hermanos Mayores de la Humanidad.

En la Nueva Era de Acuario, en la cual estamos entrando, se descubrirá que la Meditación de Transmisión es el sendero científico para todos los discípulos y aspirantes al discipulado, para evolucionar para convertirse en un Maestro perfeccionado. Y en esta Era, habrá una tremenda aceleración de la evolución debido a que tantos Maestros estarán viviendo entre nosotros y Su tremenda energía espiritual fluirá hacia el mundo.

Tanto si lo sabemos como si no, esa es realmente la razón de que practiquemos Meditación de Transmisión. La Meditación de Transmisión es una meditación científica perfecta creada por los Maestros y dada a nosotros en este momento debido a que solo ahora hay suficientes aspirantes al discipulado, discípulos e iniciados en el mundo, para practicar Meditación de Transmisión a gran escala. Realizamos Meditación de Transmisión para servir al Plan de evolución. Técnicamente no es una meditación difícil de practicar, por el contrario, es en realidad extremadamente sencilla.

La Meditación de Transmisión es aún muy joven. El primer grupo se formó aquí en Londres en marzo de 1974, así que solo tiene unos 35 años de existencia. Solo ahora hay una cifra suficiente de personas que han alcanzado el punto en su propia evolución que están empezando a buscar una forma de servicio que merezca la pena y al mismo tiempo una forma científica de meditación. La belleza de esta meditación dada por los Maestros es que es una forma de evolución perfecta y un medio perfecto de servir al mismo tiempo. No puedes practicar Meditación de Transmisión sin servir al Plan de evolución de nuestro Logos, como es demostrado y conocido por los Maestros de Sabiduría.

Los Maestros son los Custodios de todas las energías que entran en nuestro planeta y Su trabajo es redistribuir esas energías científicamente según las necesidades del Plan de evolución del Logos del planeta. Grandes Seres como Maitreya, el Buddha, y otros más, determinan cuáles de estas energías son beneficiosas y útiles en cualquier momento dado y cuáles no lo son y en qué potencia, etc. Todo esto se realiza según el Plan. Es una ciencia colosal, solo conocida por los Maestros.

[El artículo de arriba es un extracto de una charla de Benjamin Creme para un taller de Meditación de Transmisión en Cecil Sharp House, Londres, 26 de enero de 2008.]

Introducción: ¿Qué es la Meditación de Transmisión?

La Meditación de Transmisión es una forma de meditación que también es una transmisión de energía. No seríamos seres humanos si no actuáramos, a sabiendas o no, como transmisores de energía. Si el reino humano, por alguna razón u otra, fuera eliminado de este planeta, todos los reinos inferiores –animal, vegetal e incluso mineral– con el tiempo morirían. Ellos ya no recibirían su cuota de energía desde el sol a una potencia que puedan absorber. Esto se debe a que el reino humano (como todos los demás reinos) transmiten energía, aunque de una forma única. Tanto si lo sabemos como si no (y en el futuro lo sabremos y actuaremos conscientemente como tales), somos transmisores, una cámara de compensación para las energías recibidas de los reinos más elevados que el nuestro. Estas energías son transformadas al pasar a través nuestro para los reinos inferiores.

Cada reino evoluciona como resultado del estímulo del reino que está inmediatamente encima de él. La forma física proviene de abajo y el estímulo espiritual hacia la evolución desde arriba.

El reino vegetal surgió del reino mineral, el primer reino en establecerse y el más inerte. Del reino vegetal ha surgido el reino animal; del animal, el reino humano (debemos nuestro cuerpo físico al reino animal). Del reino animal, tanto si la humanidad lo sabe como si no, ha surgido y está creciendo el Reino Espiritual, el Reino de las Almas, o, en terminología cristiana, el Reino de Dios.

El Reino de Dios, el Reino Espiritual, no es un estado bendito que tiene que descender del cielo cuando la humanidad sea lo suficientemente buena, esté lo suficientemente desarrollada, para recibirlo. Es algo que, desconocido para la mayoría de nosotros, siempre ha existido detrás de la escena de nuestra vida. Está constituido por los Maestros e Iniciados de la Sabiduría, de ese grupo de hombres y mujeres que han ido por delante de nosotros, han evolucionado antes que nosotros, y, en el caso de los Maestros, han llegado al final de la experiencia evolutiva en este planeta.

Los Maestros sirven al plan de evolución de los reinos humanos y infrahumanos. Ellos son los Custodios de todas las energías que entran en el planeta. Poderosas energías cósmicas inciden en este planeta desde todos los sitios del espacio. No sabemos nada de ellas y no podemos hacer nada con ellas dado que carecemos de esa ciencia, pero los Maestros trabajan con estas energías, equilibrándolas y enviándolas científicamente al mundo para ayudar a evolucionar a la humanidad. Los Maestros son la figura clave en este proceso, trabajando desde detrás de la escena a través de hombres y mujeres, los iniciados, los discípulos y aspirantes del mundo.

El tipo y cualidad de las energías

La humanidad evoluciona a través de la correcta absorción de las energías espirituales del Reino de las Almas. Todo cambio, tanto a nivel individual como mundial, es el resultado de nuestra respuesta a grandes fuerzas espirituales. No vemos estas energías en su mayor parte, pero no obstante están allí. Trabajan a través de nosotros, y cuando respondemos –cambiando y creando nuevas estructuras, tomando decisiones personales, comunales, internacionales– estamos respondiendo a estas energías.

Las energías son de tipos y cualidades muy diversos, y por tanto tienen nombres diferentes. Una se denomina Voluntad; otra es Amor. Pensamos en el 'amor' como el tipo de emoción que las personas sienten entre ellas. Por supuesto la emoción tiene algo que ver con el Amor, pero a un nivel inferior de la gran energía cósmica. El Amor, que los Maestros envían al mundo en su forma pura, es la fuerza cohesiva y magnética que une a los átomos de materia y a las unidades de la humanidad.

El objetivo evolutivo es que nos unamos por la energía del Amor y lo demostremos en nuestras vidas. Desafortunadamente, la humanidad en su conjunto no hace esto aún, pero en la Era de Acuario venidera manifestaremos la cualidad del Amor de forma tan poderosa, clara y correctamente como actualmente demostramos la energía que denominamos Conocimiento. Nuestra ciencia y tecnología son el resultado directo de nuestra capacidad actual de manifestar la energía del Conocimiento. Hace dos mil años no podíamos hacerlo.

El Cristo vino a Palestina para mostrarnos el Amor, para mostrarnos que la naturaleza de la divinidad es Amor, y Él demostró Amor perfecto en un ser humano por primera vez. En 2.000 años aún tenemos que manifestar esa cualidad que Él liberó en el mundo. Por supuesto, muchos hombres y mujeres han realizado individualmente dentro de ellos mismos la cualidad del Amor y se han convertido en discípulos, iniciados, y en algunos casos Maestros de Sabiduría. A través de la demostración del

Amor de Dios, Ellos han alcanzado la perfección relativa que los Maestros conocen, una perfección que un día será nuestro destino manifestar.

La promesa de esta Era de Acuario venidera es que, por primera vez en la historia registrada del hombre, la humanidad se volverá Una y demostrará el Amor del cual la unidad es la expresión. Reflejará a nivel físico la unidad interna del hombre, el hecho que como almas somos Uno. No existe tal cosa como un alma separada. Somos partes individualizadas de una gran Superalma que es perfecta, y que es un reflejo de lo que denominamos Dios, de esa Realidad en la cual "vivimos y nos movemos y tenemos nuestro ser", el Logos del planeta.

El propósito de la reencarnación

El verdadero propósito del alma en encarnación es llevar a cabo la Voluntad y el Plan del Logos del planeta. Es un sacrificio para el alma, un ser espiritual perfecto por derecho propio –nuestro verdadero Ser Superior– expresarse a sí misma en el plano denso-físico a través del aparato de los cuerpos físico, emocional y mental, integrados por la personalidad que consideramos que es nosotros. Cada uno de nosotros es divino. Sin embargo, es extremadamente difícil manifestar esa divinidad en su perfección, exactamente como es, en este nivel, porque esa divinidad se ha sumergido en la materia. Cuando el alma se encarna, toma un vehículo compuesto de energía material que inhibe el reflejo del Propósito divino (Voluntad, Amor, Inteligencia) del alma, porque la energía de la materia es inerte y sin refinar. El propósito de encarnarse una y otra vez, miles y miles de veces a través del sendero evolutivo, es espiritualizar gradualmente la materia del planeta. Esto es en lo que realmente estamos involucrados, e inicialmente lo hacemos a través de espiritualizar la materia de nuestros propios cuerpos.

Todos los Maestros viven en cuerpos perfeccionados (cuerpos resucitados, en el sentido bíblico de la resurrección) que son literalmente de luz, aunque son sólidos y físicos como el vuestro o el mío. Gradualmente, a través del proceso encarnatorio, el alma trae a cada cuerpo cada vez más materia subatómica que es literalmente luz. Y mientras esto tiene lugar, también demostramos, gradualmente, la naturaleza del alma. Nos enalmamos.

Hacia la fase final de nuestro viaje evolutivo nuestra alma nos lleva a la meditación. En la primera vida en la cual esto ocurre, podría ser fugaz, pero se tiene lugar cierto contacto con la meditación. En la siguiente vida se hace mucho más, hasta que después de varias vidas, la meditación se convierte en una actividad natural del individuo en encarnación. Esto, con el tiempo, hace que el viaje hacia el interior, hacia el alma, sea automático.

El propósito de nuestra existencia evolutiva, entonces, es manifestar las cualidades del alma en el plano físico, y así espiritualizar la materia. La meditación proporciona un medio, más o menos científico, dependiendo de la meditación, de contactar con el alma y gradualmente alinearse con el alma, para que pueda manifestarse clara y poderosamente en el plano físico. Cuando vemos tales tipos de individuos, los percibimos como irradiando significado y propósito, por ejemplo, artistas, científicos, políticos o educadores excepcionalmente creativos. Tales personas de forma bastante obvia están gobernadas por una fuerza totalmente diferente de la norma. Es la energía del alma que está fluyendo a través de ellos, convirtiéndolos en seres creativos que enriquecen nuestra cultura y civilización.

Meditación de Transmisión

La Meditación de Transmisión es el método más simple que conozco para lograr este contacto de alma. Muchas meditaciones requieren que el individuo domine una poderosa actividad mental concentrada, que es más de lo que las personas pueden hacer. Lo que las personas denominan meditación a menudo no es meditación sino simplemente concentración o incluso sólo ensueño. Existen cuatro fases de meditación, cada una conduce gradualmente a la siguiente: concentración, meditación, contemplación, iluminación e inspiración. La Meditación de Transmisión puede realzar a todas ellas.

Desde la declaración del Cristo en 1945 de que Él reaparecería en el menor tiempo posible, existe, como nunca antes, una enorme potencia de energía a disposición de los Maestros. Cuando Él tomó esa decisión, se convirtió en el canal de colosales fuerzas espirituales cósmicas y extrasistémicas. Éstas deben ser 'reducidas', o simplemente rebotarían en la mayoría de la humanidad. Con el trabajo de los grupos de Meditación de Transmisión, sin embargo, estas fuerzas son transformadas y están disponibles y accesibles fácilmente.

En un grupo de Transmisión, simplemente permites ser un instrumento, mientras la energía es enviada a través de tus chakras por los Maestros. Actúas como un canal mental positivo y sereno a través del cual la energía es enviada de una manera altamente científica. Es dirigida por Ellos, por Su pensamiento, allí donde sea más útil y necesaria. Ellos siempre están buscando por aquellos que pueden conscientemente actuar como transmisores de Sus energías de esta manera.

Para forma un grupo de Meditación de Transmisión, todo lo que necesitas es la intención y el deseo de servir, y dos personas más que estén de acuerdo en transmitir contigo. Por supuesto, cuantas más personas mejor, pero tres ya conforman un grupo. La meditación utilizada es simple, pero es la más dinámica que conozco. No requiere ninguna habilidad extraordinaria. Es una meditación de alineamiento sencilla, el alineamiento del cerebro físico y el alma por el acto de mantener la atención en el centro ajna en el entrecejo.

Podrías decir: "Eso está muy bien decirlo, 'Siéntate y medita', ¿pero cómo nos hacemos con estas energías que tenemos que transmitir?" La humanidad ha recibido una herramienta extraordinariamente poderosa con la cual se puede invocar la energía de los Maestros a voluntad. Se llama la Gran Invocación. El Cristo mismo la utilizó por primera vez en junio de 1945, cuando anunció a Sus Hermanos, los Maestros de Sabiduría, que Él estaba preparado para regresar al mundo en el menor momento posible, tan pronto como la humanidad realizara los primeros pasos hacia el compartir y la cooperación para el bien general. Fue traducida por los Maestros y dada al mundo por el Maestro Tibetano Djwhal Khul a través de Su amanuense Alice A. Bailey.

La Gran Invocación es una oración muy potente. Con su uso, cualquier grupo de transmisores pude invocar las energías del Cristo y los Maestros, y, actuando como instrumentos, permitir a estas energías pasar por sus chakras de una forma sencilla, agradable y científica.

Lo importante es la regularidad. Lo que se requieres es que el grupo se reúna regularmente, al menos una vez por semana, siempre a la misma hora. De esta manera los Maestros pueden contar con un grupo de individuos que esté físicamente presente en ese momento. Con el uso de la Gran Invocación, el grupo se alinea con la Jerarquía, y los Maestros transmiten las energías a través del grupo al mundo. Este proceso de Transmisión continuará en la Nueva Era y más allá de ella, durante todo el tiempo que la humanidad exista.

Los Maestros transmiten energía todo el tiempo. Ellos son los Custodios del destino de este planeta. Estás seguro en las manos de los Maestros de Sabiduría.

Una inmensa red de luz está siendo creada por el Cristo en el plano del alma y crece todo el tiempo. Cada grupo de Transmisión está unido a esta red y una fuerza espiritual tremenda irradia de ella a todo el mundo.

Yoga de la Nueva Era

La Meditación de Transmisión es realmente una combinación de dos yogas: Karma Yoga, el yoga del servicio, y Laya Yoga, el yoga de los chakras, las energías. Éste es el verdadero yoga de la era venidera. Al participar en la Meditación de Transmisión, tu evolución es impulsada hacia delante a un ritmo extraordinario, debido a la potencia de las energías espirituales enviadas a través de los chakras. Las energías galvanizan y activan los chakras al pasar por ellos. Los Maestros registran el punto de evolución de cualquier individuo observando el estado de los chakras.

Para participar en la Meditación de Transmisión, sólo tienes que mantener la atención en el centro ajna. (No en el centro de la frente sino en el entrecejo.) En la práctica descubrirás que la atención no permanece allí. Irá bajando a su nivel habitual en algún sitio alrededor del plexo solar. Tan pronto como la atención baja y te haces consciente de ello, tienes que hacerla volver al centro ajna. Esto se hace pensando, internamente, el mantram OM. Tan pronto como piensas OM, descubrirás que tu atención vuelve automáticamente al centro ajna. Mientras tu atención permanece en el centro ajna, se forma una conexión, un alineamiento, entre el cerebro físico y el alma. Estas energías no provienen de tu alma. Provienen de los Maestros, del Reino de las Almas. Pero proceden del nivel del alma. Mientras se mantenga el alineamiento entre el cerebro físico y el alma, estás en la Transmisión. Tan pronto como tu atención cae del centro ajna, ya no estás participando. Cuando piensas OM, la atención vuelve a subir, estás alienado. El proceso es estar alineado, durante un momento no alineado, y luego, una vez más, alineado, adelante y atrás.

La forma más sencilla de hacer Meditación de Transmisión es unirse a un grupo existente. Si no existe ningún grupo en tu zona dentro de una distancia razonable, puedes formar tu propio grupo uniéndote a otras dos personas. Más personas son más útiles, pero un grupo básico de tres es un grupo de trabajo práctico.

La ciencia de la Meditación de Transmisión

La Meditación de Transmisión está basada en la ciencia de los triángulos, una ciencia solo conocida por los Maestros. El movimiento de los Triángulos fue creado por los Maestros y dado al mundo a través de Alice A. Bailey. La Meditación de Transmisión lleva la ciencia de los Triángulos más allá y fue dada por los Maestros para este propósito. Esta extraordinaria ciencia de los Triángulos es lo que hace tan poderosa a la Meditación de Transmisión.

A través de cada uno de nosotros se puede enviar cierta cantidad de energía, pero se puede enviar más energía de forma segura a través de tres personas como un triángulo que a través de las mismas tres personas como individuos. Tres, por tanto, es la cifra mínima básica de un grupo de Meditación de Transmisión. Cualquier cifra superior que esa hace que el grupo sea más poderoso. Los Maestros son los Custodios de las energías y buscan distribuirlas de la mejor y más eficiente forma, sin perder fuerza. Ellos crearon la Meditación de Transmisión para eso. En un triángulo, los Maestros unen energéticamente a tres personas para crear un triángulo, y así cada pizca de energía que es enviada a través de los chakras de estas tres personas es magnetizada por el hecho de ser un triángulo.

Si hay otra persona existen cuatro de tales triángulos y se unen todos. Si tienes cinco personas, tienes 10 triángulos. Si tienes 10 personas, de repente tienes 120 triángulos, y así sucesivamente, en una progresión aritmética. Así que cada persona adicional posibilita un tremendo salto en el número de triángulos porque todos están unidos energéticamente con los demás. La ciencia es colosal y debido a que está en manos de los Maestros es totalmente eficaz, nada se pierde, si se practica Transmisión correctamente. si tienes 20 personas en un grupo, tienes 1.140 triángulos, es asombroso. Si tienes un grupo de 100 personas, tienes 161.700 triángulos.

Todas estas personas están unidas juntas por los Maestros, y esa es la ciencia que hace que la Meditación de Transmisión sea tan efectiva. Cada persona en un grupo de 100 trae al grupo 4.851 triángulos. Eso es extraordinario. Si formas parte de un grupo de 100 personas vales 4.851 triángulos, ¡piensa en eso! Eres responsable de todos estos triángulos, lo que significa que si te marcharas de la sesión te llevarías 4.851 triángulos y por tanto el grupo disminuye en esa cifra.

Así que puedes ver la responsabilidad de practicar Meditación de Transmisión. Solo es para personas que son serias y responsables, que desean servir y que son suficientemente desinteresadas en el sentido real, no tan interesadas en sí mismas, sino interesadas en el servicio, en hacer algún bien al mundo, para desear invertir cierto tiempo en practicar Meditación de Transmisión. Un poco recorre un largo camino dado que está en manos de los Maestros. Es imposible practicar Meditación de Transmisión, incluso mal, sin hacer un bien al mundo. No puedes evitarlo. La ciencia es tan efectiva, enfocada, pura, que no puedes evitar que sea efectiva y no puedes evitar ser cambiado al practicarla debido a que estas energías son enviadas a través de tus chakras, los centros de fuerza en la columna vertebral. Al pasar estas tremendamente potentes energías espirituales a través de los chakras, galvanizan esta actividad y así realizas una evolución muy rápida.

Nuevamente, no la realizas con ese objetivo, pero no puedes evitarlo. Evolucionas cada vez más muy deprisa. Es como un proceso forzado, aunque no percibes ninguna fuerza, nadie te está vigilando, lo haces bajo el mandato de tu propia alma. Es tu alma la que te está siempre diciendo, "Haz esto para ayudar al mundo". Y cuanto más lo haces, más evolucionado llegas a ser, y más quieres practicarla, y así sucesivamente. En un año de Meditación de Transmisión correcta y sostenida puedes realizar el mismo tipo de progreso evolutivo como en 10, 15, quizás 20 años de meditación ordinaria, ¡simplemente sentado aparentemente haciendo nada!

El experimento de Maitreya

Cuando yo estoy presente, la meditación adopta una forma un tanto distinta, ya que yo soy adumbrado por Maitreya durante toda la Transmisión. De esta forma, la energía de Maitreya fluye de mí hacia el grupo, así que se convierte en una especie de adumbramiento grupal. Las energías son distribuidas por todo el grupo, y por tanto se produce una enorme potenciación espiritual, se nutre al grupo.

Una de las muchas funciones de Maitreya es la de actuar como "el que nutre a los pequeños". Los "pequeños" no son niños pequeños, sino hombres y mujeres adultos que han tomado las dos primeras de las cinco iniciaciones que le convierten a uno en Maestro. Para los Maestros, los iniciados de segundo grado son todavía "pequeños", "Bebés de Cristo".

Los "pequeños" están siendo preparados, estimulados, por Maitreya, para tomar la tercera iniciación, que desde el punto de vista de los Maestros es la verdadera primera iniciación del alma. Para ilustrar cómo son los "pequeños", sólo cabe observar al final de los libros *La Misión de Maitreya, Tomos I y II*, y veréis en la lista de iniciados a personas como Einstein, Gandhi, Schweitzer, Reich, Jung, Freud, Picasso, Maitsse, Cezanne, Shubert, Verdi – personas que tuvieron un impacto real en el mundo.

Al adumbrarme a mí, y al viajar por todo el mundo visitando los distintos grupos, Maitreya está mirando si puede proporcionar a aquellos que participan en los grupos de Meditación de Transmisión que no han tomado necesariamente la primera iniciación, y aún menos la segunda, el mismo tipo de nutrición espiritual que hasta ahora sólo ha sido posible para aquellos que han tomado la segunda iniciación. Se me ha informado que el experimento está funcionando bastante bien, y que se está dando un gran estímulo espiritual a los grupos de todo el mundo.

Definición de términos

Usted se refiere a la Nueva Era o la Era de Acuario venidera. ¿A qué se refiere realmente con esto?

Casi todos han oído sobre el amanecer de una Nueva Era pero relativamente pocos, parecería, comprenden qué significa la frase, o cómo tiene lugar. En términos científicos estrictos es el resultado de la precesión de los equinoccios. En lenguaje llano, es el resultado del movimiento de nuestro sistema solar alrededor de los cielos en relación a las constelaciones del zodíaco. El ciclo completo dura aproximadamente 26.000 años, y cada 2.150 años, más o menos, nuestro sol entre en alineamiento con cada constelación por turno. Cuando esto ocurre, nuestro sistema solar y, por supuesto, nuestro planeta recibe un gran influjo de energías de esa constelación. Durante los últimos 2.500 años, nuestro sistema solar ha estado en esa relación especial con la constelación de Piscis. Hemos estado en la Era de Piscis. El Cristo inauguró esa era hace 2.000 años. Es por esta razón que el pez, el símbolo de Piscis, fuera adoptado por los primeros grupos cristianos.

Hemos llegado al fin de esa era, nuestro sol se ha trasladado a un alineamiento con Acuario, y las nuevas, y totalmente diferentes, energías de Acuario están creciendo a diario en potencia e impactan en nuestras vidas. El momento problemático en el que vivimos es el resultado de la confrontación, en todos los niveles y en cada departamento de la vida, entre las energías, ahora en retroceso, de Piscis, y las entrantes fuerzas de Acuario.

¿A qué se refiere con "energía"?

Existe un antiguo axioma esotérico que no existe nada en todo el universo manifestado excepto energía en algún tipo de relación, en alguna frecuencia vibratoria. Allí donde miremos, aquello que podamos concebir, es realmente energía, más o menos concretizada, vibrando a una frecuencia específica. Todos estos puntos de energía están relacionados. Existe una interacción recíproca entre todos los aspectos del universo. Somos literalmente un todo, una unidad. Los físicos modernos, explorando la naturaleza del átomo, han llegado exactamente a la misma conclusión sobre la naturaleza de la realidad a la que llegaron los antiguos Maestros. No existe nada en toda la realidad excepto energía. El desarrollo del hombre hacia Dios es el desarrollo de la conciencia, la creación de un aparato o instrumento sensitivo que responda a niveles cada vez más elevados de la suma total de energías, y las leyes que gobiernan estas energías, que llamamos Dios. Así es como nos volvemos divinos: gradualmente sintonizamos, nos hacemos conscientes e irradiamos la energía que es Dios.

¿Qué es un chakra?

Un chakra es un vórtice o centro de fuerza. Por ejemplo, nuestro sistema solar es un centro de fuerza a través del cual puede transmitirse energía de la galaxia. Nuestro planeta es un chakra en el cuerpo de ese gran Ser cósmico que enalma este sistema solar, que para nosotros es Dios.

Los chakras son formados por la interacción de energías en los planos etéricos de la materia. Nosotros reconocemos tres estados de materia: sólido, líquido y gaseoso físico. Pero los esoteristas reconocen y utilizan cuatro estados más de materia más fina que el gas: los cuatro planos etéricos. Vivimos en un océano de energías etéricas. La envoltura etérica del mundo está concentrada en el cuerpo etérico del ser humano. Todos nosotros tenemos un cuerpo etérico homólogo que sustenta al cuerpo físico denso y es una réplica exacta del mismo. El movimiento constante del océano de energía etérica gradualmente crea vórtices donde las energías se entrecruzan más frecuentemente. Cada vórtice es un chakra, una apertura de entrada y salida del cuerpo, y todas las energías que inciden en el cuerpo físico etérico fluyen a través de estos centros de fuerza.

Existen siete chakras a lo largo de la columna vertebral, ubicados en la base de la columna, el sacro, el plexo solar, el corazón, la garganta, el entrecejo y en la coronilla. Estos son los siete centros principales. Existen 42 centros menores y muchos centros subsidiarios, por ejemplo, las mejillas, los lóbulos de las orejas, las palmas de las manos. A través de estos centros las energías fluyen con más potencia. En la Meditación de Transmisión, la actividad de estos centros intensificada y estimulada.

¿Cuál es la relación entre Espíritu, alma y la persona física?

El alma es el reflejo del Espíritu (o Mónada, en terminología teosófica). El Espíritu es idéntico al Logos. Es la Chispa de Dios, nuestra verdadera naturaleza. Estamos constituidos en tres niveles: (1) la Mónada o Espíritu, la más elevada; ésta se refleja más abajo en el plano del alma como (2) el ego o alma humana; el alma se refleja en el plano físico como (3) la personalidad humana. Cuando nos miramos en el espejo, pensamos que nos estamos viendo a nosotros mismos, pero sólo estamos viendo una minúscula punta de un iceberg. Por encima de la personalidad está el alma con todas sus áreas de experiencia y conocimiento. Por encima del alma, reflejándose a través de ella, está la Mónada, o Espíritu, la Chispa de Dios, que es la fuente y garantía de la divinidad del hombre. Somos divinos porque estamos hechos literalmente en imagen del Logos que enalma este planeta.

El propósito del alma es uno de sacrificio. El alma se encarna en el nivel humano a través de los vehículos de la personalidad –mental, astral y físico– en sacrificio para el plan del Logos. El plan y propósito del Logos es espiritualizar el aspecto de sí mismo que denominamos materia.

Espíritu y materia son dos polos de una realidad. El Espíritu se ha involucrado en la materia, su polo opuesto. El hombre es el punto intermedio entre espíritu y materia. Cuando el Padre/Espíritu y la Madre/Materia se encuentran, el hombre, la humanidad, nace. La Mónada desciende y se refleja en el alma; el alma desciende y se refleja como la personalidad del plano físico, el hombre o la mujer que vemos. En cierto momento, comienza el viaje de regreso. En el proceso de evolucionar de regreso al Espíritu, espiritualizamos la materia de nuestros sucesivos cuerpos, desde la primera experiencia encarnatoria hasta la última, que conduce hasta la experiencia de la resurrección que nos convierte en el Maestro perfeccionado. De esta manera espiritualizamos el planeta. La humanidad está realmente dedicada a la labor de salvación, de espiritualizar la

41

sustancia material de este planeta. La transmisión de energía es uno de los servicios por el cual ese procedimiento puede avanzar.

Capítulo 2 – La Gran Invocación

Desde el punto de Luz en la Mente de Dios
Que afluya luz a las mentes de los hombres.
Que la Luz descienda a la Tierra.

Desde el punto de Amor en el Corazón de Dios
Que afluya amor a los corazones de los hombres.
Que Cristo retorne a la Tierra.

Desde el centro donde Voluntad de Dios es conocida
Que el propósito guíe a las pequeñas voluntades de los hombres —
El Propósito que los Maestros conocen y sirven.

Desde el centro que llamamos la raza de los hombres
Que se realice el Plan de Amor y de Luz
Y selle la puerta donde se halla el mal.

Que la Luz, el Amor y el Poder restablezcan el Plan en la Tierra.

Recitar la Gran Invocación – Visualización

La Gran Invocación, utilizada por el Cristo por primera vez en Junio de 1945, fue dada por Él a la humanidad para facultar al hombre a invocar las energías que podrían cambiar nuestro mundo y hacer posible el retorno del Cristo y la Jerarquía. Esta no es la fórmula utilizada por el Cristo, Él usa una fórmula antigua, siete largas frases místicas, en un antiguo lenguaje sacerdotal. Ha sido traducida (por la Jerarquía) en unos términos que nosotros podemos usar y comprender y, traducida a muchos idiomas, es utilizada hoy día en casi todos los países del mundo.

Potente como es, puede hacerse aún más si es usada en formación triangular. Si queréis trabajar en este sentido, llegad a un acuerdo con dos amigos para recitar diariamente la Gran Invocación en voz alta. No necesitáis estar en la misma ciudad o país, o recitarla a la misma hora del día. Simplemente recitarla cuando convenga a cada uno y, conectándose mentalmente con los otros dos miembros, visualizar un triángulo de luz blanca circulando sobre vuestras cabezas y verlo conectado a un red de triángulos semejantes, cubriendo al mundo.

Otra forma muy potente, que puede ser usada en conjunción con el triángulo, es la siguiente:

Cuando pronunciéis la primera línea, " Desde el punto de Luz en...", visualizad (o pensad, si no podéis visualizar) al Buddha, la Personificación de Luz o Sabiduría en el Planeta. Visualizarle en la postura del Loto, la túnica de color azafrán sobre un hombro, la mano alzada bendiciendo, y ved emanando del centro cardíaco, del centro ajna (en el entrecejo), y de la mano alzada del Buddha, una brillante luz dorada. Ved esta luz entrar en las mentes de los hombres en todas partes.

Cuando pronunciéis la línea, " Que la Luz descienda a la Tierra", visualizad el Sol, el Sol físico y ved emanando de él rayos de luz blanca. Ved esta luz entrar y saturar la Tierra.

Cuando pronunciéis: "Desde el punto de Amor en el ....", visualizad al Cristo (la Personificación del Amor) como vosotros le veáis. Una buena forma es verle de pie a la cabeza de una mesa en forma de Y invertida: con cada brazo de la Y invertida de la misma longitud. (Esta mesa existe en el mundo y el Cristo la preside). Vedle de pie, los brazos alzados y bendiciendo y ved emanando del centro cardíaco y de las manos alzadas del Cristo, una luz brillante coloreada de rosa (no roja). Visualizad esta luz rosa entrando en los corazones de todos los hombres.

Cuando pronunciéis la línea: "Que Cristo retorne a la Tierra", recordad que se refiere a la Jerarquía como un todo y no sólo al Cristo. Él es el centro cardíaco de la Jerarquía, y aunque Él está ahora entre nosotros, el resto de la Jerarquía (esa parte de ella que se exteriorizará lentamente a lo largo de los años) todavía necesita ser invocada, así el conducto magnético para Su descenso debe ser mantenido.

Cuando pronunciéis: "Desde el Centro donde la Voluntad de Dios es conocida...", que es Shamballa, visualizad una gran esfera de luz blanca. (Podéis hacerlo, mentalmente, situándola en el desierto de Gobi, donde está, en los dos planos superiores de los cuatro planos etéricos. Un día, cuando el género humano desarrolle la visión etérica, que se hará en esta era que viene, este centro será visto y conocido, como otros muchos centros etéricos podrán ser vistos y conocidos). Visualizad rayos de luz fluyendo de esta brillante esfera, penetrando en el mundo, impulsando a la humanidad hacia la acción espiritual.

Haced esto con pensamiento e intención enfocados, vuestra atención fija en el centro ajna en el entrecejo. De esta manera formáis un conducto telepático entre vosotros mismos y la Jerarquía y a través de ese conducto las energías invocadas pueden fluir. No hay nada mejor que podáis hacer por el mundo o por vosotros mismos que canalizar estas grandes potencias espirituales.

Usted da como parte de la visualización para utilizarse durante la pronunciación de la Gran Invocación el color dorado que fluye de las manos levantadas del Buddha, y rosa que fluye del corazón y manos del Cristo. (1) ¿Son estos colores visibles a los clarividentes? (2) ¿Puede verlos cualquiera? (3) ¿Es también una cuestión de interpretación de una vibración? (4) ¿O no tiene nada que ver con el aura?

(1) Sí. (2) No. (3) No. (4) Nada.

¿De dónde proviene la visualización de la Gran Invocación, y por qué no hay visualización para la cuarta estrofa?

La visualización me fue dada por mi Maestro para el uso de los grupos de Meditación de Transmisión y cualquier otra persona que desea utilizarla. No se dio ninguna visualización para la cuarta estrofa, que no se relaciona con una fuente de energía sino a su efecto en el mundo.

Tengo cierta dificultad con la Gran Invocación. Mi dificultad proviene de las afirmaciones en ella: "Desde el punto de Luz en la Mente de Dios, que afluya luz a las mentes de los hombres". Eso coloca a Dios fuera de mí. Pienso que Dios está en todos nosotros. Es la energía de la que usted habló. Así que no me siento cómodo utilizándola.

Dios está tanto allí fuera como dentro. El Cristo enseñó que Dios está dentro. No obstante, la visión general de Dios en el mundo occidental es ver a Dios allí fuera, trascendente, sobre y más allá de su creación, no teniendo contacto real con esa creación, para ser venerado y al que se reza desde lejos. El enfoque oriental es bastante distinto. Es hacia el Dios interior. Las religiones orientales han enseñado que Dios está en todas partes, de que no existe sitio donde no esté Dios. Dios está en toda la creación: hombres, animales, árboles, todo. No existe nada en el mundo manifestado que no sea Dios. Todos los seres y el espacio entre los seres son Dios, "más cercano que la mano o el pie, más cercano incluso que la respiración", Dios inmanente.

Ambos enfoques son correctos. Dios es tanto trascendente como inmanente. En una nueva religión mundial, el Cristo juntará estos dos conceptos de Dios. Él los sintetizará y mostrará que Dios es trascendente, por encima y más allá del hombre y de toda la creación, mientras que al mismo tiempo es intrínseco e inmanente a toda la creación. Ambos conceptos son verdaderos, y ambos pueden sostenerse simultáneamente incluso si parecen contradictorios. Ese será el enfoque básico de Dios en la Nueva Religión Mundial. El Cristo viene como el Avatar del Mundo, uniendo Oriente y Occidente precisamente a través de ese doble concepto de Dios.

La Gran Invocación no se refiere específicamente a Dios. Dice: "Desde el punto de Luz en la Mente de Dios". La Luz en la Mente de Dios es una energía encarnada en este mundo por un gran Ser, el Buddha. Estás invocando la energía de Él. Dios siempre trabaja a través de agentes, aquellos que han manifestado tanto de la inmanencia de Dios en su propio ser que pueden en realidad encarnar ciertas grandes energías. El Buddha encarna la Luz o Sabiduría de Dios. Él está aún en este planeta en un gran centro llamado Shamballa. Él es el punto de Luz en la Mente de Dios, la personificación de la luz, o principio de la sabiduría en este planeta.

Así que no estás haciendo a Dios trascendente para nada. Estás viendo a Dios en término de Sus Representantes. El Buddha y el Cristo son Representantes de Dios, personificaciones de dos aspectos de la energía divina: Sabiduría y Amor.

El Amor de Dios es una gran energía que se origina en el sol. Mantiene unidas las partículas de materia en el universo y mantiene juntas las unidades de la humanidad. La humanidad podría aún no comprender que el cemento, la fuerza cohesiva que nos une, es el Amor. Esa es la razón por la que el Amor "hace girar el mundo", como solemos decir. Sin él, literalmente nos caeríamos en pedazos. El mundo está ahora cayéndose en pedazos debido a que no hay suficiente amor en el mundo.

En realidad, hay una abundancia de amor, pero no lo expresamos. No manifestamos la energía del amor. Está manando a este mundo a diario, cada hora, en tremenda potencia desde Aquel que la encarna, el Cristo. Pero allí donde haya una no utilización y no manifestación de esa energía, se tiene caos.

El amor es una fuerza activa. Se convierte en amor sólo cuando está en acción. No es bueno decir: "Te amo, amo a todos", y luego en realidad no das nada, no haces nada, para corregir los horribles desequilibrios en la situación mundial. Millones de personas sufren hambruna en un mundo de abundancia. ¿Dónde está el amor? No tenemos el derecho de decir "te amo" mientras no hacemos nada para cambiar la pobreza, la hambruna y la degradación humana que existen en el mundo.

Cuando dices: "Desde el centro donde la Voluntad de Dios es conocida", estás invocando la energía de Shamballa. Shamballa es el centro donde Dios se refleja a sí mismo en este planeta. Cuando utilizas esa línea de la Gran Invocación, está en realidad invocando la energía de Voluntad, que encarna el Propósito de Dios. Fluyendo a través de nosotros, se hace manifiesto y utilizable en el mundo.

Estás viendo a Dios en términos reales, manifestándose poderosamente en el Buddha, en el Cristo y más poderosamente que todo en Shamballa. Éstas son realidades.

Cuando decimos: "Que Cristo retorne a la Tierra", ¿nos referimos a la conciencia Crística ahora que el Cristo y 12 Maestros están ya aquí?

No. La conciencia Crística es una energía –la energía de la evolución misma– encarnada por el Cristo para este período de crisis humana. Desde Su decisión de reaparecer, anunciada en junio de 1945, esta energía ha fluido al mundo en una enorme potencia renovada. "Que Cristo retorne a la Tierra" debe decirse ahora en relación a la Jerarquía Espiritual en su conjunto. Sólo 12 Maestros (además de Maitreya) están en el mundo, pero existen 63 Maestros relacionados con la evolución humana. De estos, unos dos tercios finalmente ocuparán Sus sitios entre nosotros, lentamente, en un período de unos 20 años. La Invocación forma un conducto telepático que les atrae, bajo ley, al mundo. [*Nota del Autor:* 14 Maestros ya en 2006.]

¿Podría por favor explicar la línea de la tercer estrofa: "Que el propósito guíe a las pequeñas voluntades de los hombres"?

La estrofa comienza: "Desde el centro donde la Voluntad de Dios es conocida, Que el propósito guíe las pequeñas voluntades de los hombres". Esto se refiere a Shamballa, el centro espiritual más elevado de la Tierra. Es de materia etérica, y dentro de él está el Consejo del Señor del Mundo, Sanat Kumara (el Anciano de los Días de la Biblia). Desde Shamballa fluye el Plan (de evolución de todos los reinos) que encarna la Voluntad y el Propósito de nuestro Logos Planetario, "El Propósito que los Maestros conocen y sirven", como indica la última línea de la estrofa.

Si el Propósito de Dios, invocado a través de la Invocación, guía "las pequeñas voluntades de los hombres" entonces las pequeñas y separadas voluntades de los hombres (y por supuesto de las mujeres) estarían al fin en un correcto alineamiento con la Voluntad Divina y el Plan de Amor y Luz se realizaría. Todo lo que hacemos como raza es en respuesta (adecuada o inadecuada) a las divinas energías de Voluntad (o Propósito), Amor y Luz liberadas en el mundo por la Jerarquía Espiritual de Maestros.

Por favor explique el significado de una línea en la cuarta estrofa: "y selle la puerta donde se halla el mal".

Las fuerzas del mal, o de la oscuridad, en este planeta reciben sus energías desde el plano astral cósmico. Son, fundamentalmente, las fuerzas de la materialidad, las fuerzas de la materia. Forman parte del proceso involutivo de Dios, Dios involucrándose a Sí mismo en la materia y produciendo los pares de opuestos, Espíritu y Materia.

Estas fuerzas involutivas sostienen el aspecto materia del planeta. Si restringen su actividad a ese propósito sería lícito. Pero cuando su actividad se desborda al arco evolutivo en el cual estamos, se vuelve un mal y es perjudicial para nuestro progreso espiritual. Debido a que trabajan en el plano físico, las fuerzas de la oscuridad siempre han tenido una ventaja sobre los Maestros de Sabiduría, que representan las fuerzas de la luz. Desde tiempos atlantes, los Maestros han trabajado en los planos mentales más elevados. Así Sus manos han estado de cierto modo atadas en relación a la vida del hombre en el plano físico. Sin embargo, desde 1966, se ha logrado un equilibrio, y las fuerzas de la luz son ahora más poderosas en el mundo. Los Maestros pueden ahora presentarse abiertamente y trabajar con la humanidad en el plano físico. Ellos pueden añadir Su poder al poder existente de los discípulos y de los hombres y mujeres de buena voluntad.

Las fuerzas del mal en el planeta han sido derrotadas pero no destruidas. Así, "y selle las puertas donde se halla el mal" se refiere a las energías de "sellado". Ellas trabajan para sellar aquellas fuerzas en su propio dominio al elevar a la humanidad por encima del nivel donde podamos ser influenciados. Entonces podemos espiritualizar la materia, que es para lo que realmente estamos aquí.

En la Gran Invocación está la frase: "restablezcan el Plan en la Tierra". ¿Qué Plan? ¿Qué debe ser restablecido?

Citando al Maestro DK (*Tratado sobre Magia Blanca*, por Alice A. Bailey): "El Plan como se percibe actualmente, y para el cual los Maestros trabajan constantemente, podría definirse de la siguiente manera: es la producción de una síntesis subjetiva en la humanidad y de una interacción telepática que con el tiempo aniquilará el tiempo. Pondrá a disposición de cada hombre todos los logros y conocimientos pasados, revelará al hombre el verdadero significado de su mente y cerebro, y le hará por tanto omnipresente y con el tiempo abrirá la puerta de la omnisciencia. Este próximo desarrollo del Plan producirá en el hombre una comprensión –inteligente y cooperativa– del propósito divino para el cual Aquel en el cual vivimos y nos movemos y tenemos nuestro ser ha considerado sabio someterlo a la encarnación. No penséis que puedo hablar del Plan como lo es realmente. No es posible para ningún hombre por debajo del grado de iniciado de tercer grado vislumbrarlo, y mucho menos entenderlo… Todos pueden por tanto esforzarse hacia lograr la continuidad de conciencia y en despertar la luz interior que, cuando se ve y utiliza inteligentemente, servirá para revelar otros aspectos del Plan, y especialmente aquel al cual el conocedor iluminado pueda responder y servir útilmente".

La última línea de la Gran Invocación, "Que la Luz, el Amor y el Poder restablezcan el Plan en la Tierra", implica que en algún momento en el pasado el Plan se manifestó en la Tierra. ¿Fue esto así, y si es así, cuándo?

El Plan es considerado por la Jerarquía que se manifestó, más o menos correctamente, durante el período de mediados hasta finales de los tiempos atlantes, eso es, hasta hace unos 100.000 años. Ese fue un tiempo, no obstante, en el cual los Maestros de ese período trabajaron abiertamente en el mundo, siendo así capaces de influenciar y guiar a la humanidad directamente. Con la exteriorización de Su trabajo ahora (eso es lo que en realidad supone la reaparición del Cristo y los Maestros), el Plan será una vez más restablecido, esta vez con la participación consciente de la humanidad.

¿Respeto mucho a Maitreya pero por qué debemos visualizar una mesa en forma de Y invertida cuando pronunciamos la estrofa de la Gran Invocación que comienza: "Desde el punto de Amor…"? ¿Por qué invertida? ¿No tendría más sentido dejar la Y de la forma correcta? Sé algo sobre runas, y la Y invertida me hace pensar en la runa YN que es el Poder de la Tierra. Aunque realmente deseo involucrarme en el trabajo de Transmisión, su respuesta a esta pregunta es muy importante para mí.

Al visualizar la mesa en forma de Y invertida, te estás conectando con algo que realmente ya existe. Los Maestros se sientan en una mesa así con los Tres Grandes Señores, el Cristo, el Manu y el Señor de la Civilización, en los tres puntos de lo que, energéticamente, es realmente un triángulo equilátero de tremendo poder. El Cristo está de pie en el vértice del triángulo, por ello la Y *invertida*.

(1) Una amiga mía tiene problemas al utilizar la palabra "Cristo" en la Gran Invocación porque le recuerda la imagen que las iglesias pintaron de Él. ¿Es posible entonces decir "amor" en vez de "Cristo"? (2) También, ¿podemos dejar fuera la frase, "y selle la puerta donde se halla el mal"? El mal suena demasiado negativo, y además desaparecerá automáticamente cuando el amor triunfe.

(1) Esto parece ser un problema bastante común. Sin embargo, la Gran Invocación ha sido traducida en términos que podamos entender por la Jerarquía y *no* debe cambiarse. Aunque Maitreya encarna la energía del amor, la palabra "amor" y "el Cristo" no son lo mismo ni tienen la misma asociación a escala masiva. (2) Igualmente, es importante *no* cambiar la frase sobre sellar "la puerta donde se halla el mal". El mal existe y sus exponentes, los Señores de la Materialidad, *deben* ser sellados en su propio dominio, el mantenimiento del aspecto materia del planeta. Esto se realiza elevando a la humanidad, por medio de la acción de Maitreya y los Maestros, por encima del nivel en donde ellos puedan ser influenciados, como ahora, por estas fuerzas destructivas. El foco actual de estas fuerzas es la *comercialización* que, Maitreya advierte, es una gran amenaza para nuestro bienestar. El mal no "desaparecerá automáticamente cuando el amor triunfe". Con respeto, eso es sentimentalismo. Las fuerzas del mal sólo podrán ser confinadas a su propio dominio cuando las personas de todas partes reconozcan la diferencia entre la abundancia materialista en respuesta a las fuerzas del mercado y la verdadera suficiencia espiritual. Ésta es una dura lección para aprender por (especialmente) las naciones desarrolladas.

Ahora que el Cristo está en el mundo, ¿debería cambiarse el enunciado de la Gran Invocación?

No. Sé que algunos grupos han cambiado la línea, "Que el Cristo retorne a la Tierra", por "Cristo ha retornado a la Tierra" o algo similar. Este cambio es un error y no procede de la Jerarquía. Como ya expliqué, "Que Cristo retorne a la Tierra" no sólo se refiere a Maitreya, el Cristo, sino a la Jerarquía de la que Él es el jefe. Esta línea debería mantenerse como fue dada para invocar al grupo de Maestros (unos 40 en total) que regresarán al mundo exterior en los próximos 20 años o así.

Durante años, varios grupos han tenido aversión a la línea, "y selle la puerta donde se halla el mal", y la han cambiado. Nuevamente, es un error. El enunciado de esta Invocación ha sido realizado de forma muy cuidadosa por nuestra Jerarquía como una forma –que podamos utilizar y comprender– del profundamente oculto mantram utilizado por Maitreya.

Algunos individuos y grupos afirman haber 'recibido' nuevas formas de la Gran Invocación, presumiblemente de la Jerarquía. No creo que sea más que el resultado del espejismo. Cuando la humanidad se adecue para su recepción y uso, con el tiempo se darán a conocer nuevas y más esotéricas formas de esta invocación. Pero, de momento, no han sido aún formuladas por los Maestros. Deben relacionarse con el estado de ser de la humanidad del momento y esto aún se desconoce.

¿Debería la Gran Invocación recitarse al comienzo o al final de la meditación?

Debe recitarse al comienzo. Una invocación se utiliza para invocar o requerir energía. Invocas la energía, luego la transmites. Existen muchos grupos que utilizan la Gran Invocación al final de su meditación como un tipo de bendición. Es bonito, pero no es potente. La invocación es una *invocación*. Invocas la energía del Buddha, del Cristo y de Shamballa, luego la envías al mundo. Esta invocación nunca falla. Enfoca la atención en lo alto y mantenla allí. Si tu cerebro físico está así alineado, la energía fluirá.

¿Podemos utilizar la Gran Invocación como una oración interior, junto con, por ejemplo, el Padrenuestro, o perturbaríamos a los Maestros si lo haríamos?

No fue dada como una oración interior sino más bien como una invocación de la energía de la Jerarquía. No obstante, su uso no perturbaría, estoy seguro, a los Maestros.

¿Existe una forma correcta de recitar la Gran Invocación?

La Gran Invocación es un mantram tan poderoso y tan amplio es su margen de error que puede pronunciarse de forma perfecta, semiperfecta o muy inadecuadamente y aún invocar las energías, siempre que se diga con intención. Tiene que poner la voluntad en ello. Cuando la dices, tu atención debe estar enfocada en el centro ajna en el entrecejo. Es la intención de la voluntad unida con la Jerarquía lo que la hace funcionar. Y debe recitarse en voz alta.

¿Me pregunto si podría decirme si cuando uno hace meditación uno debe cerrar los ojos mientras pronuncia la "invocación" o debe mantenerlos abiertos?

Ciérralos para concentrarte mejor. Lo mismo durante la meditación misma.

Pertenezco a un grupo de Meditación de Transmisión que empezó hace tres años. Últimamente la Gran Invocación se ha omitido al comienzo de la Transmisión. Cuando pregunté la razón, me dijeron que los Maestros ya sabían que nos reuníamos a esa hora y en ese lugar. ¿Tenemos aún la necesidad de recitar la Invocación?

Sí. Cada grupo, no importa cuánto tiempo lleve, debe utilizar la Invocación. Por supuesto los Maestros saben que el grupo se reúne a esa hora y lugar pero existe un valor para que las personas involucradas digan la Invocación. Además de cualquier otra consideración, fortalece su vínculo subjetivo con la Jerarquía.

Capítulo 3 – Formar un Grupo de Meditación de Transmisión

¿Cuáles son los requisitos indispensables para formar un grupo de Transmisión?

Uno es el deseo de servir al mundo, una motivación simple y altruista de servir. No es el sitio para buscar orientación individual, contacto con los planos astrales o mensaje de ningún tipo. Es simplemente una entrega de uno mismo en servicio, actuando como un canal mental positivo a través del cual las energías enviadas por los Maestros pueden reducirse.

Otro requisito es la regularidad y la continuidad. El grupo siempre deber reunirse en el mismo sitio y a la misma hora cada semana. Los Maestros necesitan saber que cada lunes, por ejemplo, en cierto lugar, a las ocho de la noche, o cuando sea, encontrarán a un grupo de individuos listo y dispuesto a transmitir energías.

El Cristo dijo en Palestina: "Porque donde dos o tres se reúnen en Mi nombre, allí estoy Yo". Eso es literalmente cierto en el sentido energético. Donde dos o tres se reúnen en el nombre de los Maestros (o el Cristo como el Líder de los Maestros) para transmitir energías, esa energía fluirá. Individualmente puedes hacerlo, pero la belleza de la formación grupal es que más energía puede enviarse de forma segura a través de un grupo que a través de individuos separados.

En Londres nos reunimos tres veces a la semana y transmitimos durante muchas horas, rara vez menos de cuatro horas. Hemos hecho una norma que las personas llegan a las ocho y luego se pueden marchar cuando lo deseen. Cuando se marchan, se van silenciosamente sin perturbar a aquellos que permanecen más tiempo. No acabéis a cierta hora a petición de los menos concentrados, o de aquel que debe marcharse antes. Comenzad juntos y acabad cuando el flujo de energía cese. No obstante, el libre albedrío no debe violarse, así que ninguno está obligado a asistir al grupo o de forma regular. Gradualmente descubriréis que comenzáis a quererla, y esperáis ese día. Apartáis ese día. Cualquier cosa que tengáis que hacer es secundaria porque esa es vuestra noche de Transmisión. Nuevamente, los prerrequisitos son servicio, regularidad, continuidad y compromiso. Tienes que estar comprometido.

Por favor describa paso a paso cómo dirigir una Meditación de Transmisión en mi casa

Todo lo que necesitas es el deseo de servir y algunos amigos que deseen hacer lo mismo. Juntos, organizad un momento y un lugar en el cual os reuniréis regularmente. También podrías invitar a alguien de un grupo existente para una reunión inaugural. Esta persona podría repasar todos los procedimientos con tu grupo.

Necesitáis aprender la Gran Invocación para que podáis decirla como un grupo. Muchos grupos también utilizan cintas de los mensajes del Cristo. Entre el 6 de septiembre de 1977 y el 27 de mayo de 1982, en mis reuniones públicas en Londres, el Cristo dio una serie de 140 mensajes al mundo a través de mí. En ellos Él da a conocer fragmentos de Sus enseñanzas y busca evocar de Sus oyentes el deseo de compartir y hacer conocer Su presencia. En el momento en el que los mensajes fueron dados, se liberaron tremendas energías que quedaron magnetizadas en las cintas. Cada vez que se ponen estas cintas, la energía vuelve a liberarse. Esto eleva la conciencia de los grupos que utilizan estos mensajes. Aquellos que no tienen las cintas podrían leer uno o dos de los Mensajes juntos, en voz alta, antes de la Transmisión. Esto tiene el mismo efecto de invocar la energía de la Jerarquía. Es imposible, creo, leer estos mensajes en voz alta con una intensión seria sin invocar la energía del Cristo.

Luego se recita en voz alta la Gran Invocación en un estado enfocado y atento. Tan pronto como se hace esto, creas un vínculo telepático con la Jerarquía de Maestros. Mientras recitas la Gran Invocación o los Mensajes del Cristo, debes mantener tu atención en el centro ajna en el entrecejo. Éste es el centro director. Mantenedla allí sin ningún tipo de tensión durante la Transmisión. Es muy sencillo. Elevad la atención hasta que se encuentre detrás de las cejas.

Descubriréis que vuestra atención podría descender al centro del plexo solar. Vuestra mente divagará. Tan pronto como veáis que vuestra atención está deambulando, silenciosamente pronunciad OM y vuestro foco volverá automáticamente al centro del entrecejo. Cada vez que vuestra mente divague, pronunciad silenciosamente OM. No meditéis en el OM sino utilizadlo para devolver vuestra atención. Mantened los ojos cerrados durante la meditación porque es mucho más fácil, entonces, mantener la atención en el centro ajna.

Durante la Meditación de Transmisión el mantenimiento de vuestra atención detrás de las cejas asegura un foco mental. No os volváis negativos y pasivos sino mantened una postura positiva mental muy enfocada. Descubriréis que las energías mismas mantienen vuestra atención arriba. El tiempo transcurre rápido, una hora parecerá como quince minutos. En efecto, perderéis el sentido del tiempo. Es importante estar relajado, tanto física como mentalmente. Eso es todo lo que tenéis que hacer. Los Maestros hacen el trabajo real.

No forma parte de Su plan que trasmitáis estas energías a ninguna persona, grupo o país en particular. Por ejemplo, alguien podría pensar: "Hay una situación terrible en Oriente Medio", y él podría dirigir su pensamiento a esa zona durante la Transmisión. Esto no es lo que se necesita. Sólo los Maestros saben, bajo una base científica, qué energías, en qué potencia, en qué proporción, son necesarias en cualquier lugar específico en un momento dado.

Una vez que el grupo se ha creado, los Maestros saben exactamente quiénes sois y dónde estáis. Ellos os ven de forma clarividente. Entonces envían las energías a través del grupo. Es un proceso extremadamente científico. Ellos saben cuánto ese grupo puede asimilar. Ellos saben qué rayos o tipos de energía específicos conforman el grupo, qué rayos gobiernan a los individuos, y la manipulación de la energía se realiza en concordancia con este hecho. Algunas personas recibirán un conjunto de energías y otros otro. De esta forma los Maestros pueden verter Sus energías en el mundo. Ellos necesitan tales transformadores para hacerlo.

¿A qué exactamente se refiere con "alinear el cerebro físico con el alma"?

Tarde o temprano tenemos que alcanzar un estado de alineamiento entre el cerebro físico y el alma. Esto es lo que hace la meditación. Con la meditación, gradualmente construyes un canal llamado el 'antahkarana', que es un canal de luz desde el plano físico hasta el alma. Simultáneamente, el alma construye el mismo puente hacia abajo en dirección del físico. Este canal, cuando se forma, proporciona un vínculo entre el alma y su vehículo, y viceversa. Éste es el proceso por el cual el hombre o la mujer gradualmente se alinean con el alma. El alma 'controla' el vehículo y se refleja a través del mismo. Con el uso del mantram OM y el mantenimiento de la atención en el centro ajna en el entrecejo, se crea un alineamiento entre el cerebro y el alma.

¿Cuán importante es el alineamiento en la Meditación de Transmisión?

Muy importante. Es el alineamiento entre el cerebro y el alma lo que permite a los Maestros, trabajando desde el nivel del alma, canalizar las energías a través de los grupos. [*Nota del editor*: Ver Capítulo 9, 'Mantener el Alineamiento', para un debate adicional sobre la importancia del alineamiento,]

Durante la Meditación de Transmisión mi intuición a veces me hace sentir que debo concentrarme en mi chakra del corazón, o cuello u otros centros diversos. ¿Alguien me dijo que esto no es correcto. ¿Podría realmente ser incorrecto si percibo esto intuitivamente?

La cuestión es, ¿"percibes esto intuitivamente" o es simplemente tu mente 'revoltosa' diciéndote que tienes el derecho de ignorar las instrucciones provenientes de la Jerarquía (los Maestros) para la práctica de la Meditación de Transmisión? Mantén la atención en el chakra ajna como lo indicaron los Maestros científicos, que dieron la Meditación de Transmisión al mundo, o... no la practiques en absoluto.

Diferentes personas me han contado que durante la Meditación de Transmisión de hecho no es imperativo mantener la atención exactamente en el centro ajna. Que puede mantenerse en cualquier punto central del cuerpo siempre y cuando sea por encima del tercer ojo. Así las personas que tienen dificultad en mantener su atención fijada en el centro ajna pueden transmitir las energías mientras mantienen su atención en el centro del corazón o en el coronario, por ejemplo, porque están acostumbradas a hacerlo en sus meditaciones personales y de esta manera es más fácil para ellas permanecer con una mente serena y positiva. ¿Es esto correcto?

No, ciertamente no es correcto. La meditación y las instrucciones para hacerla fueron dadas por la Jerarquía, los Maestros científicos, y deben seguirse estrictamente como fueron dadas. Es sencilla de hacer pero realmente muy poderosa. Siempre existen algunas personas que piensan que ellos saben más que los Maestros y a las que no se les puede decir nada. Por tanto, ellas se ocasionan a sí mismas un daño de esta manera.

¿Existen alguna técnica especial de respiración que deberíamos utilizar durante la Meditación de Transmisión?

No. La respiración debe ser natural, ligera, en lo alto del pecho y silenciosa. Con la experiencia descubriréis que la respiración se vuelve tan ligera que prácticamente se detiene durante períodos relativamente largos. Estos a menudo acaban con un repentino y fuerte 'resuello' de inhalación de aire.

¿Está la Meditación de Transmisión funcionando tanto si lo sentimos como si no?

SI estás alineado, sí. La Transmisión proviene principalmente del nivel búddhico. Es reducida para nosotros por los Maestros y nosotros la reducimos aún más. El alineamiento es necesario para transmitirla.

Explique por favor la diferencia entre utilizar OM internamente y pronunciarlo en voz alta.

Si pronuncias OM en voz alta, ancláis la energía en el plano físico. Si lo pronuncias internamente la estáis colocando en los niveles superiores del plano astral, y si lo pensáis, la estáis colocando en el plano mental.

Los planos son estados de conciencia, energías vibrando en ciertos puntos que nos hacen conscientes. Tenemos conciencia del plano físico, por tanto el plano físico es una realidad. Tenemos conciencia del plano astral (emocional), y así el plano astral es una realidad. Tenemos, más o menos, conciencia del plano mental, por tanto los niveles inferiores del mismo son una realidad para la humanidad. El nivel superior siempre es más poderoso que el inferior. Las personas piensan que el plano físico es el plano donde todo sucede, pero en realidad el plano físico es el plano menos poderoso en el cual operan las energías. El OM correctamente pronunciado internamente es en realidad más poderoso que correctamente pronunciado en el físico. Hace más a un nivel superior.

Al comienzo de la reunión, podríais desear pronunciar OM en voz alta al unísono. Eso inmediatamente elevaría la vibración de la habitación. (Si estáis en una habitación en la cual existe un grupo de Meditación de Transmisión regular, no necesitáis hacer esto.)

Cuando pronunciáis OM en voz alta, en realidad estáis diciendo A-U-M. Cuando decís A, está vibrando en la base de la columna vertebral; cuando decís U, está vibrando en el centro del corazón, o entre el plexo solar y el corazón, dependiendo quién eres; y cuando decís la M, está vibrando en la cabeza. Si decís AUM estáis juntando todas estas tres vibraciones desde la base de la columna vertebral hasta la parte alta de vuestra cabeza. Ese es el poder del AUM. La pronunciación interna del OM es utilizada para no anclar la energía, sino simplemente para ayudar a enviar la energía al mundo. El OM es utilizado para poner vuestra atención en el nivel del plano mental donde la energía puede luego salir. Si vuestra atención está enfocada abajo en el plexo solar, entonces la energía va al mundo en el plano astral y todas vuestras formas mentales astrales decolorarán estas energías espirituales que transmitimos. Cuando vuestra atención deambule, pronunciad internamente OM para devolver vuestra atención al plano mental.

¿No existe el peligro de crear un estado hipnótico si uno continuamente pronuncia OM al tener uno dificultad en concentrarse?

No pronuncias OM continuamente sino sólo para devolver la atención al centro ajna (en el entrecejo) cuando deambula. En la práctica, descubriréis que las energías mismas ayudan a mantener la atención arriba.

¿Puede el método de la 'Sagrada Presencia en nosotros' en el corazón, por ejemplo, reemplazar la repetición del OM?

Para algunas personas, sí. El problema es que las personas, en general, no son conscientes de su punto de evolución o del método correcto de meditación en ese punto. Es más seguro y normalmente más valioso enfocar la atención en el centro ajna y pronunciar OM para mantenerla allí. Éste es el centro del corazón en la cabeza, el centro director, y su uso cambia el foco al plano mental.

¿Es mejor utilizar el OM durante la Meditación de Transmisión en vez de nuestro propio mantram?

Yo sugeriría en limitar el uso de vuestra propia técnica de meditación, con todo lo que implique, a esa meditación, que será normalmente de 20 a 30 minutos, dos veces al día. Durante la Meditación de Transmisión por otra parte, utilizad OM. Las mayorías de meditaciones que utilizan un mantram son meditaciones introspectivas, pero el trabajo de Transmisión es un tipo muy ligero de meditacion, no requiere introspección para nada. Así que yo separaría las dos. Descubriréis que con el estímulo de los centros, el trabajo de Transmisión mejorará la meditación personal.

¿Pueden los mantrams producir malos efectos si no se pronuncian correctamente?

Sí. Los mantrams producen sus efectos en relación al avance (es decir, el estado de conciencia) del usuario. Cuanto más avanzado sea el usuario del mantram, más poderoso y correcto serán los efectos. El uso de mantrams, no obstante, pueden tener un mero efecto hipnótico.

Mis hijos, que tienen cuatro y dos años, pronuncian OM cuando meditan porque imitan a sus padres. ¿Es esto peligroso?

No. Los niños pronunciando OM lo hacen a un nivel tan inefectivo que no hay nada que temer.

¿Existe algún peligro al transmitir estas energías? ¿Qué hay de los niños y las mujeres embarazadas? ¿Qué hay de las personas que padecen dolencias cardíacas?

Existe un peligro inherente en toda meditación, por supuesto. Estas son fuerzas muy poderosas. Las fuerzas que recibe de tu alma durante la meditación son muy poderosas, especialmente si meditas de una forma dinámica. La Meditación de Transmisión es una meditación muy dinámica, aunque también es la más sencilla que conozco. Pero está totalmente bajo el control de los Maestros. Ellos son expertos y no enviarán a través de tus centros más energía de la que puedes recibir de forma segura.

La única condición es que ningún niño menor de 12 años debería participar en una Meditación de Transmisión por la simple razón de que los centros de fuerza, los chakras, de un niño menor de 12 años aún están relativamente sin formar e inestables, así que las energías podrían dañarlos. Tampoco es aconsejable mantener a niños o bebés en la misma habitación en la cual está teniendo lugar una Meditación de Transmisión. Los Maestros los tienen que proteger de las energías y es un derroche de Sus valiosas energías hacer esto. Incluso a niños mayores de 12 años se les debería restringir el tiempo que invierten en Meditación de Transmisión.

Es seguro para las mujeres embarazadas, hasta el noveno mes, si están sanas y el embarazo es normal. De hecho, a los bebés en la matriz parece gustarles las energías de Transmisión. A menudo comienzan a dar patadas durante la Meditación de Transmisión.

También, a las personas con dolencias cardíacas normalmente se les recomiendo no practicar Meditación de Transmisión. Las energías son tan potentes que podrían no ser buenas para ellas.

Cada semana hay una Meditación de Transmisión en mi piso y mi gato está allí. (1) ¿Acorto su vida al dejarlo en la habitación? (2) ¿Si es así por cuánto se la acorto? (3) ¿Evoluciona? ¿Y cómo? (4) ¿Qué influencia tienen las energías de la Meditación de Transmisión en él?

(1) Sí. (2) Aproximadamente un 20 por ciento. (3) No. (4) Son demasiado elevadas en vibración para animales y estresan el cuerpo físico.

¿Debería la Meditación de Transmisión practicarla sólo personas mentalmente estables y equilibradas?

La Meditación de Transmisión deberían practicarla, en principio, sólo personas mentalmente estables y equilibradas. En casos específicos podría beneficiar a alguien que no necesariamente encaja en estas categorías, pero en general cuando las personas se encuentran en un estado emocional muy desequilibrado o en un estado psicótico, no deberían participar en el trabajo de Transmisión. Las energías son demasiado elevadas y existe el peligro de sobreestimulación.

(1) Como paciente de esquizofrenia he entrado en contacto con su trabajo. Mi pregunta es si sería beneficioso para mí unirme a un grupo de Meditación de Transmisión. (2) Me gustaría encontrar alguna forma de servicio que sea de alguna utilidad para la sociedad en su conjunto. Estoy medicado para controlar mi dolencia. ¿Tiene usted algún consejo general para personas que sufren de dolencias psicológicas similares?

(1) No. Sería sobreestimulante y crearía problemas. (2) Encuentre algún campo de servicio más exotérico en el cual no estén involucradas energías poderosas. Por ejemplo Oxfam, Greenpeace, Amigos de la Tierra, etc.

(1) ¿Podría una persona diagnosticada como "bipolar" poder servir en un grupo de Transmisión? (2) ¿Ayudaría la Meditación de Transmisión a estabilizar esta dolencia? Si no, explíquelo por favor.

(1) Sí. (2) Probablemente.

Dado que no es del gusto de todos participar en un grupo de Meditación de Transmisión, ¿cómo puede uno saber si uno encaja o no?

Sólo con la práctica. Es realmente un proceso de autoselección. Vas a un grupo de Transmisión o formas un grupo, y la practicas unas pocas veces y te sientes atraído por ella y la encuentras útil, satisfactoria y realmente bastante placentera, o la encuentras terriblemente aburrida que no vuelves nunca más. No hay espejismo, no hay nada de qué hablar, no hay historias, ni gurús, ni devoción. Es un proceso puramente objetivo y científico. Es trabajo, una labor. La puedes realizar con cualquier grado de intensidad, hasta tres veces por semana, durante tres o cuatro horas. Por supuesto, no todos pueden mantener esa intensidad o ritmo, y así tiende a ser un proceso autoselectivo. Aquellos que no pueden hacerla se mantienen apartados. Aquellos para los cuales es natural tienden a ser aquellos que la realizan.

Éste es un acto de servicio. Es servicio que te dan 'en un plato'. Muchas personas actualmente quieren servir. Las personas dicen: "Anhelo servir pero no sé como comenzar". Bueno, hay un mundo que salvar. Existen millones de personas padeciendo hambruna en el mundo. Existen incontables millones de personas azotadas por la pobreza, etc. Hay todo un mundo que cambiar y salvar y transformar. Así que no tienes que desplazarte más que a la puerta de al lado para servir. No tienes que ir más allá de tu sala de Meditación de Transmisión para servir. Es un servicio dado para ti. La forma de servicio más simple y fácil que existe. Puedo garantizar su efectividad y simplicidad, pero no es para todos, porque algunas personas quieren más. Ellas desean tener algo de lo que hablar: "¿Dónde estoy? ¿Quién soy? ¿Me quiere mi gurú, no me quiere? ¿Es un gurú elevado o no? ¿Es mayor o menor que tal y cual? ¿Experimentas ese maravilloso sentimiento cuando te mira?", etc. No hay nada de ello en el trabajo de Transmisión, es un acto puro de servicio al mundo, y así tiende a ser autoselectivo.

¿Si una persona está cerrada al esoterismo puede establecerse el contacto energético (en la Meditación de Transmisión)?

Desde luego. Éste es un proceso científico y no depende en la 'creencia' o el conocimiento académico.

¿Puedo de modo seguro continuar realizando ejercicios de Reiki y también hacer Meditación de Transmisión (no simultáneamente)?

Sí.

Practico mantrams y visualizaciones budistas. ¿Sería perjudicial continuar practicándolas ahora que he comenzado Meditación de Transmisión?

No, para nada, pero no simultáneamente.

He estado realizando prácticas Zen (foco en hara) la mayor parte de mi vida adulta, y Meditación de Transmisión (foco en el ajna) durante unos doce años. Creo que usted dijo que el foco en el ajna todo el tiempo es el método para realizar/mantener el contacto del alma. ¿Significa esto que uno debería renunciar al zazen y la práctica del Zen a tiempo completo a favor del foco en el ajna si uno desea evolucionar hacia un contacto del alma estabilizado?

En general, sí, aunque depende mucho del individuo. Cualquier meditación es un método, más o menos científico, dependiendo de la meditación, de crear y profundizar el contacto del alma. Para la mayoría de aspirantes y discípulos actuales, no obstante, el foco en el ajna es lo recomendado. Esto crea un alineamiento entre la personalidad y el alma, esencial para ultimar la unificación de estos dos aspectos de nosotros. Con el tiempo, el centro ajna actúa como el sintetizador de las energías de todos los centros por debajo de él.

¿Si nuestros chakras están insuficientemente abiertos (debido a razones kármicas) puede la Meditación de Transmisión (1) provocar una mejora de nuestro estado general; (2) llevar a un agravamiento de nuestros problemas; (3) ser ineficaz; (4) llevar a una distorsión de estas energías; (5) en resumen, podemos nosotros y todos nosotros transmitir?

(1) Sí. (2) No. (3) Sí. (4) No. (5) Sí. Todo el proceso es altamente científico y bajo el control de Maestros científicos.

¿Es necesario haber alcanzado un cierto nivel para beneficiarse y servir a través de la Meditación de Transmisión?

Existe en funcionamiento un proceso de autoselección por el cual sólo aquellos suficientemente evolucionados para querer servir serán atraídos a la Meditación de Transmisión. Pero dejando de lado esa condición, no se requiere ninguna habilidad o experiencia especial para transmitir energías Jerárquicas de esta manera.

¿Existen estados de humor o mentales que impiden a uno tener una Transmisión útil?

Sí. Condiciones de angustia, ira (especialmente la ira), temor, en otras palabras, fuertes reacciones emocionales astrales no son propicias para este tipo de alineamiento del alma que es necesario para la Transmisión. Por otro lado, si puedes realizar el alineamiento a pesar de la perturbación emocional, descubrirás que las energías espirituales serán muy propicias para neutralizar ese estado mental.

¿Cuál es el significado de reunirse físicamente para transmitir la energía, en vez de conectarse mentalmente con otras personas como en la meditación de los Triángulos?

La Meditación de Transmisión está basada en la Ciencia de los Triángulos, una ciencia sólo conocida por los Maestros. Lleva la ciencia de los triángulos más allá y fue dada por los Maestros para este propósito. Esta extraordinaria ciencia de los Triángulos es lo que hace que la Meditación de Transmisión sea tan poderosa.

Los Maestros utilizan grupos porque más energía pude enviarse de forma segura a través de un grupo y a una potencia más elevada que a través del mismo número de individuos separados.

El objetivo es formar un grupo de Transmisión a través del cual X más algún factor de energía pueda enviarse en vez de sólo X a través de individuos separados. Por ejemplo, si una persona estuviera en New Jersey, otra en Nueva York, y yo estuviera en Londres, y no nos conociéramos pero todos actuaríamos como transmisores de energía, los Maestros podrían enviar a través de cada uno de nosotros una cierta cantidad de energía, aquella que nuestros centros podrían soportar. Pero si nos reuniéramos como un grupo, crearíamos un triángulo. Los Maestros enviarían la energía a través de ese triángulo que potenciaría la energía. No sería simplemente uno más uno más uno. Sería uno más uno más uno más un factor de potenciación hecho por la circulación de la energía alrededor de los centros de los tres. Cuando tienes un grupo de más de tres, existen múltiples de tales triángulos que luego crean otras formaciones geométricas. Es una ciencia tremendamente complicada, complejas formaciones geométricas utilizando los centros de los individuos del grupo.

Existen importantes factores añadidos en muchos niveles en la reunión física del grupo. También añade una dimensión de vitalidad a la Transmisión que de otra forma carecería. Añade una dimensión a la identidad del grupo como grupo. Contribuye al crecimiento del alma grupal que es un proceso a largo plazo. Crea un lazo de amor entre los miembros del grupo, que por supuesto es lo mejor que puedes hacer para ti mismo y para el grupo. Es muy importante reunirse de esta forma, desde el punto de vista energético y psicológico, para la nutrición del grupo como una unidad de conciencia y como un vehículo para el Amor del Cristo, ahora y en el tiempo venidero.

¿Si un miembro de un grupo de Meditación de Transmisión no puede asistir en una ocasión específica, puede él o ella 'conectarse' al grupo?

Si el miembro no puede asistir por una razón importante entonces él o ella puede conectarse mentalmente con el grupo. Visualizar al grupo sentado en su sitio habitual. Visualizar a los miembros individuales del grupo y verse a uno mismo como miembro de ese grupo. Cuando recitas la Gran Invocación descubrirás que estás conectado a la Transmisión y el grupo proseguirá casi como si estuvieras allí. Pero no deberías hacer esto muy a menudo. Es difícil formar una identidad grupal cuando sólo ocasionalmente os reunís.

Si sólo dos personas están interesadas en formar un grupo de Transmisión, ¿qué deberíamos hacer?

Entonces tendrás una Meditación de Transmisión con dos personas. Es posible hacer también Transmisión uno solo. Pero, por supuesto, sólo tanta energía puede enviarse a través de una persona, o a través de dos personas. Ser un triángulo potencia las energías de forma irreconocible.

Podrías unirte mentalmente con otros grupos que se reúnen al mismo tiempo. Existen ahora grupos de Transmisión en muchas partes del mundo. La Transmisión fundamentalmente tiene lugar al nivel del alma. Cuándo y dónde la hagas, estarás vinculado a una cadena de luz que está formada por el Cristo y los Maestros en todo el mundo a nivel del alma.

¿Son tres personas suficientes para un grupo de Meditación de Transmisión o deberíamos apuntar a más?

Tres constituyen un triángulo y por tanto una potenciación de las energías enviadas, y es la unidad básica, pero el grupo debería expandirse si es posible. Más energía puede enviarse de forma segura a través de un número mayor de transmisores. En resumen, cuantos más mejor.

El siguiente ejemplo demostrará con claridad cuán importante es para cada miembro asistir siempre a las reuniones de Meditación de Transmisión. Un grupo de tres personas harán un triángulo y cuatro personas harán cuatro triángulos. Cinco personas crearán 10 triángulos, seis harán 20 triángulos y siete harán 35, ocho harán 56, nueve harán 84 y 10 harán 120, y así sucesivamente. Por tanto, cuanto mayor sea el número de personas en un grupo, más potentemente podrá trabajar el grupo. Del mismo modo, cada miembro que o bien se marcha o no asiste, debilita el poder del grupo espectacularmente. La participación de cada persona es, por tanto, muy valiosa.

[*Nota del editor:* La columna A representa el número de personas en un grupo de Transmisión. La columna B indica el número de relaciones triangulares que resultan. La Columna C muestra el número de triángulos que se perderán cuando el número actual de personas es reducido en uno (cuando una persona abandona la Transmisión).]

$$N^\circ \ de \ triángulos \ = \ \frac{n \ x \ (n - 1) \ x \ (n - 2)}{6}$$

$$n \ = \ N^\circ \ de \ participantes$$

A	B	C	A	B	C
5	10	6	100	161.700	4.851
10	120	36	110	215.820	5.886
20	1.140	171	120	280.840	7.021
30	4.060	406	130	357.760	8.256
40	12.000	741	140	447.580	9.591
50	19.600	1.176	150	551.300	11.026
60	34.220	1.711	200	1.313.400	19.701
70	54.740	2.346	300	4.455.100	44.551
80	82.160	3.081	400	10.586.800	79.401
90	117.480	3.916	500	20.708.500	124.251

¿Qué pautas deberíamos utilizar para permitir a personas unirse a nuestro grupo de Transmisión?

Creo que todos los grupos deberían ser abiertos. Eso no significa que debáis aguantar a tontos o aquellos que romperían el grupo pero es tan aburrido para ese tipo de personas que de todas formas no vienen. Es sólo trabajo. No es fácil sentarse y concentrarse, y te concentras, incluso si sólo es en el centro ajna, durante muchas horas. Es difícil decirle a las personas: "No, no puedes venir a este grupo". Sin embargo, los semejantes se atraen. Cuando alguien viene que es incompatible tiende a no permanecer, porque si trabajáis intensamente y con concentración, el ritmo normalmente es demasiado fuerte para la persona que no tiene la concentración. Pero para aquellos que se quedan, debéis superar las diferencias de la personalidad.

Yo recomiendo que mantengáis el grupo lo más abierto posible, que si las personas quieren venir, que vengan, aunque no vengan siempre. Si vienen a veces y reciben algo de ello y no perturban al grupo, yo lo dejaría estar. Es muy importante no infringir el libre albedrío. Tenéis que hacer esto desde vuestro propio libre albedrío. Es servicio y no puedes coaccionar a las personas al servicio. De vez en cuando, sin ningún tipo de presión, puedes hacer saber que es algo bueno venir lo más frecuentemente posible, pero debes dejárselo a ellos. Yo también animaría a las personas a que traigan también amigos si han hecho meditación y si se muestran favorables.

Una cosa importante es que las personas deberían tener la sensación de que pueden dejar el grupo en cualquier momento y ya no participar en él. También deberían tener la opción de abandonar la meditación misma en el momento en que deseen.

He oído de un amigo que existe un grupo de Meditación de Transmisión en el cual el 'líder' ejerce presión sobre las personas para que permanezcan en su grupo incluso si desean marcharse. Él, más o menos, les amenaza con malas consecuencias kármicas si se marchan. Pienso que no es correcto. ¿Cuál es su opinión al respecto?

Esto, si es cierto, es una grave violación de la ley de libre albedrío. Nadie debería nunca presionar o chantajear emocionalmente a alguien para asistir a los grupos de Transmisión. Existen demasiadas así denominadas organizaciones Nueva Era que emplean estos métodos cuestionables para mantener adeptos.

Recientemente, intenté unirme a un grupo de Meditación de Transmisión, cuyo nombre y dirección estaban mencionados en Share Nederland. Las personas allí me dijeron que no me podían dejar entrar, debido a que, según ellos, no tengo la suficiente experiencia para hacer este tipo de meditación. ¿Ha autorizado usted a grupos para que juzguen sobre la capacidad de los aspirantes para realizar Meditación de Transmisión? ¿Son tan evolucionados como para poder saber esto?

No, Yo no he autorizado a nadie a que realice tal juicio. Siempre presento la Meditación de Transmisión como una forma de servicio abierta a cualquier persona mayor de 12 años, sin necesidad de experiencia o habilidad previa. Por supuesto, cualquier grupo tiene el derecho a excluir a aquellos que ellos podrían pensar que no son compatibles. Quizás ese fue el caso aquí y fue interpretado erróneamente.

¿Es necesario que durante la Meditación de Transmisión una persona lidere la meditación? ¿Podría comentar sobre esto?

Es totalmente innecesario. La Transmisión es dada por los Maestros a través del grupo y no hay ningún líder en ningún grupo de Meditación de Transmisión. Es para cualquiera, al mismo nivel, allí donde se celebre.

¿Durante cuánto tiempo deberíamos transmitir?

Los grupos varían enormemente en la duración de tiempo en que permanecen sentados en Meditación de Transmisión, desde media hora hasta cinco, seis o siete horas, una, dos o tres veces por semana. Conozco grupos que comienzan a las 7:00 y acaban a las 7:30, luego toman té y pasteles y charlan, y están orgullosos de ser un grupo de Meditación de Transmisión, media hora a la semana. Algunos piensan que tienen que comenzar a una cierta hora y acabar a cierta hora, todos juntos. Ese no es el caso. Es importante y útil que un grupo comience la Meditación de Transmisión al mismo tiempo, pero no existe ninguna razón de que la duración de la Transmisión deba ser regulada por la capacidad de concentración del miembro más débil. Muchos líderes de grupo me han dicho: "Pero no se sentarán más tiempo, se cansan después de una hora, quieren irse a casa o tomar té". Así que debe ser abierto. Aquellos que desean permanecer más tiempo deberían poder hacerlo y aquellos que deseen marcharse pueden hacerlo.

Cuantas más personas haya en el grupo más podrá ser potenciada la energía. La energía no se envía individualmente a través de los miembros del grupo. Si tienes tres personas, eso hace un triángulo. Si tienes seis personas, eso hace varios triángulos, y es a través de estas formaciones triangulares, que pueden expandirse a estrellas o diversas formas geométricas, que los Maestros envían la energía. Obviamente, cada vez que alguien marcha del grupo para ir a casa, el grupo se debilita. Pero aún es mejor que la Transmisión continúe con menos personas durante más tiempo a que todo el grupo lo haga durante un tiempo muy corto.

Sé que a veces las personas tienen que recorrer grandes distancias, y que les agradaría reunirse socialmente después, así que desean mantener corto el trabajo de Transmisión. Pero es más importante dar tiempo a la Transmisión que charlar con el grupo. Eso podría ser placentero pero no es servicio, y el trabajo de Transmisión es servicio. Pero cada uno tiene todo el derecho a marchar de la reunión del grupo silenciosamente en cualquier momento y dejar que los demás continúen.

Yo sugeriría que una hora es el mínimo, con la vista puesta a aumentar gradualmente hasta tres o cuatro horas, o mientras la energías fluyan.

Por otro lado, hay personas que practican la Meditación de Transmisión 6 o 7 veces por semana. Es una actitud bastante fanática. Yo recomiendo que debería practicarse con una actitud más equilibrada. Idealmente, uno debería practicarla 3 veces a la semana, o al menos 2. Uno no debería practicar Transmisión más de 10 horas en una sesión.

Dado que hemos alargado la duración de nuestra Meditación de Transmisión (y hemos decidido dejarla sin hora de finalización en vez de tomar té después de la Transmisión), muchas personas de nuestro grupo han dejado de participar en la Transmisión. ¿Es mejor, por tanto, retomar las Transmisiones cortas, y quizás atraerles de vuelta una vez más al trabajo de Transmisión?

¿Por qué no invitar a todos a un debate sobre este problema? Seguramente se podría alcanzar un compromiso entre vosotros entre las Transmisiones sin hora de finalización y socializar.

Sé que algunos grupo sólo hacen Meditación de Transmisión tres veces por semana. Nosotros la hemos estado haciendo cinco o seis veces por semana y pensamos que funciona realmente bien. ¿Deberíamos sugerirlo a otros grupos?

Las personas tienen libre albedrío, por supuesto, pero fue indicado desde el comienzo (marzo de 1974) por mi Maestro (que introdujo la Meditación de Transmisión) que tres veces por semana es el ritmo recomendado.

Se nos ha dicho que cuanta más Meditación de Transmisión se haga, más rápido es el crecimiento espiritual. ¿Es cierto?

De ningún modo. No es cierto decir: "Cuanta más Meditación de Transmisión se haga, más rápido es el crecimiento espiritual". Eso es fanático y extremista. La regularidad y el alineamiento son esenciales, mientras que yo sugeriría de tres a cuatro horas, dos o tres veces por semana como un ritmo a alcanzar.

Yo tengo un grupo de Meditación de Transmisión en mi casa. ¿Cuándo los demás marchan puedo continuar transmitiendo solo después de que les acompañe a la salida, o se necesitan tres personas para continuar?

A veces sólo queda uno, y es correcto. Te sientas mientras que las energías fluyan. ¿Pero por qué te tienes que levantar para acompañarles hasta la salida? ¡Qué ellos encuentren la salida!

Es posible participar en un grupo de Meditación de Transmisión en un estado soñoliento?

No. Es posible participar en una Meditación de Transmisión y dormirse. Si das cabezadas sólo unos pocos segundos, la Transmisión aún continúa. Pero cuando las personas realmente se duermen, no están tomando parte en la Transmisión, independientemente de lo que sueñen. Un sueño es una actividad de los planos astral y mental inferior. La Transmisión está teniendo lugar en el nivel mental superior.

Pero las personas se duermen en la Meditación de Transmisión. Sucede todo el tiempo, en todos los grupos. Algunos se duermen durante un rato, y algunos pasan casi todo el tiempo durmiendo. Las energías, debido a su potencia y a que las personas no están familiarizadas con ellas, las noquea, por así decirlo. Pero gradualmente se acostumbran a las energías. Se hace cada vez menos necesario dormirse, especialmente si escogen un día en el que no estén demasiado cansados. Mantener la atención arriba agotador si no lo has hecho antes, pero para cualquier persona que ha meditado algo, no es tan difícil. Descubriréis que las energías mismas os ayudan a concentrarse.

¿Es posible meditar con éxito acostado?

Es posible pero en mi opinión no es la mejor postura para meditar. ¡Es demasiado fácil dormirse!

¿Por qué siempre transmitimos de noche y no por la mañana, cuando estamos en la mejor forma?

La mayoría de grupos de Transmisión se reúnen por la noche dado que la mayoría de personas trabajan durante el día. Pero no hay ningún impedimento para que alguien realice el trabajo de Transmisión durante la mañana. Las energías de la Jerarquía están disponibles todo el tiempo. Nunca cierran.

¿Por qué tenemos que transmitir en la oscuridad? Es tan fácil dormirse.

Por supuesto que no es necesario transmitir en la oscuridad. La cuestión es que la mayoría de personas pueden concentrarse mejor con una luz tenue. No existe otra razón para que uno no pueda transmitir a plena luz del día, como a menudo hacemos durante los talleres de Meditación de Transmisión.

En la Meditación de Transmisión, en lugar de instrucciones verbales de una persona durante la Transmisión, ¿es aceptable tocar una campana para reenfocar la atención?

Si es aceptable para los presentes, es aceptable, pero en mi opinión no es una muy buena idea. El recordatorio verbal para mantener el foco en el centro ajna funciona por la referencia específica al centro. No existe tal asociación con el sonido de una campana. Creo que las personas rápidamente se acostumbrarán a la campana y la ignorarán, o incluso ni la oirán.

¿Es posible cambiar el sitio después de cierto tiempo si no es posible continuar?

Sí. Lo esencial sobre la Meditación de Transmisión es su regularidad, de que estéis al mismo tiempo, el mismo día, en el mismo lugar cada semana, tanto si es un o dos o tres veces a la semana para que los Maestros sepan que encontrarán un grupo listo para ser usado como canales para Sus energías. Una vez que el grupo se formó, los Maestros conocen a las personas conectadas al mismo. Pueden verte de forma clarividente. Ellos ven exactamente el estado de los centros, chakras, la luz que cada individuo, y por tanto, cada grupo irradia, y Ellos pueden encontrarte. Pero pienso que no se debería cambiar de sitio cada semana. ¡Dadles una oportunidad!

¿Es posible tener un descanso durante la Transmisión?

Es perfectamente permisible tomarse un descanso de unos pocos minutos si lo deseas, y luego volver a transmitir.

¿Si un nuevo grupo comienza debe el Maestro ser informado sobre ello?

El Maestro no necesita ser informado de nada. Los grupos automáticamente reciben las energías cuando recitan la Gran Invocación. La Gran Invocación fue dada para invocar estas energías, para eso sirve. Pero si se forma un nuevo grupo en Estados Unidos, por ejemplo, deberías informar a Share International USA. Entonces ellos saben que estás en la red y cuando alguien les llama y les dice: "Soy de Arkansas y estoy buscando un grupo de Meditación de Transmisión", ellos les pueden informar de cualquier grupo de su lista que esté en su zona.

Algunos grupos que conozco tienen el hábito de quemar incienso durante la Meditación de Transmisión. En incienso no contiene nicotina pero (1) ¿es su humo realmente inocuo en lo concerniente a efectos sobre la salud? y (2) ¿ayudan a la Transmisión misma?

(1) No. Podría ser irritante para las personas que sufren de asma y de los bronquios. (2) No.

(1) ¿Es la enfermedad infecciosa una ilusión? (2) ¿Podría explicar por qué usted pide a las personas que no asistan a la Meditación de Transmisión si tienen gripe?

(1) Desde el punto de vista más elevado, quizás, la enfermedad, infecciosa u de otra índole, es una ilusión. En el plano físico, si tienes una enfermedad, no es una ilusión, mejor sea que vaya y veas a un médico, y tomes sus píldoras. La gripe no es una ilusión. Las epidemias de gripe han traído enfermedad y muerte a millones de personas, especialmente en períodos de grandes crisis y estrés, o después de las privaciones de la guerra. (2) En el plano físico, si la enfermedad es contagiosa, puedes

convertirte en una fuente nociva para aquellos con los que te encuentras, dependiendo de la fortaleza de sus sistemas inmunes. Dado que los sistemas inmunes de todos están debilitados y bajo presión por los efectos de la contaminación mundial, cada uno tiene la responsabilidad de no infectar a sus compañeros ni generalmente a otros. Por esta razón es irresponsable asistir a la Meditación de Transmisión (o cualquier otro contacto grupal) mientras se padece gripe o resfriados contagiosos. Carece de sentido grupal hacer esto.

En nuestro grupo de Meditación de Transmisión, alguien ronca durante toda la Transmisión. Las palabras, "Decid AUM, mantened la atención alta", se pronuncian periódicamente a lo largo de la noche, pero la persona vuelve inmediatamente a roncar. Hace poco, se le dijo a esta persona que roncaba, y eso pareció ayudar durante un tiempo, pero pronto volvieron los ronquidos. ¿Tiene alguna sugerencia sobre lo que podríamos hacer, dado que distrae a las personas, y otras podrían no asistir a la meditación debido a los constantes ronquidos.

Pedidle que abandone el grupo.

Soy nuevo en la Meditación de Transmisión. He estado en varios grupos para ver cuál me agrada más. Lo que he notado es que estos grupos no son tan afectuosos o hospitalarios como muchos otros grupos Nueva Era. ¿Por qué sucede?

No estoy convencido de que sea así, pero si lo fuese, es debido a que la Meditación de Transmisión es un servicio dado al mundo en general. Sus exponentes por tanto, tienden a ser personas serias y objetivas que se avienen al trabajo de Transmisión cuando se reúnen en vez de entretenerse en socializar. No creo que las personas involucradas sean menos 'afectuosas' y sociables que otros grupos. Sencillamente es que tienen un enfoque diferente.

Capítulo 4 – Experiencias durante la Transmisión

Mientras uno está sentado en el grupo de Meditación de Transmisión reduciendo en potencia las energías, ¿se experimentan sensaciones físicas?

Depende de quién seas. La mayoría de personas tienen una fuerte experiencia física de la energía en el cuerpo etérico, que es de materia más fina, más sutil que el cuerpo físico denso. Las personas podrían experimentarla como vibraciones cálidas o frías en el etérico. Ellas podrían, si son sensitivas, experimentar la energía en un chakra específico, el del corazón o de la garganta, por ejemplo. No todos tienen esta sensibilidad a la vibración. Algunas personas afirman que en realidad no sienten las energías. Saben que están allí, las experimentan de cierta forma, pero no las sienten. Ellas dicen: "No sé cuando comienza o cuando acaba, confío en otras personas para que me lo digan". Pero por sus reacciones puedo decir que ellas saben cuándo comienzan y acaban.

Un hombre en nuestro grupo oye las energías. Cuando digo qué energía está viniendo, él escucha una nota diferente. Otra persona ve constantes olas cambiantes de color. Así que existen diferente formas de experimentarlas. Depende en tu propio tipo específico de respuesta a la vibración: mental, visual, auditivo o sensorial. Yo mismo las siento de forma tan poderosa que me es difícil comprender por qué otras personas no lo hacen, pero sé que es así. Algunas personas tiene ese tipo de cuerpo físico, sencillamente no son conscientes de los cambios de energía o de la vibración de los centros etéricos.

Muchas personas en los grupos de Meditación de Transmisión parecen ser capaces de sentir las energías físicamente de alguna forma. Dado que yo parezco incapaz de hacerlo, ¿podría sugerir alguna forma en la cual yo pueda intentar ser más consciente de mi cuerpo etérico?

Las personas varían enormemente en la sensibilidad física a la energía. Esto normalmente se desarrolla de forma natural con el paso del tiempo en los grupos de Meditación de Transmisión. No intentes muy arduamente 'sentir' las energías. En otras palabras, relájate.

En mis contemplaciones diarias a menudo tengo experiencias muy edificantes. No me siento edificado después de la Meditación de Transmisión. (1) ¿Significa eso que no funciona para mí? (2) ¿Debería por tanto dejar de hacer Meditación de Transmisión?

El objetivo de la Meditación de Transmisión es el servicio, no la edificación. No conozco a quién formula la pregunta pero no obstante, yo sugeriría que la "edificación" experimentada durante las "contemplaciones diarias" es el resultado de su aspiración astral, probablemente con algún grado de aportación del corazón. La Meditación de Transmisión es un proceso científico por el cual las energías de la Jerarquía son transformadas, reducidas, y hechas disponibles de forma generalizada para la humanidad. Funciona en los niveles mentales y no conlleva "experiencias", edificantes u de otra índole.

Sin embargo, debido quizás a que ellas están de alguna forma más astralmente polarizadas, muchas personas afirman encontrar la Meditación de Transmisión muy "edificante" y gratificante. (1) No, para nada. (2) Mi consejo sería continuar, sin buscar "experiencias".

¿Por qué sucede que durante la Meditación de Transmisión algunas veces las energías parecen realmente muy poderosas, y en otras ocasiones podrías sentirlas mucho menos o para nada?

Podría darse el caso que en el momento justo en que no sientes nada, las energías que están siendo enviadas a través de los otros miembros del grupo no están pasando a través de ti debido a que no son de tu línea específica. Los grupos están compuestos de personas de diferentes líneas de rayo o tipos de energía.

Existen siete rayos mayores que provienen de siete estrellas de la Osa Mayor, y cada uno de nosotros está en uno de estos rayos. El rayo de nuestra alma, el Ser Superior, será el mismo durante nuestra existencia. El rayo de la personalidad pude cambiar de vida en vida.

El 1er rayo es el rayo de Voluntad, o Poder, o Propósito; el 2° rayo es el rayo de Amor-Sabiduría; el 3er rayo, el rayo de Inteligencia Activa, Mente Superior; el 4° es el rayo de la Armonía a través del Conflicto; el 5°, el de la Mente Inferior o Ciencia Concreta; el 6° es el rayo de Idealismo Abstracto o Devoción; y el 7°, que es el rayo que está entrando en actividad en esta Nueva Era, es el rayo de Orden Ceremonial, o Magia, o Ritual, u Organización. Todos nosotros estamos en uno de estos rayos,

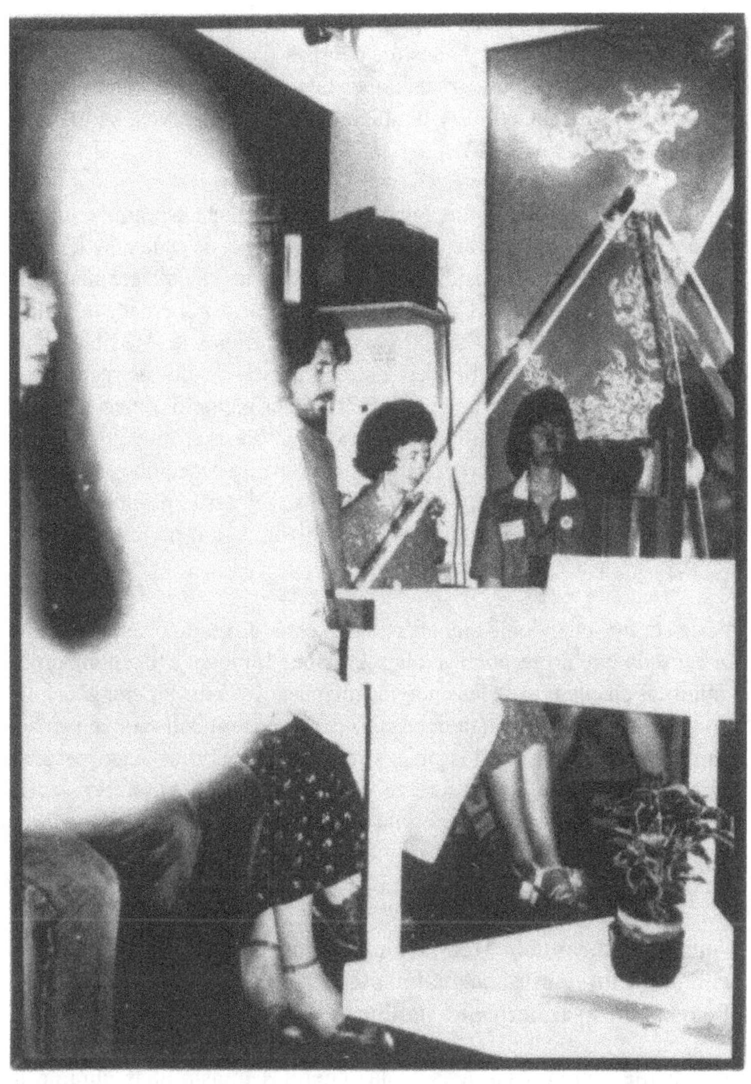

Un extraordinario hilo de luz puede apreciarse a la izquierda de la foto. En este caso, la energía espiritual, que pasa a través de las personas y luego es transmitida a través del tetraedro, se ha hecho visible.

como almas y como personalidades. Nuestros cuerpos mentales, nuestros cuerpos emocionales y nuestros cuerpos físicos también están cada uno en uno de estos rayos. Las naciones tienen almas y personalidades al igual que los seres humanos y también están en estos rayos, tanto como almas y como personalidades.

Los Maestros controlan todos los rayos. Existen siete ashrams o grupos mayores en la Jerarquía, con un Maestro a la cabeza de cada uno de ellos, y existen 42 ashrams subsidiarios que surgen de estos siete mayores, 49 ashrams en conjunto. Cada línea de siete está gobernada y utiliza la energía de uno de estos siete rayos. En los grupos de Meditación de Transmisión las personas tienden a ser de una de las dos estructuras de rayos, la línea 2-4-6 o la línea 1-3-5-7. Si, por ejemplo, tienes un alma de 2° rayo con una personalidad de 2° rayo, entonces es muy posible que las energías del 1er y 7° rayo fluyan en un momento específico a través de algunos miembros del grupo, pero tú no las recibas. Experimentarás un hiato en ese momento. Luego la energía volverá a fluir pero será tu línea esta vez, la línea 2-4-6.

Podría ser que cuando no sientas nada no estés alineado o sencillamente tan cansado que no respondas a la vibración. También existen máximos y mínimos en el envío de las energías mismas. Además, las energías muy elevadas podrían estar fuera del rango de tu sensibilidad porque provienen de no más bajo que los planos mentales superiores. Las personas responden de forma muy diferente. Pero el hecho de que tú no sientas nada no significa que no estés transmitiendo energía. [*Nota del editor:* Para más información sobre los siete rayos, ver *La Misión de Maitreya*, Tomos 1, 2 y 3, de Benjamin Creme]

A menudo, durante la Meditación de Transmisión, ver colores muy brillantes y luminosos, normalmente azul o púrpura, a veces dorado. ¿Podría por favor decir qué significa esto?

Son manifestaciones visuales de las energías transmitidas durante la meditación.

¿Por qué las personas experimentan que la energía de Transmisión es diferente en noches distintas?

Pienso que hay dos factores aquí. Uno es que las energías mismas podrían ser diferentes, tener diferentes cualidades que tienen un efecto diferente en ti. Otro es que las personas varían de noche en noche debido a los patrones de trabajo o la presión de la atmósfera. Están más o menos cansados, más o menos vitalizados, y por tanto, probablemente absorben, cuando la vitalidad es baja, menos energía que en otros momentos. El potencial de energía tiene una proporción exacta a la tensión espiritual. Obviamente, personas que son más avanzadas en evolución absorberán y transmitirán energía en una potencia superior a aquellos que están menos evolucionados. Poseen una mayor tensión espiritual.

Nuestra propia tensión espiritual varía a diario. Así, de la misma manera, recibiremos una potencia de energía específica un día, y más o menos otro día. La tensión grupal está constituida de la suma total de las tensiones individuales.

Además, las mismas energías son enviadas y reducidas por los Maestros a diferentes niveles. La energía una noche podría no parecer para nada fuerte, no debido a que no se está enviando poderosamente, sino porque no está siendo recibida de forma sensible. Podría ser tan elevada que el aparato de los miembros del grupo no pueden percibirla. La misma energía reducida en potencia a un plano inferior podría ser sentida poderosamente porque ellos son sensibles a ella en el nivel inferior. Cuanto más inferior sea el plano más sentimos la energía. Sólo pensamos que lo que sentimos poderosamente es potente, pero eso depende de nuestro instrumento. Normalmente no tiene relación con la fuerza u otra característica de la energía, aunque podría serlo.

¿Significan algunas reacciones físicas durante la Meditación de Transmisión, como toser, que existe un bloqueo en nuestro cuerpo físico?

Sí, normalmente lo son. Durante la Meditación de Transmisión muchos individuos experimentan un fuerte cosquilleo en la garganta que le produce tos. Sucede en todos los grupos. Es una estimulación del centro de la garganta por las energías entrantes. Existe un bloqueo en el flujo de la energía a través del centro de la garganta, y lo mejor es tener un pequeño vaso de agua bajo la silla y beber un poco.

También comprobad si la garganta está tensa. Si lo está, visualizad el centro y expulsad la energía del mismo. Visualizad un canal que sale del centro y, por así decirlo, lo vacía. Extrae energía de detrás de la garganta, a través del centro de la garganta y sácala por la parte frontal para limpiar el bloqueo.

He tenido el siguiente problema durante un tiempo en la Meditación de Transmisión: tan pronto como cierro los ojos, tengo fuertes y espasmódicos calambres musculares en el costado derecho de mi cuello y me hace inclinar la cabeza hacia la izquierda. Este estado dura varios minutos, luego los calambres se van y soy capaz de transmitir durante algún tiempo, hasta que vuelven a aparecer y debo interrumpir la meditación. ¿Proviene esto del orgullo, el egoísmo, el autocontrol, la vanidad, o es una enfermedad física? ¿Es peligroso para mi salud seguir participando en la transmisión?

Es el resultado de la tensión. Aprende a relajarte antes de comenzar la Transmisión y recuerda mantenerte relajado durante la misma.

¿Qué causa un bloqueo en un centro de energía?

Los centros de energía están en el cuerpo etérico, una contraparte del cuerpo físico. Están anexados al canal en el centro de la columna vertebral (el sushumna) y pasan por la parte frontal como dos conos de energía que se encuentran en la columna vertebral. Las energías entran por un lado y salen por el otro, pero es un flujo en movimiento y no fijo. Si la energía se estanca, producirá una inflamación, una estasis. Si, por ejemplo, los músculos de la garganta se contraen por la falta de uso de la energía que fluye desde el alma a través del centro de la garganta, podrías padecer un bloqueo del centro de la garganta.

Aquellos que meditan inevitablemente invocan energía del alma. Construyes el antahkarana, el canal hacia el alma, y a través de ese canal, la energía del alma fluye hacia los diferentes cuerpos –mental, astral y físico– y si no es utilizada por el discípulo en una actividad de servicio, se queda estancada en los centros. Podrías decir: "Bueno, estoy sirviendo, sirvo 20 horas al día", ¿pero sirves en las líneas correctas? ¿Sirves de tal forma que estás utilizando la energía, no sólo intentándolo, sino realmente utilizándola? ¿Estás, por ejemplo, sirviendo a través de la palabra escrita o hablada? Existen diferentes tipos de servicio y tienes que utilizar cada parte de ti mismo. Algunas personas serán mejores en un aspecto y otras en otro, pero es el uso, de una forma equilibrada, de todas las energías que provienen del alma lo que evita esos bloqueos.

(1) He leído que los chakras están en el cuerpo de energía y situados a lo largo de la columna vertebral. ¿También tiene el centro ajna un chakra a lo largo de la prolongación de la columna, en la parte trasera de la cabeza? (2) Si no es así, y si el centro ajna sólo está en la

frente, ¿cómo es que percibo una sensación en la parte trasera de mi cabeza durante las meditaciónes? (3) He leído que el centro ajna está en el entrecejo, ¿Significa eso exactamente en el puente de mi nariz o más arriba? (4) ¿Dónde se encuentra precisamente por favor?

(1) No. (2) Lo que está percibiendo, probablemente, es la vibración de la energía en el centro de la garganta. (3) En el entrecejo, sobre la base de la nariz. (4) En el entrecejo, sin confundirse con la posición del tercer ojo en el medio de la frente.

Cuando me concentro en algo en mi vida cotidiana, a veces siento un hormigueo en la parte alta de la cabeza o siento como si la energía estuviera entrando. ¿Estoy transmitiendo?

Las personas perciben la entrada de energía espontáneamente de tanto en tanto. Normalmente no es una Transmisión. Lo que realmente experimentas el 99 por ciento de las veces es la energía de tu propia alma. El alma existe en su propio plano. Eso es realmente lo que somos, almas. La mayor parte del tiempo nuestra alma está girada en meditación hacia la Mónada, el aspecto espíritu. De tanto en tanto, vuelve su atención hacia el hombre o mujer en encarnación, su vehículo. Cuando lo hace, especialmente con una persona desarrollada que está dedicada a la meditación y al servicio, y es un aspirante, discípulo o iniciado, adumbra su reflejo. Vierte su energía hacia el vehículo, sea en el plano mental, astral, etérico-físico, o una combinación de los tres.

Entonces tienes esa sensación que es algo como una Transmisión, pero no lo es. Lo percibes como si tuvieras un gorro en la cabeza, y baja hasta por encima del entrecejo. Es como una banda pesada alrededor de la cabeza, pero por dentro. Cuando esto sucede, sabes que es tu alma. Aprendes a sentir las diferencias entre vibraciones. Existen tres vibraciones diferentes –la vibración Ashrámica, la vibración del Maestro y la vibración de tu propia alma– y tienes que diferenciarlas. Primero aprendes a conocer tu propia alma. Tiene una vibración específica y no se parece en nada a la sensación en tu cabeza durante la Meditación de Transmisión.

En la Meditación de Transmisión las energías son enviadas a través de los chakras por los Maestros y tú no intervienes en ello. Eres como un instrumento con agujeros y la energía pasa a través de los agujeros y sale fuera al mundo transformada, reducida. Así que la Transmisión es bastante diferente a la energía del alma. También podrías percibir la energía del Cristo, o las energías de los rayos, y todas son percibidas diferentes en tu aura, en tus centros etéricos. Cuando te vuelves más sofisticado en este proceso, aprendes a discernir las diferentes energías.

He estado experimentando esa sensación del estímulo del alma cada vez con más frecuencia, a veces durante mi meditación (personal y de Transmisión), y a menudo, simplemente, en momentos aleatorios, y a veces soy capaz de invocarla a voluntad. ¿Qué significa exactamente cuando ocurre, y existe una actitud de mente o visualización para ser utilizada en estos momentos?

El alma alterna su atención entre la Mónada (hacia arriba) y su propio reflejo, el hombre o mujer en encarnación. Esto tiene lugar cíclicamente y estos ciclos varían tanto individualmente como durante cualquier vida específica.

Existen ciclos de estímulo del alma intensos (en respuesta a la meditación y a la aspiración espiritual y al servicio) y ciclos de relativa calma.

No existe una actitud de mente o visualización específicas (excepto una conciencia despierta del suceso) para ser seguido en estos momentos.

Cuando percibo energías muy potentes, por ejemplo cuando leo los Mensajes de Maitreya, ¿cómo puedo determinar si es del alma, un Maestro, o con esperanza, de Maitreya?

Es imposible leer los Mensajes de Maitreya, o leerlos en voz alta, sin invocar Su energía. Esa es una razón por la que fueron dados. Es difícil hablar sobre energías poderosas en general, es realmente una cuestión de experiencia y discriminación. Normalmente es más correcto aceptar que esa energía es de nuestra propia alma.

¿Cuándo hacemos Meditación de Transmisión, el proceso mental se detiene automáticamente?

No. La naturaleza de la mente inferior es pensar, esa mente inquieta salta casi todo el tiempo. Pero existen varias técnicas para atenuar la actividad de la mente, la mejor de todas es reducir la respiración. Descubriréis que la respiración y el pensamiento provienen de la misma fuente. Cuando reduces la respiración, atenúas el pensamiento. Cuando atenúas el pensamiento, reduces la respiración. Los dos procesos funcionan juntos. No tienes que detener el pensamiento para transmitir energía. Todo lo que tienes que hacer es establecer un alineamiento entre el cerebro físico y el alma.

¿Oscurecen nuestros pensamientos el canal de alineamiento durante la Meditación de Transmisión?

Sí, pero eso no significa que si piensas no estás transmitiendo las energías. Es una cuestión de grado. Tan pronto como se establece el alineamiento entre el cerebro físico y el alma, la energía puede transmitirse. Así que todo lo que tienes que hacer durante la Meditación de Transmisión es mantener el alineamiento. Si puedes mantener el alineamiento y hablar al mismo tiempo, tus pensamientos no tienen para nada efecto sobre la energía. La concentración necesaria es realmente la concentración para mantener el alineamiento, pero si el alineamiento está allí, normalmente, todo el tiempo, no se necesita concentración para mantenerlo. Lo que interfiere es la dirección del pensamiento. Las formas mentales astrales realmente decoloran las energías. La mente inferior piensa, pero mientras que no sigas o dirijas el pensamiento, no tiene un gran impacto en la energía. Si enfocas el pensamiento en una persona específica, o un grupo, o un país, diriges la energía a esa persona, o grupo, o país, que es exactamente lo que no se desea. Así que cuanto menos pienses, mejor, pero no significa que la actividad de la mente inferior tenga algún impacto importante en el flujo de energía. La cuestión es que la perfección es lo mejor, pero no es absolutamente esencial.

¿Qué hay de los pensamientos negativos que surgen durante la Meditación de Transmisión, decoloran las energías de transmisión?

Sí, ciertamente lo hacen. Decoloramos las energías espirituales con nuestras formas mentales astrales. Nuestros temores, ansiedades, sueños, fantasías, todo eso decolora la energía. Pero si nuestra atención se mantiene elevada, esto no sucederá. Tenemos tales pensamientos porque estamos enfocados en el plexo solar. Se trata en realidad de experiencias emocionales que alcanzan los niveles inferiores del cerebro como formas mentales. Pero si mantienes la atención en el entrecejo, sin ningún tipo de tensión, durante la Transmisión, ninguna de estas cosas llegará al nivel del cerebro. Permanecerán como reacciones emocionales y te enfrentarás a ellas tarde o temprano, pero de hecho no surgirán durante la Transmisión. Por eso es tan importante mantener la atención arriba y no volverse negativo. Es una actividad mental muy positiva y serena.

El instrumento del tetraedro también es inestimable porque, entre otras cosas, automáticamente ancla las formas mentales astrales. [*Nota del editor*: Para una explicación del instrumento del tetraedro, ver Capítulo 5]

DK advierte del peligro de meditar demasiado. La Meditación de Transmisión se alarga muchas horas. ¿No es peligroso?

Tenemos que diferenciar entre meditar demasiado y transmitir demasiado. Es por supuesto posible meditar demasiado, es decir, meditar en términos de alineamiento con el alma. Existe una cantidad determinada de energía que puedes recibir del alma y luego utilizar. Si no la utilizas, produce estasis e inflamación en algún sitio, y empieza la neurosis. Pero no puedes transmitir demasiado, no es posible porque los Maestros controlan en envío de las energías.

Nunca tales potencias han estado tan disponibles al Cristo como lo están ahora, y nunca ha sido la transmisión de estas energías al mundo tan urgente como lo es ahora. La urgencia ha invocado a las energías. ¿Por qué limitarte a media hora o una hora cuando podrías con igual facilidad continuar dos horas, tres horas o más? Aquí en Inglaterra lo hacemos más de cuatro horas. Recientemente en esta gira hemos tenido Transmisiones de siete y nueve horas, y en Holanda, de 11 horas. Eso es agotador, pero no demasiado largo. No hay posibilidad de causar daño. Los Maestros controlan y determinan la duración de la transmisión de las energías.

En los libros de Alice Bailey, el Maestro DK no habla sobre el trabajo de Transmisión así que Él no está advirtiendo sobre ello. Él advierte sobre el estado negativo que puede surgir de meditar demasiado, y también de los peligros de sobreestimulación por la energía del alma.

Estoy preocupado sobre la mente en blanco, el estado vacío en el que las personas caen cuando transmiten. El Maestro DK dice que no se debe meditar con una mente en blanco.

Yo no digo que tienes que poner tu mente en blanco. Tienes que estar alerta y abierto. Debes, conscientemente, mantener la atención en el centro ajna. Si lo haces, podría ser que no estás pensando para nada, pero tu mente no está en blanco. En meditación tienes que aprender la diferencia entre la mente que está en calma, absolutamente alerta, totalmente consciente, y la mente que está en blanco. Podrías estar más calmado y consciente con pensamientos atravesando tu mente que estando con una mente en blanco. Una mente que está pensando no es lo mismo que una mente que está en blanco.

Si durante la Meditación de Transmisión uno experimenta regularmente emociones fuertes e incómodas, es mejor suspender la

Transmisión durante un período de tiempo, hasta que quizás los pensamientos amainen un poco, o intentar continuar lo mejor que se pueda en medio de las emociones? ¿Es la estimulación de emociones fuertes algo común en la Meditación de Transmisión?

Intenta continuar hasta recobrar el equilibrio emocional. Cuando se realiza adecuadamente, es decir con la atención enfocada en el centro ajna (en el entrecejo), el arrebato de emociones fuertes debería ser poco frecuente.

Hago Meditación de Transmisión una o dos veces por semana pero estoy luchando con los temas emocionales de mi pasado que esto suscita. ¿Debería dejar de practicarla o seguir perseverando? He tenido un tiempo duro en mi pasado y las cosas que había enterrado vuelven a surgir. ¿Qué debería hacer?

Persevere. Esta fase pronto pasará.

¿Por qué las personas tienden a dormirse durante la Meditación de Transmisión?

Las personas se duermen durante la Transmisión por dos razones: porque están cansadas, y porque no encuentran fácil absorber físicamente estas energías espirituales. Se está dando un estímulo increíble al trabajo de los grupos y a la evolución de los individuos en ellos. Están tratando con energías que, inicialmente, sus cuerpos físicos no pueden fácilmente aceptar y retener. Existe un retraso entre el envío y recepción de las energías y la capacidad real del cuerpo físico de absorberlas con facilidad. En la Meditación de Transmisión los cuerpos de los individuos se están ajustando para que puedan absorber cada vez más. Pero mientras tiene lugar este proceso, pueden fácilmente dormirse.

¿Puede o debe uno ponerse bajo autohipnosis mientras transmite o esto es contraproducente con lo que se está logrando?

Algunas personas encuentran suficientemente difícil permanecer despiertos todo el tiempo durante la Meditación de Transmisión sin introducir la autohipnosis.

Lo que se precisa es un foco mental positivo que implica la concentración en el centro ajna (en el entrecejo).

¿Son válidos las visiones y mensajes que personas parecen tener durante la Meditación de Transmisión?

Muchas personas me dicen: "Tuvimos una Transmisión maravillosa el pasado viernes. Todos los Maestros estuvieron allí, las energías eran magníficas y nos proporcionaron enseñanzas maravillosas". Eso son tonterías. Es puro espejismo, ilusión y debería evitarse a toda costa. Si estás haciendo eso, detenlo. Ellos no dan enseñanzas maravillosas durante las Transmisiones. No dan ningún tipo de enseñanzas durante las Transmisiones. Ellos simplemente transmiten las energías a través de las personas del grupo. Las "enseñanzas" y los "Maestros" a su alrededor están en la imaginación astral de las personas. Debido a que muchas personas vienen a este tipo de trabajo más esotérico del movimiento espiritualista, piensan que es lo mismo, pero no lo es. No tiene nada que ver con el mundo espiritista y nada que ver con los instructores de los planos astrales. Es un proceso científico por el cual los Maestros, trabajando desde el nivel búddhico, pueden transformar Sus energías, reduciéndolas para el plano físico.

¿Pueden las personas tener contactos con 'entidades' durante la Meditación de Transmisión?

Sí, personas mediúmnicas podrían permitirse tener un foco pasivo y negativo en el plexo solar y así abrirse al contacto con entidades astrales. El peligro es inherente en todo trabajo de meditación, por ello la necesidad de mantener un foco mental positivo (en el centro ajna).

¿Fortalece la Meditación de Transmisión la intuición como la meditación 'regular'?

Desde luego. Toda actividad (meditación y/o servicio) que invoca las cualidades del alma en la vida de la personalidad fortalece la intuición. La Meditación de Transmisión es un proceso forzado dinámico por el cual la naturaleza del alma es invocado poderosamente. Durante la Transmisión, debido a que todos los centros están activados y galvanizados, tu mente se vuelve increíblemente clara y creativa. A través del alineamiento entre el cerebro físico y el alma que es necesario para realizar la Transmisión, el antahkarana –el canal de luz entre el alma y el cerebro– se mantiene abierto. Por tanto es más fácil para el alma aumentar la capacidad intuitiva del individuo.

También, tienes actividad inspiradora. Ideas son vertidas del nivel del alma a las mentes de individuos receptivos durante la Transmisión. Muchas personas tienes ideas muy buenas durante la Transmisión. Pero ese no es el objetivo. El objetivo es el acto de servicio al reducir las energías para que sean útiles para un sector más amplio de la humanidad. El objetivo real, el motivo verdadero, es el servicio.

¿No es peligroso concentrarse en el centro ajna? He oído que la concentración en los chakras pude ser peligrosa.

Ciertamente puede ser peligroso concentrarse, como muchas personas hacen, en un centro específico, especialmente en aquellos que se encuentran por debajo del diafragma. Cuando te concentras en un centro, la energía sigue a tu pensamiento. Éste es un axioma fundamental del ocultismo, de que todo en el mundo es energía, y que la energía sigue al pensamiento.

La actividad de los centros debe despertarse en una secuencia correcta para cada tipo de rayo, y las personas se infligen mucho daño por tener tan poco conocimiento. El objetivo siempre debe ser la elevación de la energía desde los centros por debajo del diafragma a aquellos por encima del mismo, junto con un correcto equilibrio y alineamiento de los chakras.

El centro rector para el nivel mental es el centro ajna, en el entrecejo. Cuando se enfocas en el nivel mental, las emociones se hacen gobernables sin represión. El centro ajna actúa como el sintetizador de todos los chakras por debajo suyo y es completamente seguro concentrar la atención en él. Es el centro del corazón en la cabeza. Algunas personas dicen: "Siempre transmito a través del centro del corazón". Es correcto. No puedes transmitir a través del centro ajna sin transmitir a través del centro del corazón.

Durante una Transmisión, puedes fijar tu atención en el centro ajna con plena confianza.

Tiendo a mantener mi atención enfocada en el centro ajna de forma continua, incluso durante las actividades cotidianas. ¿No es peligroso?

Esto, desde luego, no es peligroso. Si realmente mantienes la atención enfocada en el centro ajna continuamente, entonces están bien encaminado en alcanzar la polarización mental. No obstante, comprueba qué le sucede a tu atención cuando te encuentras en una situación que normalmente estimularía una fuerte reacción emocional. ¿Permanece tu atención en el centro ajna o ha bajado al plexo solar?

Cuando me concentro en el centro en el entrecejo, siento como si tuviera un ojo allí. ¿Es el tercer ojo?

El centro ajna no es el tercer ojo. El tercer ojo está en realidad dentro, mientras que el centro ajna está en la parte frontal de la cabeza. El tercer ojo se crea con la actividad del mismo discípulo.

El cuerpo pituitario que se asienta por detrás del puente de la nariz está relacionado con el centro ajna, mientras que la glándula pineal en el centro de la cabeza está relacionada con el centro de la cabeza. Gradualmente, la meditación intensifica la actividad de estas dos glándulas. Cuando la radiación, la luz, emitida por el cuerpo pituitario y la glándula pineal se expande lo suficiente como resultado de estas actividad intensificada, se crea un contacto magnético entre ellos, los dos centros se solapan y se crea un campo. El tercer ojo nace allí. Da una visión superior y clarividente. Eso es algo diferente del centro ajna mismo.

Así, cuando transmites, no estás para nada manteniendo tu atención en el tercer ojo, sino en el centro ajna en el entrecejo. La presión que podrías sentir es la energía que fluye a través del centro. Allí es donde debería estar tu atención todo el tiempo. La atención de la mayoría de las personas está abajo, en el plexo solar, o incluso más abajo, pero en realidad debería estar en el centro ajna. Éste es el centro rector. Mientras están enfocado allí, también tienes el control sobre ti mismo y tu actividad mental. Desde allí también controlas la actividad del plexo solar que es el centro de las emociones. No puedes realizar ningún avance real en evolución hasta que controles la actividad de ese centro.

Durante tres años he sido miembro de un grupo de Meditación de Transmisión. Nos reunimos dos veces por semana durante una hora. Después de la meditación me siento tan claro que no me duermo hasta las 3 o 4 de la madrugada. Dado que me tengo que levantar a las 5, me siento muy cansado después de dormir tan poco. Esto me causa problemas en el trabajo. ¿Podrían darme algún consejo?

Esto es un problema bastante común en los grupos de Meditación de Transmisión. Personalmente, yo no puedo irme a dormir hasta después de varias horas después de una Transmisión. La cuestión es hacer el mejor uso del tiempo mientras estás despierto. Realiza algún trabajo o lee algo y pronto te relajarás y dormirás. Yo recomiendo que deberías, si es posible, alargar la Transmisión gradualmente (añadiendo, digamos, 15 minutos cada dos o tres semanas) hasta que alcancéis las tres horas. ¡Entonces probablemente desearás dormir!

Capítulo 5 – Mejorar la Transmisión

¿Cómo nos podemos convertir en mejores transmisores de energía?

La mejor forma de convertirse en un mejor transmisor es hacer más trabajo de Transmisión. Es un proceso de autopreparación. Cuanto más lo haces, mejor lo realizas. No es posible hacerlo sin ser transformado por las energías. Lo que es tremendamente potente en un momento incluso ni lo notarás seis meses después. Tus centros la están absorbiendo y se acostumbran a ella. Lo que notas es la siguiente potencia superior. Sólo realizando Meditación de Transmisión haces progresos en ella.

En tu propia meditación de alma privada también creas un alineamiento. Todos los pensamientos y acciones dirigidas hacia el servicio y ayudar al planeta también provocan el alineamiento del alma con la personalidad. Tu aspiración, meditación y servicio juntos crean el antahkarana o puente entre el alma y la personalidad. Mantén tu aspiración tan alto como sea posible sin ceder a la desesperanza, la negatividad y a la decepción. Tienes que abordar la meditación y el servicio de una forma desapegada.

En todo trabajo esotérico y de discipulado, ves la necesidad del mundo, y, en lo que seas capaz, lo más objetiva y despegadamente posible, buscas satisfacer la necesidad. El Cristo ha dicho: "Tomad la necesidad de vuestro hermano como la medida de vuestra acción, y solucionad los problemas del mundo". Tienes que actuar con objetividad. Ves la necesidad y satisfaces la necesidad. Eso es todo.

Cuando realizas Meditación de Transmisión de una forma desapegada estás ayudando al mundo, pero lo tienes que hacer al igual que un trabajo. Si te sientes importante y dices: "Estamos ayudando poderosamente al mundo", eso es un espejismo. En cada cosa que hagas tienes que ser lo más objetivo y desapegado posible. Cuando lo haces, automáticamente transmites energías mejor y a una potencia superior.

¿Dispensan los Maestros 'gracia'? Por ejemplo, si uno rezara a un Maestro brevemente, solicitando 'gracia' para mejorar la propia capacidad de realizar efectivamente Meditación de Transmisión: (1)

¿Sería escuchada la petición? (2) ¿Es el Maestro capaz de tal bendición? (3) ¿Es probable que Él lo otorgue?

(1) Sí. (2) Sí. (3) Sí.

¿Qué sitio tienen la autoobservación, la conciencia despierta y el estado de alerta en el trabajo de Transmisión? ¿Son importantes?

Estado de alerta, sí. Autoobservación, no, no realmente. Autoconsciencia y autoobservación no se enfatizan en el trabajo de Transmisión. El trabajo de Transmisión es servicio. Se asume que los grupos de transmisores son aspirantes a discipulado, o discípulos. Se da por hecho que continúan con su propia autoevolución bastante separada de la Meditación de Transmisión. El trabajo de Transmisión no está en lugar del autodesarrollo. Realizan las prácticas que deseen hacer para lograrlo. No es algo que se enfatice para formar parte de un grupo de Transmisión. No hay enseñanza en un grupo de Meditación de Transmisión. No existe un autodesarrollo consciente en un grupo de Meditación de Transmisión, aunque no puedes canalizar las energías sin ser transformado. Necesitas el estado de alerta. Necesitas ser capaz de mantener tu atención arriba. Eso no es difícil. No significa una atención total, ininterrumpida y fija en el sexto centro o ajna, sino que mantengas tu atención allí sin ningún tipo de tensión. Si baja, y descubriréis que lo hace (tu atención deambulará), entonces pronuncias silenciosamente OM. Autoconciencia, autodesarrollo y autoobservación lo practicáis en vuestra vida cotidiana. El trabajo de Transmisión no excluye otros tipos de meditación o entrenamiento y es algo que potencia cualquier otra práctica que realices.

¿En un grupo de Meditación de Transmisión, importa cómo te sientas?

Sí y no, depende de cuán concienzudo quieras ser. Yo formo el centro de nuestro grupo de Transmisión, y tengo a mi izquierda a los hombres del grupo y a mi derecha a las mujeres. Es simplemente para la conveniencia de los Maestros. No nos afecta a nosotros, pero sí a los Maestros. Cada energía tiene polaridad, un polo positivo y uno negativo. Los hombres transportan el positivo y las mujeres la carga negativa de la energía. Es una ciencia profunda. Ellos no sólo transmiten a través de los individuos sino en términos de polaridades.

En mi experiencia, las mujeres tienden a asimilar ciertas energías del Cristo mejor que los hombres. Están más en sintonía con la energía del

Cristo. Parecería mejor si el grupo está equilibrado en términos del número de hombres y mujeres, pero no creo que importe para nada energéticamente. Por ejemplo, en Norteamérica casi todos los grupos tienen más mujeres que hombres, mientras que en Holanda es al contrario. La diferencia energética tiene que ver con las polaridades. Cuanto tienes, por ejemplo, nueve mujeres y sólo un hombre, ¡ese hombre está muy ocupado! Él es el polo positivo para otros nueve puntos. Pero los Maestros pueden arreglar eso. Para ellos no es un problema. Si hay más de seis o siete personas, yo sugiero que los hombres y las mujeres deberían separarse. Con cualquier cifra inferior a seis o siete, no importa cómo os sentéis.

Podría por favor explicar la función del instrumento del tetraedro y de qué manera difiere de una pirámide.

La pirámide fue un instrumento de tiempos atlantes. Fue construido específicamente para atraer energía astral. El objetivo del hombre atlante fue el perfeccionamiento del vehículo astral, algo que hizo muy bien. Ese instrumento fue utilizado entonces para focalizar energía astral porque esa era la energía más elevada disponible entonces. Ahora, con el giro de la espiral hacia arriba, nos estamos alejando de esa fase atlante aunque la mayoría de la humanidad aún es atlante en conciencia, todavía enfocada en el plano astral. El foco en este tiempo venidero será en el plano mental. El instrumento que atrae energía mental es el tetraedro.

Realiza dos cosas: el cristal de cuarzo en el centro mezcla las energías entrantes, y el campo magnético las potencia. El envío nunca es sólo de una energía sino de varias. El instrumento transforma las energías hacia abajo, reduce el voltaje al igual que un transformador eléctrico, pero las potencia en ese voltaje más bajo. Son enviadas a través del disco de oro al mundo, dirigidas, no por nosotros, sino por los Maestros allí donde sean necesarias, a un voltaje que puedan utilizarse, experimentarse y asimilarse por la humanidad en general. Al mismo tiempo automáticamente ancla toda energía por debajo del plano mental para que las formas mentales astrales de los transmisores no decolores las energías espirituales. Los planos e instrucciones se proporcionan a grupos que llevan bien establecidos al menos dos años.

¿Cuánto mejora el instrumento del tetraedro la Transmisión?

El tetraedro por sí mismo no trae las energías y de ninguna forma mejora su recepción. Mejora la transmisión de las energías. Estas vienen directamente de los Maestros a nosotros a través de los chakras. Luego salen de nosotros hacia el instrumento. Este instrumento no es esencial para el trabajo, pero es un accesorio útil. Sólo existen muy pocos de estos instrumentos en el mundo y sin embargo existen muchos grupos de Meditación de Transmisión y realizan un trabajo igual de bueno. El tetraedro transforma aún más las energías, las reduce más que lo que nosotros podemos, y en el voltaje reducido, les da un estímulo final, una potenciación.

También asegura que las energías se envían en el plano mental inferior, que es el plano del mismo instrumento. Sólo por tener la forma que tiene, automáticamente transforma las energías hasta el plano mental. Si fuese una pirámide, transformaría las energías al plano astral, que no es el plano que deseamos estimular. En resumen, es un accesorio, un beneficio para el trabajo, pero no es esencial.

¿Cuál es la importancia del Tetraedro para un grupo de Meditación de Transmisión?

El Tetraedro es un instrumento que, utilizado por los grupos, es muy eficaz para depurar toda forma mental de tipo astral. Así la energía llega pura de los Maestros, va en primer lugar al Nuevo Grupo de Servidores del Mundo y luego es diseminada de diferentes formas a través del resto de los grupos y el mundo, etc. Y en este proceso, inevitablemente, cuando desciende cada vez más, se vuelve cada vez más descolorida por las formas mentales astrales de los grupos, incluso en los grupos de Meditación de Transmisión más antiguos. Y es derivada a tierra, es como la electricidad, tienes que conectar a tierra la electricidad, así que tienes que conectar a tierra las formas mentales astrales, y eso lo hace el instrumento.

También, la energía proviene de fuentes cósmicas, solares y extra-planetarias a los Maestros y ellos las reducen, las envían a un nivel reducido pero aún a un nivel muy elevado. Pasa a través de los grupos de Meditación de Transmisión que las reducen aún más, aunque los procesos son automáticos, pero para ello son utilizados, para reducirlas en cada etapa. Entonces pasa de las personas al Tetraedro, y el Tetraedro las reduce aún más de lo que puede reducirlas la Jerarquía. Y cuando hablo de la Jerarquía me refiero a los Maestros y las personas realizando Meditación de Transmisión. Y a ese nivel inferior, también son potenciadas, así que salen en un rayo de luz a un nivel inferior que el dejado por los Maestros y la personas en los grupos de Transmisión. Finalmente recibe un impulso, reactivadas a un nivel inferior, y por la configuración del instrumento, y son enviadas al mundo de esta manera. Así que tiene una tremenda labor en ello, es un instrumento muy útil.

Los planos del mismo me fueron dados por mi Maestro antes de que se formara un grupo. También había un instrumento, que conectado al Tetraedro, podía almacenar energía. Así que la energía podría pasar a través del grupo y ser almacenada en este instrumento, habiendo pasado a través de las personas, a través del Tetraedro, y siendo almacenada. Me llevó más tiempo construir que cualquier otra cosa. Incluso solo conseguir el equipamiento para construirlo me llevó semanas y semanas. Era una batería, una batería de energía espiritual. Pero solo la utilicé una vez y luego se me pidió que la dejara de lado y que las personas serían las batería desde ese momento en adelante.

¿Valdría la pena que los grupos de Transmisión consiguieran un tetraedro?

Si puedes permitírtelo, sí. No es esencial, pero bastante importante. No es tan caro. Cuanto mayor sea el grupo, menos costoso será por persona. Es una inversión muy buena. Ciertamente mejorará la efectividad del grupo. El único problema con el tetraedro es el coste, porque necesitas un disco de oro no menor de 9 centímetros de diámetro que no pese menos de 100 gramos y un disco de plata de no menos de 11,5 centímetros de diámetro que no pese menos de 127 gramos. Oro de veintidós quilates funcionará extremadamente bien, 18 quilates también funcionará bien, pero menos de 18 no lo hará. Pierdes demasiados de los niveles o frecuencias más elevados de las energías si utilizas menos de 18 quilates. Veinticuatro es lo mejor. Por supuesto, también es el más caro. El resto de los materiales, el hilo de plata, los imanes, un cristal de cuarzo que pese aproximadamente un kilo y una caja de cristal, no son muy caros.

Los planos y las instrucciones de cómo construir un Tetraedro son proporcionados a grupos que llevan bien establecidos durante al menos dos años.

También hay algo sobre sentarse alrededor de un instrumento. Solíamos participar en cada Festival de Mente-Cuerpo-Espíritu en Londres desde abril de 1977, justo antes que Maitreya viniera al mundo, y siempre llevábamos el tetraedro al stand. Organizábamos Transmisiones cada dos o tres horas e invitábamos al público a participar en ellas. Las personas estaban y están más interesadas en el tetraedro que en el hecho de que

TETRAEDRO

94

el Cristo está en el mundo. Es más real para ellas. Lo pueden ver. Ésta es una era tecnológica. Cuando sabes lo que estás haciendo, cuando sabes que funciona, cuando sabes que mejora el trabajo grupal, crea un ambiente por sí mismo. Es muy hermoso. También es un símbolo de la eficacia de lo que uno está haciendo.

Las personas dicen: "¿Estuve haciendo algo? No lo sé. No parecía que estuviese concentrado esta noche. No siento que hiciese mucho". Pero si hay un instrumento allí, de alguna forma saben que está haciendo el trabajo. Si ellos no lo están haciendo, él lo está haciendo.

¿Qué hay de la orientación del tetraedro? ¿Debería la cara abierta orientarse al norte o al sur?

No tienes que orientar el tetraedro para nada. El campo magnético producido por esos imanes es de hecho más poderoso que el campo magnético de la Tierra. Si no hubiese instrumentación dentro del mismo y tuviese una alineación norte-sur, atraería energía del plano mental. Pero no estamos condicionados por ese hecho porque la energía no proviene del plano mental de la Tierra. La energía proviene de la Jerarquía. El instrumento la reduce al plano mental por hecho de que es un tetraedro, porque esa es la propiedad energética de esa forma, su poder de forma. Así que no lo alineas. Lo puedes colocar de la forma que desees. Lo que debes evitar es que el disco de oro apunta a alguien. El grupo debe formar un semicírculo, una herradura de caballo, en vez de un círculo completo. A veces, con muchas personas, el círculo rodea el instrumento. El Maestro diría: "Desviaremos el haz", pero es mejor que el grupo se siente a ambos costados para que el haz de energías mezcladas del disco de oro salga al mundo sin que nadie se interponga en su camino.

¿Se convierten nuestras sesiones regulares de Transmisión en un adumbramiento grupal cuando Benjamin Creme participa?

Cuando yo estoy involucrado, la transmisión de energías se convierte en un adumbramiento del Cristo. Yo soy adumbrado por Él y esto se convierte en un adumbramiento grupal. El Cristo nutre la vida espiritual de cada persona que participa en la Transmisión, así que de ese momento en adelante tu trabajo de Transmisión será reforzado.

Una de las funciones de Maitreya el Cristo es actuar como el 'Sustentador de los pequeños', 'los bebés en Cristo', es decir aquellos que han tomado la primera y segunda iniciación y necesitan Su 'nutrición' espiritual para prepararles para la tercera, la *transfiguración*, que, desde el punto de vista de la Jerarquía es sólo la primera iniciación del alma real.

Se está llevando a cabo un experimento, a través de la agencia de un discípulo adumbrado por Maitreya, en el cual esta 'nutrición' también se da a aquellos que, quizás, sólo han tomado la *primera* iniciación. Al mismo tiempo, automáticamente te conectas a la red de luz que el Cristo está creando en el mundo. Existe una red de luz en la cual como miembros individuales de cada grupo de Meditación de Transmisión y cada grupo en su conjunto, estáis conectados, así que cada vez que te sientas en tu grupo para transmitir, automáticamente te conectas con ese grupo en los planos internos que el Cristo nutre para el trabajo en este tiempo venidero. Él siempre está buscando aquellos aspirantes y discípulos en el mundo a través de los cuales Él pueda trabajar. El Cristo no ha venido a cambiar el mundo. Él ha venido a mostrarnos cómo cambiar el mundo. Él está aquí para galvanizarnos, inspirarnos, guiarnos, para evocar en nosotros aquello que ya está dentro, pero Él no va a hacer el trabajo. Lo tenemos que hacer nosotros mismos.

¿Por qué es necesario mantener la atención en el chakra coronario durante el adumbramiento de usted por Maitreya? (Ene./Feb. '94)

Porque esto permite a Maitreya nutrir, espiritualmente, al grupo. La energía va directamente al loto a lo alto de la cabeza. Se mantiene ahí y luego reflejada hacia abajo y enviada a través de los centros del corazón y la garganta al mundo. Él la distribuye de esta forma. Nutre los pétalos de Conocimiento, los pétalos de Amor y los pétalos internos, Voluntad, del chakra coronario y estos vibran e intensifican su actividad cada vez que tiene lugar el adumbramiento. Al mismo tiempo Maitreya distribuye la energía hacia abajo a través de los centros ajna, el de la garganta y el del corazón (una cierta cantidad, dependiendo de la persona) al mundo. Así que se trata tanto de un proceso de nutrición como de una distribución científica de la energía, tal como sería normal en una Meditación de Transmisión.

Existen razones de seguridad para que se tenga que mantener la atención en el chakra coronario?

Sí, las hay. Es seguro mantener la atención en el centro ajna. Esto con el tiempo debería convertirse en el sitio normal de tu atención. Este es el centro rector desde el que se asume toda acción. El mantener la atención en lo alto de la cabeza sólo debe hacerse durante el adumbramiento cuando yo estoy presente. No es seguro para la mayoría de personas mantener su atención en lo alto de la cabeza. Que lo hayan hecho cuando yo estoy presente no significa que deberían continuar haciéndolo. El centro ajna es el centro seguro.

¿Las bendiciones (durante la Transmisión) nos transforman incluso si estamos dormidos?

Sí, las bendiciones están transformando a la persona. Ellas emergen del plano del alma y son dadas a las almas de los individuos: de eso trata el alineamiento. Es por eso que durante la Meditación de Transmisión tienes que permanecer alineado. El cerebro físico tiene que tener la conexión y alineamiento dirigidos y sólidos con el alma, de otra manera falta ese aspecto del canal comunicador.

Muchas personas, incluso si no están dormidas, cavilan. Están en un tipo de 'aturdimiento astral' durante gran parte de la Transmisión. Esa es la razón de que el tiempo medio de Transmisión sea de tres minutos y medio en vez de 60 minutos por hora. Si el alineamiento fuese constante, el tiempo real de Transmisión sería de 60 minutos por hora. Es muy importante, por tanto, que mantengáis ese alineamiento. La persona en cuestión recibe la bendición, la persona es el alma. Somos almas, tenemos que acostumbrarnos a pensar en nosotros mismos como almas, el alma en encarnación es el hombre verdadero. Esta personalidad, con su triple cuerpo, es simplemente un mecanismo, un vehículo, para el hombre o

Cuando Benjamin Creme está presente, la Transmisión se convierte en un adumbramiento del Cristo, y el grupo se sujeta las manos.

mujer reales que es el alma, y es el alma la que recibe la bendición. Esa bendición, por supuesto, tiene un efecto en los vehículos, estimulando la sustancia de los cuerpos físico, astral y mental, pero la verdadera bendición es para el Hijo de Dios en evolución encarnado.

He oído que tocarse unos con otros puede transferir vibraciones bajas entre sí. ¿Por qué, entonces, cuando usted preside una Meditación de Transmisión, pide a las personas que se sujeten las manos?

Si fuese cierto que tocándonos unos a otros podríamos transferirnos "vibraciones bajas" entre nosotros, también debería ser igual de cierto que al tocarnos unos a otros podemos transferirnos vibraciones elevadas de la misma forma. Durante una Meditación de Transmisión en la cual yo estoy presente, yo soy adumbrado por Maitreya, quien a su vez es adumbrado por el Espíritu de Paz y transmite la energía del Avatar de Síntesis (o la Fuerza de Shamballa) y la del Buddha. A través de mí, y con el grupo sujetándose las manos, esto se convierte en un adumbramiento grupal (el grupo es espiritualmente 'nutrido' por Maitreya, como indiqué anteriormente). En mi experiencia, aquellas personas más temerosas de las 'bajas vibraciones', siempre de otras personas, dejan algo que desear por sí mismas.

(1) ¿Es necesario que nosotros nos sujetemos las manos durante nuestras sesiones de Meditación de Transmisión regulares cuando Benjamin Creme no está presente? (2) ¿Es posible que tenga lugar un adumbramiento durante la Transmisión a través de alguna otra personas del grupo, cuando Benjamin Creme no está presente?

(1) No, no es necesario sujetarse las manos. (2) Cuando no estoy presente, el adumbramiento no tiene lugar. Es posible que tenga lugar cierto tipo de adumbramiento de entidades astrales a través de personas mediúmnicas del grupo. Personas con fuertes tendencias mediúmnicas podrían abrirse para ser utilizadas por tales entidades del plano astral si su atención baja al plexo solar durante la Transmisión. Aquellas personas tienen que mentalmente decidir no ser utilizadas por entidades astrales y preservar el alineamiento entre el alma y el cerebro manteniendo la atención en el centro ajna durante la Transmisión. Este es *muy importante*. Uno debe aprender a distinguir entre energías espirituales y energías del plano astral. La Meditación de Transmisión no trata con energías astrales, y, por supuesto, los Maestros a cargo de la Transmisión no permiten interferencia por parte de la energía astral.

¿Tienen lugar iniciaciones durante el adumbramiento de Maitreya en sus conferencias?

En el sentido de las iniciaciones planetarias mayores, no. En el sentido de que toda transferencia de poder es una iniciación, entonces sí. El poder liberado y el estímulo para los centros de fuerza (chakras) de la audiencia que tiene lugar son una especie de iniciación. Los individuos en la audiencia son cambiados, su ritmo vibratorio intensificado, su estado de ser alterado hasta el grado de poder responder y absorber las energías. [*Nota del editor*: Para más información sobre la iniciación, ver *La Misión de Maitreya*, Tomos 1, 2 y 3, de Benjamin Creme.]

En sus reuniones públicas, cuando está adumbrado por Maitreya, deberíamos nosotros, en la audiencia, (1) cerrar los ojos, (2) mirarle a usted, o (3) prefiere que las personas no le miren? (4) Deberíamos poner nuestra atención en nuestro centro en la frente, o en lo alto de la cabeza?

(1) Es mejor así, pero opcional. (2) (3) Lo que prefiráis, no me importa. (4) En lo alto de la cabeza.

Si se realiza una grabación con una videocámara o grabadora durante el adumbramiento de usted por Maitreya y Sai Baba en sus conferencias y Meditaciones de Transmisión, (1) ¿se magnetizan con alguna energía las cintas? (2) Si es así, ¿qué tipo de energía, y en qué situaciones sería beneficioso visionar o escuchar estas cintas magnetizadas para poder liberar estas energías, asumiendo que las energías se liberan cuando se pasan las cintas? (3) ¿Se transferirían estas energías a nuevas cintas de vídeo o de casete si se hacen copias?

(1) Sí. (2) Energía de Amor. (3) Sí.

Si es perjudicial que niños pequeños estén en una habitación donde tiene lugar una Meditación de Transmisión, ¿es también perjudicial que ellos estén presentes durante el adumbramiento de Maitreya en sus conferencias?

No. Dado que sus chakras están aún en proceso de estabilización, durante una Meditación de Transmisión deberían continuamente ser protegidos por los Maestros del impacto total de las energías transmitidas. Esto es un derroche de la energía de los Maestros. No obstante, en las conferencias, el Cristo puede fácilmente regular la cantidad de energía que cada persona

Benjamin Creme es regularmente adumbrado por Maitreya al comienzo y al final de sus conferencias públicas. Muchas personas afirman haberle visto rodeado de un halo brillante de luz, mientras que otras personas de hecho le ven 'desaparecer' en la luz. De vez en cuando, las cámaras también registran este fenómeno. Esta foto fue tomada al comienzo de la conferencia de Tokio de 1993 y muestra a Benjamin Creme bañado en luz, mientras su traductora, Michiko Ishikawa, permanece en luz normal, excepto por su hombro más cercano a Creme.

recibe. Yo soy plenamente consciente del aumento o disminución de la potencia para cada individuo que yo miro durante el adumbramiento.

¿Qué diría sobre el sitio de los cigarrillos, el alcohol o las drogas como la marihuana o el LSD? ¿Interfieren con la Meditación de Transmisión?

Si funcionan contra el cuerpo físico, que es lo que tienden a hacer, funcionarán contra su capacidad de absorber y soportar el impacto de las potencias espirituales, que son enormes. Cuanto más puro el cuerpo, más fácil es absorber estas potencias. Pero uno no debe ser fanático con esto. No soy un gurú y no te estoy diciendo lo que debes hacer, pero yo consideraría una condición previa para el trabajo de Transmisión renunciar a todo que tenga que ver con drogas. Las drogas son muy contraindicadas para cualquier sendero espiritual porque arruinan el sistema nervioso.

El sistema nervioso es la conexión en el plano físico entre el alma y su vehículo. En niveles etéricos existe una correspondencia al sistema nervioso físico. Está compuesto por incontables fibras de luz llamadas 'nadis' que subyacen a todo el sistema nervioso. Cuando tiene lugar la muerte, el cuerpo etérico se desliga del cuerpo físico denso cortando los nadis del sistema nervioso.

El LSD o cualquier droga alucinógena tiene un efecto nocivo en el sistema nervioso. Alguno de los efectos son conocidos y algunos bastante desconocidos. Siempre existe el peligro de dañar la red de nadis entre los planos físico y etérico. Muchas de las experiencias alucinógenas de aquellos que toman drogas es debido a esta destrucción, y podría conducir a la demencia.

¿Considera la hierba (marihuana) una droga?

Oh, sí, desde luego. Tiene un efecto nocivo a largo plazo en el sistema nervioso. Si meditas, no deberías ingerir hierba.

¿Y el tabaco?

El tabaco es desagradable y también rebaja la vitalidad del cuerpo y yo recomendaría que se evite completamente.

¿Qué hay del alcohol?

El alcohol tiene dos tipos de influencia. Una pequeña cantidad de alcohol tiene un efecto positivo en el cuerpo. Es un tónico estimulante. Una gran cantidad de alcohol tiene un efecto nocivo y debería evitarse.

¿Y la aspirina?

La aspirina es un veneno. Debería evitarse completamente. Yo recomiendo, si se desea un medicamento de alivio, utilizar sólo potencias homeopáticas que son tan refinadas que son casi totalmente inocuas. En vez de tomar aspirina para el dolor de cabeza podrías tomar acónito.

¿Hay algo que podemos hacer en nuestras vidas como cambiar nuestra dieta que podría aumentar la pureza de nuestros cuerpos físicos¿

Sí, pero yo no soy las personas para responder a tales preguntas, porque no soy tan disciplinado. Me olvido del cuerpo físico. Rara vez pienso en él. Como lo que me apetece, bebo lo que me apetece y dejo que el cuerpo físico siga adelante y haga lo que tenga que hacer. No como carne y evito aquello que me indispone. Puedes comer cuanta carne te apetezca y aún hacer Meditación de Transmisión, pero si deseas tomar una iniciación, si deseas realizar un progreso espiritual rápido, si deseas absorber toda la energía espiritual posible a la mayor vibración posible (tan elevada como tu cuerpo pueda absorber), entonces no deberías comer carne. El pescado es neutral. Las aves son preferibles a la carne pero no son totalmente neutrales como el pescado. El vegetarianismo debería ser la norma para un discípulo. Pero es mejor no ser fanático con la dieta. El cuerpo no es tan importante excepto para aquellos que se acercan a la primera iniciación. Después de eso, la disciplina alimenticia (con sentido común y sentido de la proporción) debería ser autómatica.

Dado que la mente tiende a estar bastante adormecida mientras uno hace la digestión de una comida, comer antes de la meditación no es recomendable. (1) ¿Esto sería cierto en relación a participar en la Meditación de Transmisión? (2) ¿Si es así, cuánto tiempo antes de sentarse debería uno haber acabado de comer? ¿O no importa para nada?

(1) Sí. Una comida abundante embota la conciencia despierta y el foco mental necesarios en la Meditación de Transmisión. (2) Cada persona digiere a un ritmo diferente así que un intervalo de tiempo preciso no es posible. Yo sugeriría al menos un intervalo de una hora antes de la Transmisión como razonable y una comida ligera como algo deseable.

Formo parte de un grupo de Transmisión y, en el transcurso de mi trabajo (con maquinaria industrial), estoy sujeto a diario a elevados niveles de ruido y vibración. ¿Puede esto afectar adversamente al cuerpo etérico y a la calidad de la Meditación de Transmisión? Si es así, ¿existe alguna forma de protegerme? (He intentado mantener mi atención en el centro ajna mientras trabajo.)

Niveles altos y sostenidos de ruido pueden ciertamente afectar al cuerpo etérico pero no, pienso, la calidad de la Meditación de Transmisión. No conozco ninguna forma para que pueda protegerse más allá de aprender a 'fluir' con el ruido en vez de resistirse al mismo.

[*Nota del editor*: Un debate con más profundidad de cómo mantener el alineamiento entre el alma y el cerebro físico, esencial para una Transmisión efectiva, se reproduce en el Capítulo 9, 'Mantener el Alineamiento'.]

Capítulo 6 – La Naturaleza de la Meditación de Transmisión

¿De dónde provienen las energías para la Meditación de Transmisión y qué tipo de energías son?

El tema de la Transmisión desde el punto de vista de los Maestros es tan complejo, tan esotérico, que realmente no podría comenzar a explicarlo desde Su punto de vista. He formulado esta pregunta a mi propio Maestro y Él me contestó: "No hay manera de que pueda explicártelo. Nunca lo entenderías". Esta dificultad surge porque no conocemos las técnicas o instrumentos que Ellos utilizan. Pero basta con decir que Ellos reciben energía de muchas fuentes diferentes: la energía de Shamballa desde Shamballa, el centro coronario del planeta; energía extrasistémica de los demás planetas y del mismo sol; y energía extrasolar desde Sirio y la Osa Mayor, el origen de los siete rayos.

Los Maestros mismos forman una Jerarquía. El Cristo es el Maestro de todos los Maestros y es el receptor por excelencia dentro de la Jerarquía de las diversas energías. De hecho, actualmente Él está casi por completo a cargo de la distribución de estas energías. Todos los Maestros están involucrados en transmitir energía, pero el Cristo decide con precisión qué energías, y en qué equilibrio, serán distribuidas en un momento dado. Él mismo, como lo sabrá cualquier persona que haya estudiado las enseñanzas de Alice Bailey, es el receptor actualmente de energías muy específicas que Él transmite al mundo.

Él recibe energía de un Avatar llamado el Avatar de Síntesis, un gran Ser de fuera de este sistema solar que fue invocado durante la década de 1940 por la Jerarquía. Este Avatar trae los tres aspectos divinos, o energías divinas que reconocemos, los aspectos de Voluntad, Amor e Inteligencia, junto con otro aspecto para el cual aún no tenemos nombre. Esa energía cuádruple, muy similar a la energía de Shamballa o de Voluntad, es distribuida en el mundo por el Cristo. Produce síntesis en el mundo. El efecto de esta energía cuando incide sobre la humanidad es unir a la humanidad.

La energía de Síntesis trabaja sólo a través de grupos, no a través de individuos. Trabaja a través de la Jerarquía como grupo y a través de la humanidad misma como grupo. Trabaja a través de la Asamblea General de Naciones Unidas (pero no el Consejo de Seguridad). Trabaja a través del principal y más importante grupo en el mundo, el Nuevo Grupo de Servidores del Mundo, que fue creado por el Cristo en 1922. Este grupo tiene una estrecha relación, subjetivamente, con la Jerarquía. En el plano externo está dividido en dos grupos: un gran grupo externo que no es consciente de esta relación subjetiva con la Jerarquía, que trabaja bajo la impresión de los Maestros; y un núcleo interno pequeño que trabaja bastante conscientemente bajo la supervisión de los Maestros. Los miembros de ese grupo están distribuidos por todo el mundo, en cada país sin excepción, hombres y mujeres en todas las esferas de la vida. Son el grupo más importante en el mundo en la actualidad. Son un grupo subjetivo sin ninguna organización externa. El Avatar de Síntesis trabaja a través de todos los grupos, uniendo a la humanidad, sintetizándola en una unidad, que es lo que es en esencia.

La segunda energía que el Cristo distribuye de esta manera es la del Espíritu de Paz o Equilibrio. Éste es un gran Ser Cósmico que encarna la energía del amor a un nivel cósmico. Él adumbra al Cristo, Maitreya, de una forma similar a la que el Cristo adumbró al Maestro Jesús en Palestina. Él trabaja en estrecha relación con la Ley de Acción y Reacción. El efecto de Su trabajo en el mundo es transformar y transmutar el predominante odio, violencia y discordia en sus exactos opuestos, para que entremos en una era de paz, tranquilidad y equilibrio emocional y mental, equilibrado en exacta proporción al caos actual. Ese es el efecto de la energía de este gran Avatar de Paz.

La tercera fuente de energía Divina es el Buddha, el Hermano del Cristo, que trae la energía de la Sabiduría. El Cristo es la Personificación del Amor. El Buddha es la Personificación de la Sabiduría. Ellos trabajan juntos todo el tiempo, a diario, cada hora. Ellos incluso comparten un nivel de conciencia. El Buddha ha tomado una gran Iniciación Cósmica en años recientes, que le permite traer la energía de la Sabiduría desde niveles cósmicos. Él la transmite al Cristo y el Cristo la transmite al mundo. El Cristo ocupa así el punto dentro de un triángulo de fuerza del Avatar de Síntesis, el Espíritu de Paz y el Buddha, y transmite Sus energías al mundo.

Las energías son enviadas por el Cristo a través de uno o dos Maestros y luego a través de los grupos de Meditación de Transmisión. Ellos entonces las reducen a una potencia que la humanidad pueda absorber. Si el grupo de Transmisión tiene el instrumento del tetraedro, este dispositivo las reduce aún más. En el campo de la electricidad, los transformadores se utilizan para reducir el voltaje y hacer que el voltaje, que de otra forma podría dañarte, sea utilizable y seguro. De la misma manera, los grupos de Transmisión actúan como transformadores. Las energías son reducidas y transformadas. Por supuesto pierden potencia después de ser reducidas, pero son utilizables y transformadoras en el mundo.

En el libro de Alice Bailey Los Rayos y las Iniciaciones (pág. 373, ed. Inglesa), se describen las funciones del Nuevo Grupo de Servidores del Mundo. Dice: "Una de las funciones es permitir a las 'unidades de perfecciones que se exteriorizan' (los altos iniciados y los Maestros) reducir Su potencia individual hasta tal grado que Ellos sean capaces de trabajar con objetividad física en la tierra sin efectos indeseables sobre la humanidad". ¿Está la Meditación de Transmisión facilitando esto?

Sí.

¿Están los Hermanos del Espacio involucrados en las energías espirituales (por ejemplo aquellas involucradas en la Meditación de Transmisión?

Sí. En la Meditación de Transmisión las energías vienen de fuentes Cósmicas, Solares y extraplanetarias. Éstas son distribuidas por los Hermanos del Espacio a nuestra Jerarquía planetaria y así a través de los grupos de Meditación de Transmisión.

¿Podría decir algo sobre el 'Verdadero Espíritu del Cristo'?

Una de las energías que fluyen de Maitreya durante la Meditación de Transmisión es el Verdadero Espíritu del Cristo. Éste es el Principio Crístico, la Conciencia Crística, el energía que Él encarna de forma única en el mundo. Eso le convierte en el Cristo. El Cristo es el hombre que encarna el Principio Crístico. Esta energía fluye de Él en enorme potencia.

Durante una Transmisión, fluye con otras energías, pero de tanto en tanto Él la libera separada de las otras energías.

¿Cuál es la diferencia entre el adumbramiento de Maitreya durante la Meditación de Transmisión, el Principio Crístico, y la fase durante la Transmisión en la que usted dice: "Este es el verdadero Espíritu del Cristo?

Cuando digo: "Éste es el verdadero Espíritu del Cristo", es para haceros saber que durante la fase que sigue, Maitreya está liberando específicamente lo que denominamos el Principio Crístico, la energía de la conciencia misma. Esa es la energía que Él encarna. La denominamos Amor, y fluye con mucha potencia durante esa fase. Fluye durante otros momentos durante la Transmisión, quizás la mayor parte del tiempo, pero debido a que está mezclada con otras energías no la reconocéis. Durante esa fase, Él la libera pura. Esa es la razón que para muchas personas ésta sea la parte más mágica y maravillosa de una Transmisión. Ellos perciben esa maravillosa energía del amor. Son bañados por ella. Es poderosa, magnética. Puedes bañarte en ella, sentirla a todo tu alrededor. Estás flotando en un mar de amor, que es lo que es. Es una experiencia maravillosa. Esa es la energía de la conciencia.

En el Día de la Declaración, esa energía fluirá en tremenda potencia a través de los corazones de todas las personas del mundo. Maitreya ha dicho: "Será como si abrazara a todo el mundo. Las personas lo percibirán incluso físicamente". Esa es la razón por la que decimos: "El Amor hace que el mundo gire".

El Amor literalmente hacer girar al mundo porque es la energía de la evolución. Sin esa energía, no habría evolución. No existiría el anhelo, la aspiración, el apuntar más alto, ¿hacia qué? ¿Por qué la humanidad sabe que evoluciona? ¿Por qué la humanidad aspira a lo que denominamos mejora? ¿Por qué lo hacemos? No debido a que las iglesias nos lo digan, sino porque nuestra alma nos lo dice, tan pronto como hagamos un contacto consciente de cualquier grado con el alma.

¿Cuándo usted está siendo adumbrado por Maitreya en sus conferencias y Meditaciones de Transmisión siempre es la energía del Amor de Maitreya la que Él libera o también se liberan otras energías? Parece existir una controversia sobre esto.

La energía del Amor de Maitreya, lo que se denomina "el Verdadero Espíritu del Cristo", siempre es liberada, pero no necesariamente sola, o durante todo el período de la Transmisión. Mientras Maitreya me adumbra, Él, igualmente, está siendo adumbrado por un gran Avatar Cósmico, el Espíritu de Paz o Equilibrio, que trabaja con la Ley de Acción y Reacción. Maitreya irradia la energía del Buddha, Sabiduría Cósmica, y la Fuerza de Shamballa, la energía de 1er rayo de Voluntad y Propósito. Junto con éstas, Él libera la energía cuádruple del poderoso Avatar de Síntesis: Inteligencia, Amor, Voluntad y otra para la cual aún no tenemos nombre pero que está relacionada con el aspecto Voluntad. Todas estas energías Cósmicas son liberadas para el beneficio de las audiencias, los participantes de la Meditación de Transmisión y el mundo. A todos les agrada la 'sensación', la experiencia, de la energía del Amor de Maitreya, es tan edificante, cálida y fácil de absorber, y por esta razón a veces pido que sea liberada sola y separada de la mezcla de todas las energías, que es más usual. No obstante titubeo a la hora de hacerlo muy a menudo para no interferir con los planes energéticos de Maitreya.

Un número bastante elevado de personas, especialmente aquellas que están predominantemente en la línea de rayo 2-4-6, encuentran las demás energías, específicamente la Fuerza de Shamballa y las del Avatar de Síntesis, muy perturbadoras, ajenas a ellos, difíciles de absorber y 'manejar'. Podría llevar tiempo (a menudo mucho tiempo) hasta que estas personas acepten estas fuerzas como beneficiosas de la forma en que aceptan la energía del Amor del Cristo. Como es habitual, es una cuestión de conocimiento y experiencia.

¿Qué hace la Jerarquía con todas estas energías?

Sólo la Jerarquía sabe eso. Ellos las envían allí donde son necesarias, que podría ser a un país o zona específicos en el mundo, o de otra forma simplemente para rellenar, o mantener en un nivel elevado, la reserva de energías espirituales en el mundo. Es realmente muy importante que las personas en los grupos de Meditación de Transmisión no dirijan las energías. Ellos deben dejar esto a los Maestros, porque sólo ellos saben dónde son necesarias y en qué equilibrio y potencia específicos. Es una situación cambiante momento a momento que sólo el Cristo posee la ciencia para comprenderlo. Así, aunque uno podría pensar: "Qué buena idea enviar un poco de buena energía a Oriente Medio", podrías estar obrando de forma totalmente incorrecta. La energía transmitida a través del grupo en ese momento específico podría ser exactamente la energía que no es necesaria en Oriente Medio. Así que uno no debe enviarla a ningún grupo, ni país, ni persona en particular.

El Cristo está a cargo de estas energías todo el tiempo, en cada momento. Cuando Él mira el mundo con todos sus problemas, Él piensa sobre ello energéticamente: eso necesita estímulo, eso necesita un manejo cuidadoso, eso necesita, quizás, retirada de energía. No sólo eso, sino que todas las energías tienen cualidades diferentes. Así que Él no envía algo que denominamos energía, sino la energía de Voluntad, o del Amor, o de Organización, o la que sea. Es la mezcla de todas ellas la que crea el efecto en el mundo. Así que podéis ver cuán inútil es intentar decidir por uno mismo lo que esa energía podría o debería hacer. Es una ciencia tan compleja y oculta que sólo los Maestros pueden saberlo.

¿Cómo sabemos como individuos que no estamos contactando con energía que podría ser peligrosa para nosotros?

No lo sabes. La humanidad aún no posee la ciencia por la cual puede juzgar el valor o el peligro de una energía específica. Estas energías inciden en este planeta desde el cosmos y no hay nada que la humanidad pueda hacer sobre ello en la actualidad. Por ello la continuada necesidad de que la Jerarquía de Maestros esté detrás del mundo.

Ellos conforman el gobierno interno del planeta. Ellos son los Custodios de todas las energías que llegan a la Tierra. En Sus manos yace su destino. Ellos son grandes científicos que responden y conocen el valor y el peligro de cualquier energía específica que incida en este planeta. Ellos manipulan las energías científicamente, compensándolas, protegiéndonos del impacto de otras, y canalizando aquellas que necesitamos y podemos utilizar.

En la venidera Era de Acuario, nosotros mismos nos convertiremos en los Custodios de estas energías, con la Jerarquía de Maestros viviendo entre nosotros una vez más, enseñándonos y guiándonos. Aprenderemos a utilizar, canalizar y manipular las energías del universo, energías de las que actualmente no somos conscientes. Algunas de ellas son realmente muy peligrosas, algunas de ellas son de gran beneficio. Pero incluso la más beneficiosa es de poco valor para la humanidad si es de una potencia más elevada de lo que nuestros centros pueden soportar, por ello la necesidad de protección. Los Maestros actúan como una red protectora, como lo hacen ciertos grandes devas o ángeles, para proteger a la humanidad de estas energías potencialmente nocivas, no se debe temer a esto. No hay forma en que podamos saber si estamos contactando con ellas, pero los Maestros se hacen cargo de ellas por nosotros.

¿Cuándo nos sentamos en grupos de Transmisión, estamos dando o recibiendo energía?

Lo que estamos haciendo es un servicio, dando nuestros vehículos como instrumentos a través de los cuales la energía puede fluir. No estamos dando energía a nadie. Estamos recibiendo energía del Reino de las Almas, el Reino Espiritual, constituido de los Maestros y los Iniciados de

Sabiduría. La recibimos en el sentido de que fluye a través de nosotros, pero no puede fluir a través de nosotros sin estimular los centros a través de los cuales se mueve, y también nos beneficiamos al transmitir esta energía.

¿Es cierto que los Maestros están controlando las transmisiones de las energías, podríamos entonces decir que no podemos ser sobre-estimulados por las energías, y si eso es cierto, por qué entonces a algunas personas se les aconseja realizar Meditación de Transmisión durante un periodo limitado de tiempo?

Debido a que algunas personas están desde el punto de vista físico o desde un punto de vista en psíquico, en un estado hipersensible, y en tal estado podría ser perjudicial para ellos realizar Meditación de Transmisión. Después de tratamiento, después de reposo, después de unas vacaciones, después de la medicina, su situación podría cambiar completamente, y podrían realizar Meditación de Transmisión de forma habitual. Pero algunas personas están, desde el punto de vista psíquico, muy al límite, y todos nosotros estamos experimentando una tremenda sobreestimulación. Cada día, grandes y poderosas energías fluyen al mundo desde Acuario, por ejemplo. Las personas no poseen el sentido del poder de las energías de Acuario y no están habituados a ellas. Así que existe un conflicto entre las piscianas y las acuarianas. Perdurará aún durante cierto tiempo. Y suma a eso el colapso de las bien conocidas estructuras: políticas, económicas, religiosas, etc., y cómo afectan la capacidad de funcionamiento de la personas, y tendrás una idea de la tensión en la que vivimos actualmente. Es tremenda, y si eres del tipo hipersensible, y existen algunas personas que poseen una sensibilidad en el nivel del alma que impide su capacidad de funcionar poderosamente en el plano físico y necesitan practicar Meditación de Transmisión de forma muy suave. Así que existen varias buenas razones de que esto lleve cierto tiempo.

(1) ¿Son las energías enviadas por los Maestros durante una Transmisión primero enviadas a través del antahkarana grupal y luego a través de los antahkaranas individuales? (2) ¿Recibe el individuo las energías primero en su antahkarana y luego son enviadas a través de sus chakras? (3) ¿Escogen los Maestros a través de qué chakras pueden enviarse energías? ¿Es quizás un proceso automático? (4) ¿El estado de los chakras 'atrae' automáticamente más o menos energía?

(1) Sí y no. Depende del grupo. (2) Sí. (3) Sí. (4) Sí.

¿A través de qué chakras entran las energías y a través de cuáles salen?

Esto depende del punto de evolución del individuo y por tanto de qué chakras están abiertos y pueden utilizarse. Con la mayoría de personas, se utiliza el corazón, la garganta y el ajna. Con algunos, el chakra coronario también es utilizado. Con algunos, más avanzados, se utilizan todos los siete chakras.

También depende de la estructura de rayos de la persona en cuestión, la línea de fuerza en la cual están las personas, como almas, como personalidades, con cuerpos mental, astral y físico, todos ellos pueden estar en diferentes rayos. Así que no es posible decir que estas energías entran por un centro y salen por otro, porque depende del individuo. Las personas varían enormemente en el estado de desarrollo de los chakras individuales. Si un chakra a través del cual esa energía de rayo específica fluiría normalmente no está lo suficientemente abierto, los Maestros pueden utilizar otros chakras para transmitir. Existe un límite hasta el punto en que esto puede hacerse, pero dentro de estos límites se hace.

Hablando en términos generales, las personas reciben y transmiten energías en su propia línea de fuerza. Existen siete líneas de fuerza, siete rayos de energía, y las personas pueden estar en la línea 2-4-6, o en la línea 1-3-5-7. Un grupo puede estar constituido de personas de todos los diferentes rayos. Mientras las energías son transmitidas, podrías descubrir que la mitad del grupo está transmitiendo las energías de los rayos 2-4-6 y la otra mitad transmitiendo las energías de los rayos 1-3-5-7. Existen también algunos grupos que están en una línea o en la otra. Pero existe un movimiento en la Jerarquía por el cual se les está dando cada vez más la oportunidad a los discípulos de manejar las energías de la línea que no es la propia.

¿Qué es la kundalini? (Abril '93)

La kundalini es la energía ardiente enroscada en espiral en el chakra de la base de la columna vertebral. La kundalini se despierta gradualmente, y sube en espiral a través de los chakras mientras los chakras por encima de ella están preparados para recibirla. Cuando alcanza el chakra cuáles lo alto de la cabeza y se une con él se produce un gran despertar. Puede despertarse artificialmente (así ocurre a veces) por ciertos ejercicios de yoga respiratorios pero eso es algo muy peligroso de hacer. Puede acabar con la muerte y muy a menudo provoca locura porque se puede «bombear» la kundalini hacia arriba antes de que los chakras superiores estén preparados para recibirla. Hay grupos, especialmente en India, que practican kundalini yoga pero, tal como Maitreya dice, no conduce a la salvación. Eso es un espejismo, una desviación.

¿Existe una conexión entre Meditación de Transmisión y kundalini?

La Meditación de Transmisión necesariamente implica el despertar y correcto direccionamiento de la energía kundalini retenida en la base de la columna vertebral. El chakra base siempre es el último en activarse, gradualmente elevando la kundalini a través de los ya preparados centros superiores en una secuencia especial, dependiendo del individuo. Este proceso científico está en las expertas manos de los Maestros que dirigen la Transmisión. No hay nada que nadie necesite 'hacer' sobre ello. El despertar y elevación prematuros de la kundalini, sin preparación de los chakras superiores, es altamente peligroso y no debería intentarse.

(1) ¿Si la kundalini sube se trata de una iniciación o iluminación? (2) ¿Cambia uno después de que esto haya sucedido?

Depende de la situación. Muchas personas practican alguna forma de kundalini yoga y deliberadamente elevan la energía kundalini, latente en la base de la columna vertebral. Esto es extremadamente peligroso a menos que se haga bajo la supervisión de un instructor iniciado avanzado. El hecho de que el fuego de la kundalini puede elevarse así no constituye ni una iniciación ni una iluminación. Podría conducir a la locura si los chakras no están preparados de antemano para recibirla. En el curso normal de la vida, la kundalini sube todo el tiempo, pero en cantidades pequeñas y controladas, y por tanto de forma segura. La vida de servicio regulada es la mejor garantía de un control seguro de la kundalini. Cuando es científicamente guiada a través de los chakras, preparados en una secuencia correcta, habrá finalmente un grado de iluminación y, si la persona esta lista, la iniciación.

¿Está la ubicación física de la kundalini en la zona del perineo?

Sí, pero no os molestéis en mirar. Confiad en lo que os digo.

¿Podría percibirse como una presión o una continua sensación de picor?

Sí, pero también otras cosas.

¿Puede verse la kundalini como una imagen de un objeto o sustancia de luz que emerge de una zona de oscuridad que evoca a una serpiente surgiendo de su madriguera?

La kundalini puede verse de vez en cuando, pero nunca la he visto de esa manera. Bien podría haber personas que la hayan visto de esa manera y usted podría ser una de ellas. Si lo ha hecho, usted podría haberla visto de una de las 10.000 maneras en que puede verse.

¿Experimenta el individuo efectos positivos cuando transmite energía?

El Cristo y los Maestros tienen ahora a Su disposición energías cósmicas que Ellos nunca han tenido antes, en una potencia completamente nueva. El trabajo de Transmisión es un proceso muy dinámico de envío de estas energías al mundo. No puedes hacerlo sin recibirlas a través de tus centros, que son cargados, activados y realzados en su actividad como resultado.

Cuando los Maestros miden el avance, ellos miran de forma clarividente al mundo. No observan tus pensamientos a ver si tienes pensamientos buenos o malos, para nada. Ellos ven la luz interior del individuo, una luz tenue o una brillante. Cuando observan una luz brillante y estable, se interesan por ese individuo. Ellos observan el estado de los centros para valorar su punto de evolución exacto. Ellos pueden determinar de un vistazo qué centros están abiertos o activados, cuánto están abiertos, si giran rápida o lentamente y en qué dirección, los colores que emiten, la cualidad del aura, etc. Ellos pueden entonces evaluar al individuo acordemente.

En la Meditación de Transmisión, los Maestros escogen la cantidad de energía para una persona específica y Ellos la envían a través de ti. Puedes comprender cuán potente pude ser la energía de transmisión de Ellos. No conozco nada que sea más potente desde el punto de vista personal y evolutivo.

Es un invernadero, un proceso forzoso. En un año de este trabajo de Transmisión, puedes realizar el crecimiento interior equivalente a muchos años de otras formas de meditación. Existen muchas grandes meditaciones y técnicas de yoga que buscan la misma estimulación de los centros y, aunque podrían tener valor y relevancia, podrían ser peligrosas a menos que se hagan bajo la orientación de un Maestro. El trabajo de

Transmisión, por otro lado, siempre se realiza bajo la supervisión de los Maestros y es totalmente seguro.

¿Cuando uno continúa realizando el trabajo de Transmisión, cambia nuestro entorno como lo hacemos nosotros, evoluciona como evolucionamos nosotros?

Inevitablemente, porque irradias más. Irradias a una frecuencia de energía más elevada y por tanto tienes más impacto en tu entorno. Ese impacto puede ser tanto para bien o para mal, dependiendo del motivo. Si estás tomando parte en trabajo de Transmisión de este tipo, tu motivo será uno de servicio al mundo e inevitablemente tendrá un efecto beneficioso en tu entorno. Eso no quiere decir que tu entorno necesariamente responda a ello de forma positiva, porque producirá cambio. Todo influjo de energía superior espiritual produce cambio en el receptor. Así es cómo procede la evolución: con la aportación por parte del reino inmediatamente superior de la energía que produce la mutación, que provoca la evolución misma. Así que aquellos con los cuales vives y trabajan por supuesto notarán un cambio en tu composición. Aquellos que entran en meditación a veces cambian profundamente, dependiendo de su carácter y en la profundidad en la cual el alma ha penetrado en el individuo. Notarás, también, una acumulación de energía en la habitación y en la casa en la cual la Transmisión tiene lugar.

¿Se acelera la Meditación de Transmisión en puntos energéticos del mundo, como por ejemplo en Stonehenge, en Inglaterra?

No. Creo que existe un malentendido aquí. Las energías transmitidas no dependen de algún estímulo físico externo, sino del Plan de los Maestros que las envían, y en el punto de evolución de las personas en los grupos transmisores. Cuando más evolucionada la persona, más potente será la energía que pueda ser enviada de forma segura por la Jerarquía.

¿Cuál es la diferencia entre las energías de la Meditación de Transmisión y las energías de curación?

Los energías de curación son, en su mayor parte, etéricas. Provienen del plano etérico, pero también hay involucrada algo de energía del alma. Los grupos de Meditación de Transmisión tratan con energías espirituales, de origen cósmico, que provienen de varias fuentes de energía muy elevadas como se describió anteriormente. Es algo muy diferente de grupos que envían energías de curación a otros grupos o individuos. Entonces las dirigirán. Pero como un grupo de Transmisión en los términos en los cuales estoy hablando, no deberían dirigir la energía. Ni tampoco deberían considerar esta Meditación de Transmisión como una forma de contactar con sus 'guías', aquellos en los planes astrales de los cuales creen estar recibiendo mensajes.

Algunos de nosotros que hemos estado trabajando en un grupo de Meditación de Transmisión nos gustaría enviar 'pensamientos curativos' a personas necesitadas después de acabar la Transmisión. ¿Podría por favor recomendar algunas pistas, pautas o métodos que estén en línea con esto?

Una técnica sencilla y efectiva es la siguiente: mantener la mente 'firme en la luz' (enfocada en el centro ajna), visualizar y/o nombrar a las personas una detrás de otra. Al mismo tiempo pedir en voz alta que el poder curativo de Dios sea dirigido a aquellos que lo necesitan. Esta invocación encontrará respuesta en ciertos Maestros que, directamente o a través de Sus discípulos, llevarán a cabo la curación (dentro, por supuesto, de los límites del karma).

¿Podría explicar por favor lo que significa "mantener la mente firme en la luz"?

A través de la meditación correctamente realizada, el antahkarana, o canal de luz entre el cerebro físico y el alma, es construido gradualmente y fortalecido. Por medio de ese canal, la luz del alma es anclada en la cabeza del discípulo. Esto se observa como una luz brillante dentro de la cabeza durante la meditación. Con la atención dirigida hacia dentro y hacia arriba en esa luz, la mente es mantenido 'firme', es decir, sin pensamiento o movimiento de la mente inferior. En esa condición de atención enfocada sin pensamientos, los niveles intuitivos de la mente pueden entrar en acción. Gradualmente esto se volverá una condición fija e instintiva, sin necesidad de un 'ir dentro' formal meditativo para provocarlo.

Muchas personas creen que cualquier pensamiento o idea que entra en la mente durante la meditación proviene del nivel intuitivo del alma y está guiando sus acciones. Esto de ninguna manera es el caso. Es extremadamente difícil para el aspirante o discípulo medio 'mantener la mente firme en la luz' durante el tiempo suficiente para invocar la intuición, y la 'orientación' que la mayoría de personas reciben es la de sus propias mentes inferiores a través del subconsciente.

¿Podría explicar la construcción del antahkarana, el puente de luz?

La construcción del antahkarana, el puente que une el cerebro físico con el alma, procede según la efectividad (más o menos científica) de la meditación personal. La meditación produce la unión, a través del puente, del alma y la personalidad. Con el tiempo tres fuegos o corrientes de energía son establecidos por el alma y constituyen el canal de comunicación entre el alma y el cerebro. A través de ese canal, la Luz, el Amor, y finalmente la Voluntad del alma pueden realizar su aparición en el plano físico. La construcción del antahkarana procede de forma inconsciente desde el alma hacia abajo durante la meditación, y lleva varias vidas perfeccionar.

Algunas prácticas de meditación afirman no sólo ayudar a construir el antahkarana sino también, en formas más avanzadas, apartar formas mentales externas del campo del individuo. ¿Consigue la Meditación de Transmisión no sólo la 'construcción del canal sino también la eliminación de formas mentales?

Ninguna meditación seria, es decir, científica, está diseñada para "eliminar formas mentales". Las formas mentales son el resultado de la capacidad natural dada por Dios de la mente humana de pensar, de crear formas mentales, de las cuales surgen toda acción. El problema yace en la cualidad creativa o destructiva de las formas mentales. A través de la meditación científica (y ninguna meditación es más científica que la Meditación de Transmisión, porque está en las manos de los Maestros científicos), se crea y fortalece el antahkarana, permitiendo así a las energías del alma entrar en los vehículos de la personalidad. Éstas incluyen las energías de la mente superior y de Buddhi, que nosotros denominamos intuición. Las formas mentales provenientes de esos niveles son las inspiraciones creativas de todos los grandes logros y no son lo que se deban "apartar del campo del individuo".

Las formas mentales que deben eliminarse son aquellas que surgen de reacciones astrales/emocionales. Estos son patrones de pensamiento persistentes de una naturaleza negativa, que inhiben el flujo y uso correcto de la energía del alma. Estos sólo pueden eliminarse permanentemente con un cambio gradual de polarización hacia el plano mental, privando así a las reacciones astrales de su sustento astral. La meditación de cualquier tipo intensificará este proceso. La Meditación de Transmisión ciertamente lo hará debido a su inusual potencia y base científica.

¿Existen grandes diferencias entre el trabajo de Triángulos y los grupos de Meditación de Transmisión que usted busca crear?

No en principio, pero el trabajo de los grupos de Meditación de Transmisión es más potente y perdura más. También tiene otros propósitos. El

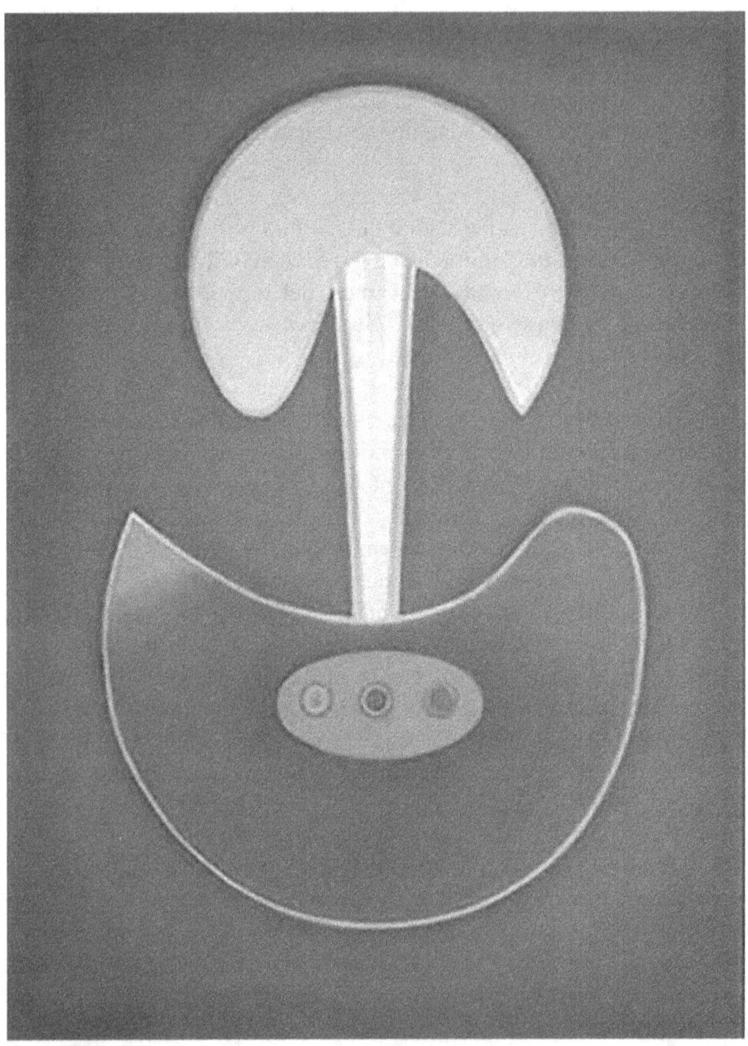

Este cuadro, Antahkarana, fue pintado por Benjamin Creme en 1968. El antahkarana representa el canal o puente de luz que se forma entre la personalidad y el alma a través de la meditación.

movimiento de Triángulos fue inaugurado por el Maestro Djwhal Khul a través de Alice Bailey para ser utilizado con las dos primeras partes de la Gran Invocación que fueron entregadas al mundo en 1936 y 1940. Fue un intento (y uno que tuvo mucho éxito) de unir a personas en sustancia mental, haciendo que formen una unidad más poderosa que sus propias individualidades separadas. El movimiento de Triángulos consiste en organizar esos triángulos.

Para ser un miembro de un triángulo, simplemente acuerdas con dos amigos para formar uno. No tenéis que estar en la misma ubicación. No tenéis que recitar la Gran Invocación en el mismo momento del día. Cada uno la recita en voz alta cuándo y dónde le sea conveniente, y mientras lo hacéis, cada uno de vosotros se une mentalmente con los otros dos miembros del triángulo. Visualizad circulando sobre las cabezas de vosotros tres un triángulo de luz blanca. Ved a vuestro triángulo unido a una red de tales triángulos que cubre todo el mundo. Al recitar la Gran Invocación automáticamente invocas la energía, que es potenciada por ese triángulo en pensamiento, al igual que es potenciado por el grupo que se reúne en el plano físico. Pero reunirse en el plano físico añade una dimensión, una vitalidad, que está ausente cuando sólo es en el plano mental. Es posible para los triángulos actuar de una forma unida y seguir siendo triángulos. Puedes estar en un triángulo con dos personas y también en un triángulo con otras dos personas, y ellas a su vez, cada una, puede estar en un triángulo con otras dos personas, y así sucesivamente. Así que formáis parte de una red, pero aún trabajáis en formación triangular. Eso es lo importante.

Pero incluso es mucho mejor si podéis trabajar juntos en un grupo de Meditación de Transmisión, diferente de los triángulos que podríais tener con personas con las que nunca os reunís. No es una cosa o la otra, sino ambas. Más energía de la Jerarquía puede enviarse de forma segura a través de un grupo de Transmisión que a través del mismo número de individuos separados. Cuando los individuos están físicamente presentes juntos, las energías pueden enviarse a potencias más elevadas y pueden hacerse circular entre ellos, creando patrones únicos como triángulos, estrellas y otras configuraciones. Debido a que las energías son enviadas de esta manera, están especialmente potenciadas. No existe una diferencia real entre el trabajo de Triángulos y los grupos de Transmisión. La única diferencia es de potencia y del tiempo dedicado a la actividad.

¿Durante mi meditación individual, cuando realizo el trabajo de Triángulos que Alice Bailey describió en sus libros, es absolutamente

necesario recitar la Gran Invocación en voz alta, o es igual de efectivo decirla mentalmente? Decirla mentalmente parece permitirme estar más enfocado, especialmente si creo el triángulo antes de finalizar mi período de meditación.

Se debe pensar, mentalmente.

¿Diría usted que la Meditación de Transmisión es más potente que cualquier otro tipo de meditación grupal?

Sí. Otras formas de meditación grupal dependen del contacto del grupo con su alma, mientras que la Meditación de Transmisión no. En la Transmisión, la meditación tiene lugar desde el nivel del alma, pero está bajo el control de los Maestros, no del grupo. Sentarse en meditación grupal (de alma) es útil pero de ninguna manera tan potente ni útil como participar en un grupo de Transmisión, porque entonces la energía proviene de la Jerarquía. En un año de trabajo de Meditación de Transmisión, puedes realizar avances como individuo o como grupo que llevaría muchos años de meditación ordinaria personal o grupal, por muy potente que pueda ser. Por supuesto, cuanto más desarrollados los individuos, más infundido de alma será el grupo, más potente será la Meditación de Transmisión. Pero en cualquier nivel en el que estemos, nuestro trabajo y nuestra actividad de servicio son potenciados más con la Meditación de Transmisión que con cualquier otra forma. Esa es la razón por la que se da en este momento.

¿Si uno forma parte de un grupo de Meditación de Transmisión, es correcto participar en otros tipos de meditación grupal o estudiar con un gurú específico?

Sí. La Meditación de Transmisión no funciona contra ninguna otra forma de meditación. En realidad mejorará la calidad y efectividad de cualquier otra meditación que realices. Cada individuo actualmente, cualquiera que sea su nivel, su trasfondo, su tipo de mente y tradición, tiene una enseñanza, un sendero, una meditación, o un gurú disponible para él. Todos los gurús auténticos son miembros de la Jerarquía en algún nivel, iniciados de algún grado. Cuando más desarrollado sea el individuo, más elevado será el gurú al que se sienta atraído.

Estos gurús son por sí mismos centros de fuerza que actúan como transmisores de energía de sus Maestros. Normalmente los gurús son de tradición india en la cual existe un linaje directo de gurú a gurú a devoto.

Pero dentro de la Jerarquía se realiza de una forma menos individualista. No es transmitida normalmente a través de un punto, aunque podría ser el caso. Podría haber una persona en un grupo de Transmisión que actúa como el núcleo de ese grupo y a través de la cual la energía fluye de forma más directa y potente, y de esta forma, sin ser un gurú en ningún sentido educativo, él o ella actúa como un punto de mayor fuerza dentro del grupo.

¿Si practico Meditación de Transmisión puedo continuar con mis otras prácticas, por ejemplo recitar oraciones islámicas, o interferirán entre ellas?

La Meditación de Transmisión no interfiere o funciona contra ninguna otra práctica espiritual que podáis realizar. Por el contrario, realzará el valor de cualquier práctica. Sin embargo, no deben practicarse al mismo tiempo.

Me presentaron la Meditación de Transmisión recientemente y comencé a participar en ella debido a que me sentí atraído por la idea del servicio al mundo. No obstante, no me siento cómodo en participar en las otras actividades del grupo. ¿Es necesario que haga ambas cosas si deseo continuar el trabajo de Meditación de Transmisión?

No. Existen grupos que utilizan la Meditación de Transmisión que también están involucrados en diversas actividades tales como desarrollo psíquico, enseñanzas a través de médiums, otras formas de meditación utilizando diversas técnicas, estudio grupal, etc. Son en su mayor parte actividades de tipo egocéntricas, orientadas hacia uno mismo. Me gustaría dejar muy claro que no existe conexión entre las dos actividades. La Meditación de Transmisión es una forma puramente científica en la cual los Maestros de la Jerarquía envían energías espirituales al mundo a través de los grupos de Meditación de Transmisión, y se emprende con una motivación altruista de servir al mundo. No debería confundirse con ningún otro tipo de actividad.

En respuesta a la petición de mi Maestro, no hemos creado ningún muro (tal como darle nombre al grupo, la organización, nombrar cargos directivos, etc.) alrededor de la Meditación de Transmisión, y cualquier individuo, o grupo con aspiración para cooperar con la Jerarquía puede participar en este trabajo. Mientras se realiza Meditación de Transmisión, inevitablemente el crecimiento espiritual del individuo o del grupo se acelerará y sus otras actividades se volverán menos potentes.

Sin embargo, las dos no deben confundirse. Las personas que se incorporan para practicar Meditación de Transmisión no deben ser presionadas para participar en las otras actividades del grupo, y viceversa. Se debe poner de lado cierto espacio de tiempo sólo para hacer Meditación de Transmisión.

Por favor dígame que significan las frases 'Meditación de Transmisión' y 'Meditación Trascendental'. ¿Cuál de las dos debería adoptar un casi principiante y por cuánto tiempo debería prolongarse la meditación?

La Meditación Trascendental es una forma de meditación introducida en Occidente por Maharishi Mahesh Yogi hace muchos años y tiene adeptos, diría, en la mayoría de países del mundo. Es una forma de meditación personal que puede expandirse a meditación grupal. Existe, por así decirlo, rumbos cada vez más elevados a seguir.

La Meditación de Transmisión por otro lado fue introducida a través mío por mi Maestro. Proporciona una oportunidad de servicio para aquellos que participan en transmitir energías espirituales de la Jerarquía de Maestros, así reduciéndolas y haciéndolas más asequibles. Esto se realiza en grupos y es una forma muy potente de servicio por un lado y de crecimiento personal por el otro.

No es una cuestión de realizar una forma de meditación o la otra. Yo desde luego recomendaría que todo aquel que lo desee que se dedique a la Meditación de Transmisión. No conozco nada de mayor valor para el individuo o el planeta. Pero su práctica no excluye ninguna forma de meditación personal que atraiga al individuo. La Meditación Transcendental es un método muy sencillo que la mayoría de personas pueden hacer, y yo desde luego se lo recomendaría a cualquiera. Al principiante, creo, se le recomienda meditar entre 15 y 20 minutos, dos veces al día, y para una meditación personal esto es adecuado. La Meditación de Transmisión por otro lado puede durar bastante tiempo.

¿Los grupos de MT (Meditación Trascendental) y Zen transmiten sin saberlo?

No de la forma de los grupos de Meditación de Transmisión, que invocan y transmiten las energías de la Jerarquía. En la MT y la meditación Zen (y en toda meditación personal), la energía es recibida de la propia alma del meditador, pero a veces también de un Maestro, por ejemplo, de Guru Dev para personas en MT. Para que la Jerarquía utilice un grupo para la transmisión de energía, debe existir una disposición consciente por parte de los meditadores para cooperar con el Cristo y los Maestros. Ellos nunca infringirán nuestro libre albedrío. Si se utiliza la Gran Invocación, será una Transmisión.

Usted ha dicho que la Meditación de Transmisión es compatible con la MT (Meditación Trascendental). ¿Lo es también para el Kriya Yoga?

Sí. La Meditación de Transmisión es compatible con todas las demás formas de meditación y sólo puede mejorar el efecto de cualquier otra realizada. Es, de hecho, una forma de Kriya Yoga, pero el trabajo es realizado para uno por los Maestros, de forma totalmente científica y ocultamente correcta. El Kriya Yoga es un yoga poderoso de los centros en la cual uno mentalmente guía la energía por los chakras una y otra vez. Es muy extenuante y requiere una gran concentración y esfuerzo. Algo similar tiene lugar en la Meditación de Transmisión, pero es realizado por los Maestros más científicamente de lo que cualquiera podría hacer por sí mismo.

Las enseñanzas de Yogananda involucran a Raja Yoga y Kriya Yoga. Él dijo que sus enseñanzas, transmitidas por Babaji, serán la religión del mundo. Usted ha dicho que la Meditación de Transmisión es una combinación de Karma Yoga (servicio) y Laya Yoga (de los chackras). ¿Cómo se combinarán estos dos sistemas en el futuro? También, por favor, ¿puede explicar qué es el Laya Yoga? (Septiembre '93)

Laya Yoga es el Yoga de las energías y de los chackras que reciben y distribuyen las energías. Kriya es una forma especializada de Laya Yoga. La Meditación de Transmisión es una forma de Kriya Yoga pero el "trabajo" y la práctica es realizada para el practicante por los Maestros que envían las energías. Estos dos métodos son completamente compatibles y la diferencia es que la Meditación de Transmisión es un acto de servicio para el mundo. Esto "permite" a los Maestros vigilar la meditación oculta de aquellos que participan. En el futuro, yo espero que cada vez más estudiantes de Kriya participen – como servicio – en la Meditación de Transmisión, que además, es una actividad grupal.

Existen muchas técnicas de meditación disponibles en la actualidad. Algunos sistemas, como la Meditación Trascendental o Zen no po-

nen énfasis en la necesidad de ningún requisito moral antes de meditar. Otros afirman que la meditación, sin la base de un 'buen carácter', es peligrosa. ¿Puede practicarse la Meditación Trascendental o cualquier forma de meditación cuando existen aspectos de nuestra propia naturaleza aún descontrolados?

Toda meditación es 'peligrosa' en el sentido de que perturba el 'status quo'. El efecto en los cuerpos inferiores de la energía del alma invocada por la meditación siempre es perturbadora (al principio) para el 'hombre inferior'. Esto no debería ser causa de mayor preocupación en la mayoría de los casos, dado que el equilibrio (a una vibración superior) normalmente se reestablece en poco tiempo. Este proceso de perturbación y restablecimiento del equilibrio se repite una y otra vez hasta que se puede tomar la tercera iniciación. El 'buen carácter' no debe equipararse con el control total de la naturaleza inferior de la personalidad. Si se exigiera el control total para comenzar a meditar, nadie, excepto los iniciados más elevados, podrían comenzar. El requisito (y salvaguarda) importante es que la energía del alma invocada por la meditación debe utilizarse en alguna forma de servicio altruista. De otra forma, todo tipo de dificultades, enfermedades y/o neurosis podrían tener lugar.

(1) ¿Podría la Meditación Trascendental causar algún tipo de problemas psico-fisiológicos, como informaron varios meditadores, o sólo cuando no se practica adecuadamente? (2) ¿No están estos problemas relacionados con la práctica? (3) ¿Cuál sería su consejo para tales personas? (4) ¿Es la Meditación Transcendental una práctica beneficiosa? (5) ¿Recomendaría usted un giro completo de la Meditación Trascendental a la Meditación de Transmisión, o pueden ambas practicarse en momentos diferentes?

(1) No si se practica adecuadamente. (2) Los problemas no están relacionados con la práctica. (3) Buscar consejo de un practicante. (4) Sí. (5) La Meditación de Transmisión es más un servicio y así más beneficiosa para el mundo pero ambas pueden practicarse en momentos diferentes.

¿Es cierto que la meditación baja los índices de crímenes, como afirman los practicantes de la Meditación Trascendental?

Creo que lo hace hasta cierto punto. Toda acción humana es el resultado de la respuesta a energías y las ideas que personifican energías. Un gran grupo de personas dedicadas a la meditación dinámica crean ondas de pensamientos de carácter constructivo que tienen que tener alguna influencia en la atmósfera mental circundante.

(1) ¿Ha tenido la participación en Meditación de Transmisión a lo largo de muchos años de un razonablemente gran grupo de personas en todo el mundo (todos los miembros de los Grupos de Meditación de Transmisión) algún efecto en su evolución? (2) ¿Ha tenido también un efecto positivo en los niveles de desarrollo de sus comunidades (se afirma que algunas formas de meditación tienen un efecto positivo en las zonas donde tiene lugar la meditación)?

R. (1) Sí. (2) Sí, pero esto es difícil de valorar.

¿En cualquier situación de guerra, es posible que grandes grupos de meditadores, tanto si practican Kriya Yoga, Meditación de Transmisión o Meditación Trascendental, puedan transformar el entorno hostil en lago más coherente y pacífico? (Con grandes grupos me refiero a 1.000 meditadores o más, o varios grandes grupos.)

Sólo muy indirectamente. La energía generada por el Kriya Yoga y la Meditación Trascendental proviene de las almas de los meditadores. Aunque útil, no necesariamente es lo que se necesita en una situación de guerra. La energía liberada en la Meditación de Transmisión proviene de la Jerarquía, por tanto es de fuente Cósmica, Solar y extraplanetaria, y es distribuida científicamente por la Jerarquía. Incluso así, en una situación de guerra, la Jerarquía intenta retirar la energía de la zona de guerra, reduciendo así la acción destructiva de los combatientes. El envío de energía 'espiritual' (la implicación de la pregunta) podría ser totalmente erróneo.

¿Puede la Meditación de Transmisión practicarse a diario como una forma de meditación personal o sólo debe practicarse en grupo en un momento determinado?

La Meditación de Transmisión es esencialmente una meditación grupal y una forma de servicio grupal. Puede, por supuesto, practicarse también como una meditación personal y realzará el efecto de ésta.

¿Cuál es la relación entre meditación personal y Meditación de Transmisión? ¿Es la meditación personal esencial para realizar progresos?

La Meditación de Transmisión realzará la meditación personal y la meditación personal reforzará la Meditación de Transmisión. La meditación personal no es esencial para realizar progresos, pero puede ser muy útil. Es una forma, entre otras, de hacer progresos.

¿En un grupo de meditación, si algunas personas están intentando realizar Meditación de Transmisión mientras otras están practicando una meditación personal no basada en la Transmisión y el servicio, está cualquier transmisión de energía limitada a aquellos miembros que conscientemente realizan Meditación de Transmisión, o todos contribuyen?

La transmisión de energías de la Jerarquía se limitará a aquellos que están realizando Meditación de Transmisión. Aquellos que realizan una meditación personal bien podrían recibir la energía de su propia alma.

¿No es cualquier reunión de oración o meditación una forma de transmisión?

Si la invocación está involucrada, la oración es una forma de invocación astral, entonces sí. Pero una simple meditación personal, sea individual o grupal, no necesariamente implica una transmisión más allá de aquellos que participan.

¿Podría describir las diferencias entre oración, meditación y Transmisión?

La oración es una expresión de súplica normalmente manifestada a través del plexo solar. También podría, en su más alto exponente, contener energía del corazón, como una comunión implícita, corazón a corazón, con la Fuente Divina de la cual somos parte.

El plexo solar es la morada de las emociones, de naturaleza astral ('astral' y 'emocional' son sinónimos), y el corazón es la morada de la aspiración astral elevada y espiritual. El objetivo del proceso evolutivo en el que la humanidad está inmersa es cambiar de una respuesta casi totalmente emocional, que prevalece en el mundo, a la respuesta de corazón, cambiando así emoción en amor.

El cuerpo astral, el cuerpo de las emociones, fue desarrollado en la humanidad durante la raza Atlante. Éste fue un largo período de tiempo, de hace 12 millones de años hasta hace 98.000 años. Durante esa experiencia racial, la humanidad perfeccionó el cuerpo astral, su cuerpo sensorial, sensitivo, emocional. Tan bien desarrolló esa tarea el hombre atlante que el cuerpo astral es el vehículo más poderoso que posee la humanidad actualmente.

La mayoría de nosotros estamos emocionalmente polarizados y somos arrastrados por las energías del plano astral. Causan estragos en la humanidad y son la causa de la mayoría de nuestros problemas y dificultades. Cuanto antes pueda la humanidad utilizar el plano mental para controlar las energías del plano astral y elevarlas hasta el centro del corazón, antes comenzará la humanidad su progreso hacia la divinidad.

De hecho, el Maestro DK ha dicho que lo más importante que uno puede hacer, el mayor regalo que uno puede hacer al mundo, el mayor servicio que uno puede realizar, es controlar nuestro vehículo astral. En cuanto controlas ese vehículo, aquello que era energía astral se transmuta en amor. La actividad del plexo solar entonces es relegada a la de absorber energía del sol, que galvaniza el cuerpo físico. A través del bazo esa energía es distribuida por todo el cuerpo en su conjunto, mientras que la energía emocional es elevada y expresada a través del corazón como amor. El cuerpo astral tiene la finalidad de actuar como un espejo, un estanque tranquilo en el cual el nivel búddhico, la intuición espiritual, puede reflejarse. Para la mayoría de las personas es un caldero revuelto, arrastrados, queramos o no, por todas las emociones a las que somos propensos. Hasta que las conquistamos y transmutamos en amor, no podemos volvernos divinos. Pero cuando lo hacemos, realizamos el primer paso hacia la divinidad.

La oración en su manifestación más elevada es aspiración. Cuanto más elevada la aspiración, más actividad del corazón estará involucrada. La meditación es un medio por excelencia de alinearse con, y ser gradualmente infundido por, la energía del alma, el Ser Superior. Es la forma de llevarnos a una unificación con el alma. La invocación es algo diferente, y la Transmisión está relacionada con la invocación. Es la llamada de energía de una fuente espiritual superior y la transmisión de esa energía a una fuente inferior. La transmisión es un puente entre la fuente superior, la Jerarquía, y la fuente inferior, la humanidad en general.

¿Cuál es la diferencia entre las energías transmitidas a través de los grupos de Meditación de Transmisión y aquellas utilizadas, por ejemplo, en los rituales de la iglesia católica liberal u otros oficios religiosos?

La diferencia no es grande excepto en el método utilizado. La transmisión de energías es la misma, independiente de cómo ocurra. Las personas dedicadas a estas prácticas religiosas exotéricas podrían no tener idea de que están transmitiendo energía. No obstante cuando visitas cualquiera de las grandes catedrales del mundo, si tienes alguna sensibilidad a la energía, tomarás conciencia de las a veces tremendas vibraciones de estos edificios. Normalmente son construidos en centros de poder. Están energizados y potenciados por el Cristo y los Maestros y tienen como finalidad ser centros de fuerza y curación, aunque rara vez, si alguna vez lo hacen, son utilizados como tales por los grupos cristianos. En otras partes del mundo, en templos y otros centros de poder, las energías son utilizadas terapéuticamente como era la intención.

En la iglesia católica liberal, la transmisión de energía se realiza mucho más consciente y deliberadamente. Los participantes experimentan la energía de forma más directa. La invocación es el ritual real de la ceremonia. La Meditación de Transmisión es mucho más simple, más científica, y sin ritual.

¿Cuándo un grupo está transmitiendo, qué impide que alguna entidad o entidades dirijan las energías donde ellas deseen? ¿No es un espejismo pensar que los Maestros están dirigiendo las energías? ¿No estamos de alguna manera renunciando a nuestro libre albedrío?

Si estás trabajando en un grupo de Meditación de Transmisión, se puede asumir, pienso, que has aceptado que las energías que son canalizadas a través tuyo provienen de la Jerarquía. Dado que éste es el caso, ¿no es también lógico que los Maestros envían estas energías consciente, científicamente, dirigiéndolas según la potencia, equilibrio y destino? Siendo esto así, ¿no es también lógico asumir que siendo Maestros Científicos y Conocedores, pueden y de hecho impiden cualquier interferencia con Sus propósitos y trabajo? La Meditación de Transmisión es un acto de servicio, realizado de buen grado. De ninguna manera, por tanto, uno está renunciando a su libre albedrío.

¿En nuestra Meditación de Transmisión privada, son Sai Baba, el Avatar de Síntesis, y el Espíritu de Paz automáticamente invocados a través del uso de la Gran Invocación/Mensajes de Maitreya, como en el adumbramiento grupal que tiene lugar en sus conferencias/ talleres de Meditación de Transmisión públicos?

No. Me temo que hay un malentendido en esta pregunta. Sai Baba no es "invocado" en las reuniones públicas, ni tampoco el Avatar de Síntesis ni el Espíritu de Paz. La presencia de las energías del Avatar de Síntesis, el Espíritu de Paz, y el Buddha son el resultado de mi adumbramiento por parte de Maitreya. A través de mío se convierte en un adumbramiento grupal. Mi adumbramiento por parte de Sai Baba, cuando tiene lugar, normalmente en respuesta a mi contestación de una pregunta sobre Él, es según Su voluntad o decisión.

¿Hasta qué punto la transmisión de energías realmente funciona?

No es posible para nosotros saber exactamente cuán efectiva es la transmisión de energías, pero el hecho que la Jerarquía envía las energías y fomenta la creación de grupos de Transmisión muestra la importancia que Ellos dan a este trabajo. Mi información es que es sin duda de fundamental importancia.

(1) ¿De qué forma son las Transmisiones de 24 horas diferentes de las Transmisiones ordinarias y regulares? (2) ¿No es mejor realmente concentrarse y transmitir bien por ejemplo, digamos, cinco horas con 10 o 20 personas que 24 horas con, a veces, sólo tres personas?

(1) ¡Son mucho más largas! También, son infrecuentes, quizás sólo tres veces al año, en los grandes Festivales de Primavera de Pascua, Wesak y de la Humanidad. (2) La respuesta aquí es un sí matizado. Tres es el mínimo esencial pero no está restringido a tres personas. No obstante, los Tres Festivales de Primavera proporcionan una oportunidad única para que los grupos de todo el mundo establezcan juntos un ritmo poderoso. Durante 24 horas, la Jerarquía puede unir a todos los grupos que están trabajando en una red global de luz que Ellos están constantemente creando y potenciando. Existe también un poderoso factor psicológico en juego, a saber el estímulo añadido de aspiración y servicio que la celebración de estos Festivales fomenta.

¿Cuál es el máximo número de horas que las personas pueden transmitir en cualquier momento dado, por ejemplo, durante un periodo de 24 horas como sucede durante los tres Festivales Espirituales de Pascua, Wesak y el Festival del Cristo?

Existe una norma general de que nadie transmita más de 12 horas en total durante cualquier periodo de 24 horas.

En Pascua celebramos una meditación de Transmisión de 15 horas con nuestro grupo. Dado que el grupo no es tan grande, había apenas más de tres personas en cada momento transmitiendo a la vez. ¿No es mejor, por tanto, tener una Transmisión más corta, por ejemplo, ocho o 10 personas a la vez?

No necesariamente. Depende de las circunstancias. Ciertamente en los grandes Festivales una Transmisión larga es valiosa incluso si pocas personas están participando en un momento dado.

(1) ¿Es la meditación de luna llena tan importante como la Meditación de Transmisión? (2) ¿Se convertirá en una celebración especial?

(1) Sí. (2) Sí.

Se ha publicado en Share International que los domingos después de los tres Festivales –Pascua, Wesak y el Festival del Cristo– el Señor Maitreya da Sus bendiciones a las 3 de la tarde hora local. Mis preguntas son: (1) ¿A quién va dirigida la bendición? (2) ¿Durante cuánto tiempo debería uno sentarse concentrándose en el chakra coronario?

(1) A los miembros de los Grupos de Meditación de Transmisión y aquellos involucrados en Su aparición. (2) No hay un tiempo fijado. Mientras fluyan las energías, que varía de grupo en grupo.

Durante los tres grandes Festivales cuando Maitreya da una Bendición, si un grupo está realizando Meditación de Transmisión en el momento de la Bendición: (1) ¿se perderán la Bendición si el foco se mantiene en el centro ajna; (2) si cambian su foco parcialmente durante la meditación del centro ajna al coronario, cesará la parte eficaz/de servicio de la Transmisión; (3) los Maestros involucrados durante el proceso de Transmisión acomodarán la Bendición de Maitreya como parte de la Transmisión; o (4) Maitreya realizará la Bendición como una Transmisión similar a lo que sucede durante su adumbramiento? (5) Durante la Bendición es puramente el "Principio Crístico", la energía de la conciencia misma, la que se libera a través del receptor?

(1) No. (2) No. (3) Sí. (4) No. (5) No, muchas energías.

¿Es el trabajo de la Meditación de Transmisión especialmente importante ahora mientras esperamos el emerger del Cristo? ¿Sería igual de valioso después del emerger?

Es imposible enfatizar lo suficiente la importancia del trabajo de los grupos de Meditación de Transmisión. Éste es probablemente el trabajo más importante que todos nosotros podemos fácilmente llevar a cabo, cualquiera que sean las otras actividades que podríamos tener en conexión con el Plan o cualquiera que sea la actividad de servicio en la que podríamos estar involucrados. Actualmente es de vital importancia la creación de un reservorio de energía y, conjuntamente con la meditación y la oración, ayudar a invocar al Cristo a la escena cotidiana del mundo, para permitirle comenzar Su misión en el pleno sentido abierto de la palabra.

El trabajo de Transmisión desde luego será útil después de la aparición oficial del Cristo y los Maestros. De hecho, es una actividad continuada durante la Era de Acuario y más allá. Los Maestros, en Su propia manera elevada, están transmitiendo energías de fuentes más elevadas 24 horas al día. Es el principal trabajo de la Jerarquía y no tiene fin.

Usted afirma que la Meditación de Transmisión es tan extraordinaria que, además de su valor como campo de servicio, sus efectos 'secundarios' son tan poderosos para aquellos que la practican como para acelerar su desarrollo quizás 10 veces más rápido que cualquier otra forma de meditación personal. (1) ¿Cómo es que sólo usted presenta esta forma de meditación? (2) ¿Por qué grandes seres espirituales como Sai Baba, Premananda y otros no la recomiendan? (3) ¿Por qué, incluso Maitreya en los Mensajes dados a través de usted, no habla de ello?

(1) La Meditación de Transmisión es una iniciativa Jerárquica, presentada a los discípulos y aspirantes como un potente campo de servicio por mi Maestro, a través de mí. Su presentación es parte, por tanto, de mi propio campo de servicio. (2) Que no sea expresamente recomendada por Sai Baba o Swami Premananda no viene al caso. Ellos no recomiendan a las personas leer a Krishnamurti, practicar Kriya Yoga, o leer a Alice Bailey. Esa no es Su labor. De hecho, la Meditación de Transmisión es la única meditación (además de las Suyas) cuya práctica es permitida por Sai Baba en Su ashram. (3) En ningún sitio, en los 140 Mensajes dados públicamente a través mío, Maitreya menciona para nada la meditación. No es Su principal preocupación.

¿Debería enseñarse la Meditación de Transmisión en los colegios? Si es así, ¿a partir de qué edad?

No, la Meditación de Transmisión, a mi entender, no puede considerarse como un tema general escolar. Es una forma de servicio que, por su misma naturaleza, sólo atrae a discípulos dispuestos a servir. Ningún niño menor de 12 años, en ningún caso, debería practicar Meditación de Transmisión.

¿Cómo se transmitían las energías al mundo antes de que existieran los grupos de Meditación de Transmisión?

La Meditación de Transmisión es única y muy nueva. Fue presentada al mundo por mi Maestro y el primer grupo empezó en Londres en marzo de 1974.

¿Por qué necesitamos una nueva forma de meditación? Es sólo en este momento que existe un creciente número de personas con el deseo de servir al planeta de alguna manera y que están acercándose a identificarse con sus almas y así están buscando un campo de servicio. No es la personalidad sino el alma la que desea servir. Cada vez más personas están alcanzando esa etapa y así se hace posible dar la Meditación de Transmisión al mundo.

Los Maestros son los maestros científicos de las ciencias ocultas. Ésta es una gran ciencia traída hasta un nivel que permite a las personas tomar parte en ella. Es una forma sencilla de servir porque el trabajo real es realizado por los Maestros.

Los Maestros son los Custodios de todas las energías que entran en este planeta desde fuentes cósmicas, solares y extra-planetarias. Su trabajo es seleccionar de las energías aquellas necesarias en cualquier momento dado y distribuirlas a un nivel que la humanidad pueda absorberlas. Las energías son muy elevadas en vibración, los Maestros las reducen en potencia a través de Ellos. Los Maestros buscan formas de distribución en el mundo y hasta ahora los grupos religiosos han sido utilizados para distribuir las energías, pero las personas en esos grupos podrían no ser más evolucionadas que otras personas. Existen personas en los grupos religiosos, los instructores y los sacerdotes, que tienden a ser un poco más avanzados. Así que había algunos que podían manejar las energías a un nivel superior, reducirlas en potencia y así ponerlas a disposición de la humanidad. Esto se realiza ahora de una forma completamente científica.

Los Maestros envían las energías a través de los grupos de Meditación de Transmisión y estos actúan como trampolines. Las energías pasan a través de los chakras del grupo y de allí a donde sean necesarias en el mundo. La Meditación de Transmisión es una forma de trabajar directamente con los Maestros para servir al mundo.

¿Qué papel cree que tendrá la Meditación de Transmisión en el futuro? ¿Atraerá a personas que aún no han alcanzado la primera iniciación? ¿Podría darnos alguna idea sobre cómo será la Meditación de Transmisión en el futuro y nuestro papel en ella?

R. La Meditación de Transmisión es *la* meditación del futuro. Es una meditación específicamente para la Nueva Era, que permite a la humanidad trabajar con la Jerarquía en un gran esfuerzo común. Esto es totalmente nuevo, nunca se ha hecho antes, y está lleno de promesa. Es esencialmente una preparación para la iniciación, que se convertirá en un objetivo principal para la humanidad en el futuro. Cada vez más personas se unirán a grupos de Meditación de Transmisión, y se convertirá con el tiempo en *el* principal método de meditación. Otras meditaciones continuarán, pero se puede hacer Meditación de Transmisión al igual que otras meditaciones. No obstaculiza ninguna actividad espiritual. Cualquier otra actividad espiritual solo puede ser potenciada al practicar Meditación de Transmisión.

Capítulo 7 – Psiquismo Superior e Inferior

¿Cómo difiere la energía de los Maestros de la energía psíquica?

Depende de lo que usted se refiere a "energía psíquica". Los psíquicos utilizan energía de muchos y diferentes niveles. Existe el psiquismo inferior y el psiquismo superior. El psiquismo superior utiliza energías espirituales mientras que el psiquismo inferior utiliza energía astral. Los Maestros sólo utilizan psiquismo superior –telepatía superior, clarividencia superior, clariaudiencia superior– empleando los centros en el alma a través del cerebro físico. El psiquismo inferior funciona a través del centro del plexo solar y sólo tiene que ver con el plano astral, en el cual los Maestros no están para nada interesados. Ellos transmiten Sus energías a través de los centros superiores: los centros del corazón, la garganta y la cabeza. A largo plazo esto estimulará la actividad del psiquismo superior, pero no la actividad del psiquismo inferior de naturaleza astral.

¿Es un guía espíritu lo mismo que un Maestro?

No. Yo he utilizado el término 'guía' para un Maestro. Los Maestros son los guías, los guardianes, los protectores, los inspiradores de nuestra raza, nuestra cultura, nuestra civilización. Pero existen muchos grupos espiritistas reunidos alrededor de un médium que tiene un guía o guías espíritus. Estos guías no son Maestros. Los Maestros nunca utilizan esa forma de psiquismo inferior. Los Maestros sólo pueden ser contactados en los planos mentales superiores. Ellos no utilizan los planos astrales, que son los que contactan la inmensa mayoría de médiums del mundo durante sus sesiones de espiritismo. Estos 'guías' son discípulos, si es que son evolucionados, pero muy a menudo no están más evolucionados que las personas a través de las cuales están hablando. Pueden ser entidades maliciosas o benéficas del plano astral, o, si el médium está lo suficientemente evolucionado, ciertos seres desencarnados cuyo trabajo es ayudar y dar orientación aspiratoria de los planos astrales superiores. Depende de la evolución del médium, la cualidad del grupo alrededor de él o ella, y la capacidad del médium de contactar un nivel del astral lo suficientemente elevado o los planos mentales inferiores.

¿Podemos ver a Maitreya y los Maestros a través del tercer ojo durante la Meditación de Transmisión?

No.

¿Cómo podemos distinguir la orientación de nivel superior?

Lo sabrás por la calidad de la información dada, si es realmente impersonal o muy personal. Si es personal, desde luego no es de un nivel elevado. Si es impersonal, podría serlo. Cuanto más elevada la orientación, más impersonal es. Personas de todo el mundo me presentan 'orientación' de sus guías, sus 'Maestros', a veces de 'Maitreya'. Sin excepción, todos estos mensajes son de algún nivel del plano astral. En su mayoría, son totalmente triviales y no tienen ningún valor. Existen, por supuesto, libros de guías, discípulos muy elevados de los planos astrales superiores, que dan, a través de médiums, enseñanza realmente muy elevada.

Un caso muy claro es *Un Curso de Milagros*, inspirado por el Maestro Jesús. Es Su concepto, Su idea, encarna Su enseñanza, pero fue dado por uno de Sus discípulos en un plano astral superior, a través de un médium. El Maestro Jesús no utilizaría Él mismo un médium de esa forma. Uno de Sus discípulos en los planos internos lo transmitió a través del médium, que era muy evolucionado, y así *Un Curso de Milagros* realiza su trabajo y tiene detrás las ideas y concepciones del Maestro Jesús. Es un grito muy alejado de la información usual que llega a través de los médiums. El Maestro Jesús es un Maestro muy elevado, un Iniciado de sexto grado, y un estrecho colaborador de Maitreya el Cristo. Él está involucrado con todos aquellos que le rezan, que le piden a través del corazón más que con el plexo solar. El corazón es la conexión con la Jerarquía, y puedes confiar en el corazón y lo que funciona a través del corazón, pero no puedes confiar de lo que llega a través del plexo solar.

¿Cómo distinguimos por nuestra propia experiencia la diferencia entre psiquismo superior e inferior?

Es una cuestión de experiencia y discriminación y un conocimiento de tu propia constitución etérica. Tenéis dentro de vosotros un cuerpo equivalente al cuerpo físico denso, el cuerpo etérico-físico, hecho de una materia física de naturaleza sutil. Te puedes volver conscientemente sensible a tu envoltura etérica y a los mismos centros, como también de dónde proviene la energía de cualquier experiencia dada y a través de qué centro está fluyendo.

Todos los tipos de actividad de los psíquicos inferiores están activados dentro de los niveles astrales. Existen siete planos astrales. Estos planos simplemente son estados de conciencia, y cada uno tiene un flujo de energía. Cuando te vuelves consciente de ese nivel, puedes utilizar su energía. Dado que la humanidad tiene conciencia del plano físico, el plano físico es una realidad para nosotros. La humanidad también tiene conciencia astral (emocional), así que el plano astral y sus energías están disponibles para nosotros, fluyendo a través del plexo solar. Cuando nos emocionamos, estamos tratando con energía que fluye del plano astral. Todo psiquismo inferior proviene del plano astral y fluye a través del plexo solar. Cuando ese centro es activado, sabes de qué plano proviene la energía.

La energía espiritual fluye a través de los centros del corazón, la garganta y la cabeza, así que cualquier cosa por debajo del corazón sabes que es psiquismo inferior. Hacer estas distinciones, no obstante, requiere una sensibilidad a la energía y a tus propios centros, como también experiencia, discernimiento y desapego.

¿Son válidos los mensajes y enseñanzas dados a través de médiums?

Los médiums del mundo, en general, están en comunicación con algunos de los niveles del plano astral. Es el mundo del espejismo y la ilusión y está construido de las formas mentales de la humanidad.

Existen, por supuesto, muchas entidades desencarnadas que viven en el plano astral en sus vehículos astrales. Algunas de ellas se comunican a través de médiums en el mundo. Un gran número de espiritistas creen que a través de su médium reciben orientación de tipo superior. Esta orientación, sin embargo, puede ser tan falsa como cualquier otro tipo de comunicación. El hecho de que provenga de un nivel no físico no es garantía de su exactitud. Eso no quiere decir que en los planos astrales superiores (el sexto y el séptimo) no existan guías que proporcionan comunicaciones valiosas y edificantes de una naturaleza generalizada. Pero nunca del plano astral recibirás comunicación de hechos precisos sobre el Plan de la Jerarquía, porque los Maestros no trabajan en ese nivel. Los médiums no conocen, y las entidades que hablan a través de ellos no conocen, la verdad o lo contrario de la reaparición del Cristo. Los Maestros no colocan dentro de esas esferas los hechos del Plan. En lo que a mí respecta, no me importa cuán talentoso es el médium, cuán experimentado es el transmisor, o cuán venerable él afirma que es la orientación, no recibirás tal tipo de hechos de ese nivel. Obtienes enseñanza de una naturaleza amplia, edificante y generalizada, pero no hechos precisos.

¿Es posible que 'entidades' estén dando sugerencias sobre Meditación de Transmisión diferentes de su consejo?

Es posible. Existen muchas entidades maliciosas en los planos astrales que podrían hacer eso a través de una persona mediúmnica. Aquello que comuniquen debería ignorarse. No tiene relación con este trabajo, que procede de la Jerarquía. La información sobre la Meditación de Transmisión no está disponible en los planos astrales.

¿Es posible que esas entidades puedan influir en las energías?

No, para nada. Las energías están bajo completo control del Cristo y de Su grupo de Maestros.

¿Si las personas tienen contacto con 'entidades' o 'inteligencias', desde dónde es probable que trabajen estas entidades?

Sin excepción desde los planos astrales, y no se debería hacer caso a tales contactos. Las personas tienen libre albedrío, pero si un individuo insiste en mantener tales contactos, se les debería pedir que continúen su propio trabajo por su cuenta, fuera del grupo de Meditación de Transmisión.

¿Cómo ese proceso de orientación, ese proceso de mediumnidad, difiere de la información proporcionada por el Maestro DK a través de Alice Bailey?

Totalmente. EL psiquismo inferior funciona a través del aparato de la personalidad. El psiquismo superior funciona a través del aparato del alma. Alice Bailey era una persona realmente muy evolucionada. Era una iniciada y utilizó sólo el nivel de comunicación del alma, la telepatía superior. DK comunicó directamente, a través de telepatía superior, todo lo que Alice Bailey escribió, excepto por sus propios libros (ella escribió cinco libros suyos). Todos los demás le fueron dictados precisamente por el Maestro DK, y ella no alteró ni una palabra. Si dudaba sobre una palabra específica, Él normalmente le decía: "Utiliza tu juicio en esto, tu inglés es mejor que el mío", pero a veces Él decía: "No, eso es lo que quiero decir, utiliza esa palabra". Es tan exacto y preciso como eso. No está coloreado con ninguna cualidad de la mente inferior o el cuerpo astral de Alice Bailey. La Jerarquía de Maestros, cuando Ellos quieren transmitir este tipo de enseñanza, sólo utilizan aquellos que pueden funcionar al nivel del alma, que están lo suficientemente sintonizados y alineados con el alma para que la telepatía superior pueda tener lugar. Esto es algo muy diferente del trabajo de los médiums. Alice Bailey no era una mediadora, ni una médium. Lo sabes por la calidad de la enseñanza, la vibración de lo que transmite, y eso es una cuestión de discriminación.

¿Cuál es la diferencia, si es que existe, entre la telepatía ordinaria (como la percepción extrasensorial y la sensibilidad psíquica) y la telepatía mental entre usted y su Maestro, o entre Alice Bailey y el Maestro DK?

La telepatía es una facultad natural humana pero aún mayoritariamente no está desarrollada. La mayoría de los contactos telepáticos tienen lugar de forma instintiva, fortuita, como resultado de la acción y sensibilidad astrales, mientras que la verdadera telepatía es un proceso mental –mente a mente– y requiere polarización mental para funcionar de una forma controlada y decidida.

Existe esta gran diferencia entre verdadera telepatía mental (espiritual o del alma) y la más común sensibilidad psíquica: la última recibe su información (su canalización) del mismo nivel de los planos astrales. La información o enseñanza recibida está, por tanto, sujeta a la naturaleza ilusoria de esos planos (los planos de la ilusión) y siempre es, más o menos, una distorsión de la realidad. La verdadera telepatía mental, por otro lado, es la comunicación directa entre dos mentes totalmente conscientes y enfocadas, utilizando el plano de la 'mente' como el medio a través del cual se realiza el contacto. Es realmente la demostración de la facultad del alma. Es deliberada, instantánea e infalible.

Los Maestros sólo trabajan desde el nivel del alma y utilizan esta forma de contacto entre Ellos y aquellos discípulos cuya polarización mental está lo suficientemente desarrollada para permitirlo. Existen varios grados de contacto y tipos de relación entre Maestros y discípulos. Abarca desde la infrecuente (y, por parte del discípulo, inconsciente) impresión, hasta un adumbramiento espiritual momento a momento que se detiene justo antes de la obsesión. De esta forma el libre albedrío del discípulo no se infringe. La obsesión es el método utilizado por los Señores de la Materialidad (como en el caso de Hitler, por ejemplo). El Discípulo Jesús fue profundamente adumbrado, pero no obsesionado, por Maitreya el Cristo.

¿Podría contrastar su punto de vista sobre el adumbramiento con el punto de vista bíblico de la posesión demoníaca?

Son las caras opuestas de una moneda. Existen Maestros de la Logia Negra y Maestros de la Luz. Los Maestros de los que hablo, como el Maestro Jesús y el Maestro Morya, por ejemplo –Maestros de la Jerarquía– son los trabajadores de la Luz. Ellos trabajan en los niveles de la conciencia con el alma y con Sus discípulos a través de diversos procesos relacionados con la ciencia de la impresión, la impresión de ideas y energía. Esto abarca todo desde el tipo más sutil de impresión mental o astral hasta el adumbramiento. El adumbramiento puede ser parcial y temporal, o más o menos total y a largo plazo. Puede abarcar desde el adumbramiento del cuerpo mental o astral a través del alma hasta el control completo del cuerpo físico. Es un proceso por el cual un ser más avanzado puede manifestar parte de su conciencia (o toda) a través de un ser de menor grado.

Un claro ejemplo es el adumbramiento del discípulo Jesús por el Cristo. El Cristo permaneció en los Himalayas mientras Su conciencia controló y trabajó a través del cuerpo de Jesús. Éste es el método clásico de manifestación de Avatares o Instructores. De ninguna forma esto fue una posesión demoníaca. Cuando el Cristo tomó el control del cuerpo de Jesús en el Bautismo, Él lo hizo con el pleno conocimiento, cooperación y consentimiento del mismo Maestro Jesús (que entonces era el discípulo Jesús). Cuando el Buddha tomó el control del cuerpo del Príncipe Gautama, Él lo hizo, igualmente, con el pleno consentimiento, aprobación y cooperación del Príncipe. Sus libres albedríos nunca fueron infringidos.

Con la Logia Negra, por otra parte, éste no es el caso, y el método de obsesión total es a menudo utilizado. En los planos astrales inferiores de este planeta, existen entidades que toman el control de los cuerpos de aquellos que permanecen abiertos y que poseen una similitud de vibración. Ésta es una posesión demoníaca. Es totalmente inconsciente. No existe un diseño consciente desde el punto de vista del poseído, y es, por supuesto, una violación total del libre albedrío del individuo. Es altamente peligrosa. Para evitarla, mantén tu nivel vibratorio por encima del nivel en el cual la posesión puede tener lugar.

El adumbramiento espiritual tiene lugar en el nivel Monádico o del alma. Maitreya, el Cristo, está adumbrado a nivel Monádico por un Avatar Cósmico llamado el Espíritu de Paz o Equilibrio (de una manera muy similar a como Él adumbró a Jesús). Este adumbramiento espiritual, que es una extensión del principio de la telepatía, es de un orden diferente del adumbramiento espiritista habitual de un médium por medio de alguna entidad desencarnada de los planos astrales.

¿Las así denominadas 'fuerzas de la oscuridad' alguna vez se hacen pasar o se disfrazan como las fuerzas del bien para engañar a las personas bien intencionadas, para alterar sus intenciones? Si es así, ¿cómo podemos evitar ser engañados así?

Sí, ésta es una estratagema común de las fuerzas de la materialidad. A menudo imitan los métodos utilizados por la Jerarquía de la Luz para engañar a los incautos. La mejor defensa contra el engaño es examinar cuidadosamente los motivos propios y mantenerlos puros y altruistas. Las fuerzas de la oscuridad no pueden trabajar o influenciar allí donde la luz y el amor del alma dominan las acciones. La objetividad y el altruismo son las notas clave de las acciones e ideas inspiradas por el alma. Cuando éste es el caso, uno está automáticamente protegido.

¿Es mi temor a esto un resultado de las actividades de la 'fuerza oscura'?

No, es un temor común. Lo mejor, en mi opinión, es olvidar completamente las 'fuerzas oscuras', proceder como si no existieran, y así no brindarles ninguna energía.

Una amiga recientemente fue víctima de un ataque psíquico después de un período de intensa búsqueda interior. ¿Qué está sucediendo aquí y cómo pueden evitarse tales peligros? ¿Existen algunas personas para quienes la meditación profunda puede ser peligrosa?

Sin conocer las circunstancias específicas, no es posible dar más que una respuesta general a estas preguntas. En primer lugar, tengo serias dudas de que su amiga "después de una intensa búsqueda interior" de tipo correcto haya sido víctima de un 'ataque' psíquico. Más bien, yo sugeriría, que ella perturbó su propio equilibrio emocional con un enfoque inexperto a la meditación. No es posible invocar las energías del alma a través de la meditación y esperar seguir siendo la misma persona. Siempre habrá alguna reacción a estas energías superiores.

Esta reacción normalmente tomará una de las siguientes direcciones: si la meditación es científica y se enfoca de forma experta y sensible, habrá una galvanización del deseo de la persona de servir y crear. Esto podría seguir o no a un período temporal de trastorno emocional dado que las energías del alma afectan al cuerpo astral. Si la meditación escogida es inapropiada o practicada incorrectamente, es decir, sin el debido cuidado y un sentido de proporción, el resultado podría ser muy desafortunado, especialmente si la persona es emocionalmente inestable en primer lugar. Yo sugeriría que éste es el problema con su amiga. Los ataques 'psíquicos' ocurren rara vez a personas dedicadas seriamente a la meditación. Generalmente ocurren a personas, de naturaleza mediúmnica, que permanecen abiertas, a través de similitud de vibración, a la interferencia de los planos astrales inferiores. La forma de evitar tales peligros es mantener la aspiración y el nivel vibratorio lo más elevados posible a través de la meditación y el servicio.

Creo que estoy atrayendo malas vibraciones de personas a mi alrededor a través de sus aversiones, celos, etc, y esto hace que me enferme. ¿Es probable que sea así?

El noventa y nueve por ciento de las veces no es el caso. Las diferentes enfermedades que las personas sufren son casi siempre el resultado de su propio desequilibrio emocional, uso incorrecto de la energía de los planos del alma, mental y astral, es decir, son reacciones kármicas. Por supuesto, existen unos pocos casos en los cuales existe una causa externa, pero son tan pocos que pueden ignorarse en la mayoría de los casos. Es más sabio y preciso, normalmente, no culpar a otras personas de nuestras enfermedades físicas. La clave es aspirar al control mental del cuerpo emocional y al desapego de nuestras emociones, y así fortalecer nuestra aura.

¿Durante la Meditación de Transmisión, necesitamos una protección especial o los Maestros nos protegen de influencias externas o malas?

Durante una Meditación de Transmisión, los Maestros tienen el control completo de este proceso energético y todos los participantes están totalmente protegidos de cualquier fuente externa. No obstante, Ellos no protegen a ninguno de sus propias imaginaciones astrales.

¿Cuál es la diferencia entre la imaginación y el verdadero conocimiento interior?

El conocimiento interior es intuición. Lo que denominamos intuición realmente no proviene del nivel intuitivo, sino del nivel Manásico. El alma es la receptora de los tres niveles espirituales que fluyen desde la

Mónada o Espíritu, del cual el alma es el reflejo. Realmente tenemos una constitución triple. Esa realidad no debe olvidarse nunca. Debemos acostumbrarnos a vernos como el alma.

La diferencia entre el conocimiento interior y la imaginación es una cuestión de foco de conciencia. La mayoría de las personas están enfocadas en el plano astral. Ellas funcionan a través del plexo solar, y su conocimiento es emocional y astral. Eso es imaginación. En la terminología esotérica, existe un estado denominado 'espejismo (glamour)'. Tenemos un atisbo de ello cuando decimos "el glamour de Hollywood". El glamour de Hollywood sugiere que todo es maravilloso, pero también conocida como la Ciudad del Oropel. Sabemos que es irreal, por más interesante o emocionalmente atractiva que sea. Aquello que proviene de los planos astrales es irreal. Nuestras reacciones emocionales son el resultado de la energía del plano astral que fluye a través del plexo solar. El espejismo es la ilusión en el plano astral.

El objetivo evolutivo de la humanidad es trabajar desde los planos mentales. Tienes que enfocarte mentalmente para controlar el plano astral. El plano astral tiene como cometido ser un espejo, un lago tranquilo, en el cual el conocimiento interior, la intuición espiritual del nivel búddhico pueda reflejarse. Cuando el cuerpo astral está en calma y ha sido purificado, ya no reacciona al movimiento de la energía astral a través suyo. Mientras el cuerpo astral permanezca sin purificar, causa caos: somos lanzados a una tormenta de energía astral, y nos hace comportar en todo tipo de formas completamente irrelevantes, irresponsables e irreales, porque el plano astral es, literalmente, irreal. Para los Maestros no existe. Es ilusión, mientras que buddhi, la intuición espiritual, es el conocimiento interior. Cuando personas realmente creativas en cualquier campo dicen "con el uso de la imaginación", realmente se refieren al uso de la intuición. Eso es algo muy diferente a lo que llamamos imaginación, que procede del astral y no es realmente imaginación, sino fantasía.

La intuición es conocimiento directo: sabes porque sabes. Procede del nivel búddhico, y siempre es correcto. No puede equivocarse, porque viene a través del alma, por encima del nivel del alma, pero a través del alma. Es asequible a la humanidad cuando el cuerpo emocional es purificado y controlado. Tan pronto como eso sucede, la energía que de otra manera trabajaría a través del cuerpo emocional es transmutada, elevada al corazón. Por supuesto, es un proceso largo y gradual. La reacción del corazón siempre es correcta. Siempre puedes confiar en la reacción del corazón bajo cualquier circunstancia.

El problema es que las reacciones de la mayoría de las personas, incluso parcialmente, provienen también del plexo solar. Eso trae al espejismo. Así que aunque tengan la intención de hacer lo mejor, la actividad del plexo solar lo convierte, al menos hasta cierto punto, en espejismo. Las personas viven en espejismo. Conozco a muchas personas que creen que son el Cristo. Me escriben todo el tiempo. Me llaman por teléfono. Incluso vienen hasta mi puerta. Ellos experimentan la sensación de que ellos son Él. Eso es espejismo. La intuición es totalmente directa. Sabes instantáneamente, y nunca falla. Funciona a través del corazón sin ninguna mezcla de energía emocional. La diferencia entre lástima y compasión es la diferencia entre el espejismo y una verdadera reacción intuitiva del corazón, búddhica. Puedes sentirlo en tus centros, si eres consciente de tus centros. Cuando la actividad del centro del plexo solar está informando de tu experiencia, será espejismo. Si es pura y simplemente del centro del corazón, entonces puedes confiar en ella.

Capítulo 8 – Alma, Meditación y Servicio

Usted dice que necesitamos utilizar las energías que nos llegan en meditación. ¿A qué se refiere? ¿Cuál es el propósito real de la meditación?

La meditación es un método, más o menos científico (dependiendo de la meditación), para conducir al hombre o mujer en encarnación al contacto y finalmente alineación con el Ser Superior o alma.

El tiempo ha pasado de meditar solo, de avanzar con la propia salvación espiritual personal, sin al mismo tiempo aceptar la necesidad, el deber, del servicio. La naturaleza del alma es servir. El alma sólo conoce el servicio altruista y se encarna para servir. ¿Así qué sentido tiene, como meditador, invertir todo ese tiempo y esfuerzo para contactar con el alma y no llevar a cabo su propósito? El alma está llevando a cabo el Plan del Logos. Es un gran sacrificio para el alma hacer esto, porque está tan limitada en este nivel físico. Gana experiencia en este nivel, pero la verdadera razón detrás del proceso encarnatorio es llevar a cabo la Voluntad del Logos a través de la decisión de sacrificio de la misma alma.

Cuando el alma vierte su energía en los vehículos –físico, emocional/astral y mental– estos vehículos son estimulados. El alma busca controlar la personalidad y volverla un reflejo de sí misma. La personalidad percibe esto y se resiste. Entonces le siguen varias vidas de larga e interminable batalla entre la personalidad, con su poderosa naturaleza de deseo y el alma. El alma inevitablemente gana porque es un mediador superior. Su energía es más poderosa y la Ley de la evolución trabaja detrás suyo. Con el tiempo convertirá a esa personalidad en un reflejo de sí misma. Pero sólo puede hacerlo cuando la personalidad se rinde y comienza a reflejar la cualidad del alma. Entonces la Voluntad Espiritual, el Amor Espiritual y la naturaleza mental superior pueden reflejarse a través de la personalidad, y el hombre o mujer se convierten en un alma viviente.

Todos aquellos que están involucrados en meditación han estado involucrados, tanto si lo saben como si no, en alinear el cerebro físico con el alma, el vehículo de la personalidad con el Ser Superior. Para eso sirve la meditación.

Cuando meditamos y no utilizamos la energía del alma en un servicio decidido, el resultado es siempre algún tipo de alteración del equilibrio de las energías del cuerpo etérico. Los centros se bloquean. El resultado es inevitablemente neurosis o enfermedad de alguna índole en el plano físico. Esa es la razón de que encuentres tantas personas más avanzadas más bien neuróticas. Ellas reprimen la energía que fluye hacia ellos desde el nivel del alma. Lo hacen al no utilizar esa energía en el servicio. La utilizan de forma egoísta, en otras palabras, la utilizan incorrectamente. Ésta es una etapa que todos experimentamos y no hay implicada condena alguna. La forma de eludir la neurosis es utilizar la energía del alma correctamente. Es la forma más efectiva de eludir la neurosis y otras enfermedades, aparte de aquellas, por supuesto, que son kármicas, provenientes de nuestro pasado.

¿Nos conduce la Meditación de Transmisión a la Jerarquía? ¿Ayudaría a acelerar el proceso de polarización mental?

El trabajo de Transmisión es una puerta que conduce a un sendero que te lleva directamente a la Jerarquía. Es parte de un proceso planificado por la Jerarquía por el cual los aspirantes y los discípulos del mundo trabajarán de forma cooperativa entre ellos.

La mayoría de personas desean aproximarse a la Jerarquía tanto si están preparadas como si no, les gustaría conocer y trabajar con un Maestro. La Meditación de Transmisión no es una forma de conocer a los Maestros, pero ciertamente es la forma más sencilla de trabajar con los Maestros.

Lo que realmente estamos haciendo en la Meditación de Transmisión (además de ayudar al mundo) es practicar Kriya Yoga, que en realidad la llevan a cabo por nosotros los Maestros. Gradualmente, está teniendo lugar el cambio del punto de polarización de astral al mental, sin uno ser consciente de ello. Lo que uno percibe es el cambio en uno mismo, en nuestra visión del mundo. Muchas personas me han dicho: "Me siento una persona mejor. Puedo hacer mejor mi trabajo. Estoy más enfocado mentalmente, puedo expresarme con más claridad. Puedo juntar muchas ideas", etc. Todo esto es el resultado del trabajo constante de Transmisión. Sucede simplemente haciendo Meditación de Transmisión, porque lo realizan los Maestros por nosotros. Es una meditación profundamente oculta, y los Maestros manipulan la energía por nosotros. Lo que podrías lograr en 20 años de práctica de Kriya Yoga, probablemente lo lograrás en un año de trabajo constante de Transmisión.

La polarización mental es el resultado de un cambio en la conciencia del plano astral/emocional al plano mental. Cubre el período entre la primera y la segunda iniciación (una media entre seis y siete vidas) y comienza en un punto medio entre estos dos grandes eventos (iniciaciones planetarias). Estar mentalmente polarizado permite al alma trabajar a través del plano mental y destruir el espejismo de la actividad del plano astral. Cuando las nieblas del espejismo son disipadas por la luz del plano mental, tiene lugar un cambio gradual de la polarización.

La mayoría de personas confunde los procesos emocionales y mentales. Imaginan que están 'pensando' cuando de hecho están revistiendo sus reacciones emocionales con formas mentales astrales que confunden con 'pensamientos'. Por tanto, cualquier cosa que enfoque la mente, que la lleve a la acción en toda situación o reacción, acelera el proceso de polarización. La meditación, del tipo que sea (excepto ese estado de ensoñación negativa que a menudo se confunde con meditación), es un impulsor primordial en esta dirección. Una determinación diligente de observar, lo más impersonal y honestamente posible, todas nuestras reacciones, en cada situación, especialmente las más perturbadoras; una comprensión de nuestra estructura de rayos, y por tanto de nuestros espejismos; una dedicación de nuestra vida al servicio de la humanidad, llevando a una mayor descentralización; todo esto ayuda a cambiar la conciencia hacia el plano superior, llevando así la luz del alma a cada situación de la vida.

¿Es la Meditación de Transmisión correcta por sí sola suficiente para que los humanos se eleven a sí mismos, o es también necesario entender nuestras propias emociones a través del análisis?

Realizada con consistencia y diligencia, la Meditación de Transmisión gradualmente provocará la polarización mental que por sí sola lleva al control emocional. Por supuesto, el servicio de cualquier tipo, que tiende a la descentralización del yo, ayuda en esto. No creo que el análisis, a menos para algunas dolencias neuróticas dolorosas, sea necesario. El análisis frecuentemente centra la atención con demasiada firmeza en el yo.

¿Es la Meditación de Transmisión suficiente en el campo del servicio, o deberían realizarse con ella otras formas de servicio?

La Meditación de Transmisión sería suficiente para toda tu vida de servicio, si te aplicas lo suficiente a ella. Pero hay un mundo allí fuera que salvar, y un millar de formas diferentes de servir. No necesita ser la totalidad del servicio. Descubriréis que todo aquello que hagáis adicionalmente –cualquier otra forma de meditación, de servicio, de actividad– será potenciado al hacer Meditación de Transmisión.

La presente tensión del mundo me hace estar tenso y nervioso pero no deseo dejarme influenciar o succionar por el temor extremo. (1) ¿Qué es lo más útil que podría hacer para mantenerme positivo? (2) El mundo parece más bien haber enloquecido actualmente. ¿Piensa que durará mucho? (3) ¿Retrasará el actual clima mundial el emerger de Maitreya?

(1) Practica meditación y desapego y trabaja por una causa. (2) No. (3) No.

¿Qué aspecto de la meditación con el tiempo hace que uno puede afrontar todo el dolor experimentado en el mundo, sin ser completamente hipersensible a todo el sufrimiento mundial?

Es cierto que no sólo la Meditación de Transmisión sino toda meditación sensibilizará el instrumento –el hombre o mujer en encarnación– debido a que infunde a la personalidad con algunas de las cualidades del alma, como su sensibilidad espiritual y naturaleza de amor. Al tener lugar este proceso, lo que también debería tener lugar es una creciente sensación de desapego espiritual, no indiferencia, o incluso impersonalidad, que no son para nada cualidades espirituales, sino que son simplemente la experiencia separativa de la personalidad. Lo que es necesario es la mayor respuesta sensible inmediata al dolor, al sufrimiento, a las necesidades del mundo, y al mismo tiempo un desapego espiritual de la reacción emocional a ese dolor y sufrimiento, para permitir que se lleva a cabo la acción en beneficio de la humanidad. Si la identificación con el dolor y el sufrimiento es tal que hace imposible la acción, es simplemente una autoindulgencia emocional. El alma ve todo el dolor y el sufrimiento. El Cristo, que es la personificación del alma de la humanidad, ve el dolor y el sufrimiento pero tiene tal desapego espiritual, carece de tal manera de reacción emocional, que Él puede trabajar de la forma más poderosa.

Tienes que diferenciar entre una respuesta de corazón/amor al dolor y al sufrimiento, con una desapego espiritual que te permite actuar en su beneficio, y una reacción emocional que te aprisiona en ese dolor y sufrimiento. El amor es activo. Una reacción emocional es simplemente sentimentalismo. Es identificación, ver nuestro propio sufrimiento. Es debido a que ves el sufrimiento en ti mismo que te identificas con el exterior. Una respuesta de amor no tiene sentido de su propio sufrimiento, así que puede identificarse sin reaccionar emocionalmente. Es una cuestión de identificarse con las necesidades del mundo sin experimentar las reacciones emocionales.

¿Cuál es la importancia del trabajo grupal, y de qué forma la Meditación de Transmisión ayuda a las actividades grupales?

La Nueva Era es la era de la conciencia grupal, no simplemente trabajando juntos como un grupo, sino pensando y sintiendo y experimentando juntos en conciencia grupal, total unidad. Esto es desconocido para la humanidad hasta ahora. Los Maestros de Sabiduría, por otro lado, sólo tienen conciencia grupal. Trabajar juntos en grupos proporciona a la humanidad experiencia en el desarrollo de la conciencia grupal.

La humanidad misma, por supuesto, es el principal 'grupo'. Todos formamos parte de ese grupo. Actualmente vivimos vidas separadas y divididas, pero en este tiempo venidero trabajaremos como un grupo. De hecho, si no lo hacemos, si no podemos realizar y expresar, a través de nuestras estructuras e instituciones, la unidad interna o realidad grupal de la humanidad, nos destruiremos.

Estamos comenzando a comprender que el trabajo de cualquier tipo de actividad se realiza mejor en grupos. Lo primero que se me pidió que hiciera, cuando comencé mi trabajo público, fue formar un grupo de Meditación de Transmisión. Existe una buena razón para ello. En la base de todo grupo realmente activo en este trabajo, existe un grupo de Transmisión. Esa es la fuente de la energía. El sustento espiritual llega al grupo proveniente de los Maestros, tenéis una base energética allí, una fuente de la cual podéis beber todo el tiempo.

No todo grupo tiene esto. Muchos están respondiendo de una forma más vaga a las energías que están siendo enviadas, pero podrían no tener un poderoso proceso dinámico que les mantiene continuamente espiritualmente cargados para permitirles realizar su trabajo con la máxima intensidad. Así, muchos tienden a ser grupos 'locuaces' que a menudo se disuelven rápidamente o reforman o cambian sus actividades, parcialmente debido a un proceso natural de crecimiento, pero parcialmente también debido a la exigencia de cambio por sí sola. Pero cuando tienes a un grupo de Transmisión en la base de toda actividad, tenéis un influjo de energía que es constante. Es como estar conectado a la electricidad todo el tiempo, así siempre tenéis encendido el fuego si lo necesitas. Ésta es una de las cosas importantes en los grupos involucrados en el trabajo de Transmisión.

¿Cómo uno determina las prioridades en la propia involucración con el trabajo grupal? Tengo problemas para mantener un equilibrio.

Es importante alcanzar un equilibrio entre lo interno y lo externo. La Meditación de Transmisión no tiene que ver sólo con la vida interior. Es un acto de servicio en el plano físico. Forma parte de la actividad de servicio exterior como también de una experiencia interior.

Cada individuo tiene diferentes requisitos, diferente cantidad de energía, diferentes aspiraciones, diferentes exigencias sobre su tiempo, dependiendo de su trabajo y su tiempo libre. Tenéis que tomar ciertas decisiones y, por tanto, ciertos compromisos en vuestras vidas. Las elecciones para un discípulo son las elecciones entre prioridades. Todas son prioridades, pero tenéis que escoger entre las prioridades.

La mayoría de personas tienen que ganarse un sustento. Esa es la prioridad número uno, lo que significa que tienen, hasta cierto grado, un tiempo limitado para el servicio. La prioridad para el discípulo, por tanto, será cómo maximizar el valor de ese tiempo. Dependerá, hasta cierto grado, de tus rayos, tus aptitudes, tu involucración con la Meditación de Transmisión y/o actividades de divulgación y en cuál de estas actividades inviertes la mayor parte de tu tiempo y energía. Las posibilidades de cada individuo son diferentes, así que cada individuo tiene que tomar esa decisión, ese alineamiento de prioridades para sí mismo. Yo no puedo decir que debería invertir un 70 por ciento de tu tiempo en la Meditación de Transmisión y un 30 por ciento a otro trabajo, o viceversa. Depende del individuo, de la naturaleza de su trabajo y de la importancia del trabajo. Todo es importante. Yo abogaría para los discípulos serios, miembros de grupo, tres horas de Meditación de Transmisión tres veces por semana, nueve horas a la semana. Eso significa, si tienes un trabajo, que tienes otros cuatro días a la semana para realizar otros aspectos de tu actividad de servicio, sea producir *Share International*, divulgación al público, u organizar conferencias o exposiciones. Si estás preparado para no tener vida social, ni vida familiar, ni ningún otro tipo de vida excepto de servicio, ese es el ideal, pero depende de ti. Los Maestros no son tiranos, pero dado que Ellos trabajan cada segundo, 24 horas al día sin dormir ni comer, sin cesar, eso significa que tienen, a juzgar, un estándar de servicio bastante elevado.

¿Cuál es el mejor tipo de meditación para la Nueva Era?

No existe una respuesta sencilla a esta pregunta. Depende en el punto de evolución, estructura de rayos, trasfondo, tradición, etc., del individuo.

Las meditaciones de todos los tipos son métodos, más o menos científicos dependiendo de la meditación, de lograr un contacto, y con el tiempo una unificación, con el alma. En la Nueva Era, la actividad grupal será el principal método de trabajo y servicio. La meditación grupal se convertirá, por tanto, cada vez más en la norma. Para aquellos con un fuerte deseo de servir, la Meditación de Transmisión proporciona el vehículo más potente y científico de servicio con, al mismo tiempo, el estímulo más poderoso para el crecimiento personal.

¿Habrá nuevas técnicas de meditación proporcionadas por Maitreya? ¿Serán diferentes de las existentes?

No. No será la función de Maitreya proporcionar nuevas técnicas de meditación. Eso es como esperar que el director general de una gran empresa internacional entrene a los recaderos en las rutinas de la oficina. Las técnicas de meditación son, y continuarán siendo, enseñadas por discípulos de los Maestros. Con el paso del tiempo y cuando los discípulos estén preparados, los Maestros mismo, trabajando exotéricamente, proporcionarán formas de meditación.

¿Está relacionado el proceso de curación conocido como 'imposición de manos' con el alineamiento de los chakras?

Sí. Toda energía que entra en el cuerpo llega al cuerpo etérico a través de los chakras. En la imposición de manos, la energía se mueve a través de los chakras de las palmas del sanador hacia el paciente. La fuente de la energía depende del punto de evolución del sanador. Comúnmente proviene del centro del plexo solar del sanador, de su propia fuerza vital. A menudo implica energía que el sanador ha invocado de su propia alma, y a veces, también, del alma del paciente, que aumentará la energía del cuerpo físico. Existen también muchos sanadores que trabajan bajo orientación, consciente o inconscientemente, de alguna fuente superior. Algunos discípulos en los planos internos, y incluso Maestros, trabajan a través de ciertos individuos, sin que el individuo necesariamente sea consciente de ello. El propósito siempre es la eliminación de la estasis y el correcto equilibrio de los chakras.

¿Cómo se obtienen poderes curativos?

Creo que al menos el 70 por ciento de las personas tienen el potencial de transmitir energías curativas de alguna fuente u otra, normalmente de su propia alma. La meditación, el servicio y la práctica son los métodos clave para fortalecer y realizar ese potencial.

¿Cómo puedo librarme de las negatividades de mi vida para que pueda entrar más luz?

No existe mejor forma de librarse de la negatividad que servir, utilizar la luz que entra. Al servir, comienzas a identificarte con aquello que sirves, así que comienzas un proceso de descentralización. Cuando te vuelves más descentralizado, menos egoísta, menos el centro de tu vida, te vuelves más objetivo, con más amplitud de visión, cada vez más identificado con todo lo que existe. Primero te identificas contigo mismo, eso es fácil. Luego te identificas con tu familia y con tus amigos, y luego de una forma patriótica con tu país, y luego más objetivamente con el planeta en su conjunto, y finalmente con todo el cosmos. Cuando realizas esto, expandes tu identidad, no sólo tu conciencia despierta intelectual, sino tu identidad de corazón, hasta que no existe sensación de separación, hasta que tú y el cosmos sois uno. Entonces eres perfecto, como los Maestros son perfectos.

Muchas personas, durante su práctica de meditación, espontáneamente encuentran que sus manos y cuerpos asumen posturas que se denominan 'mudras' en la tradición hindú. Swami Muktananda escribió extensamente sobre sus propias experiencias de este tipo. A menudo el meditador no tiene idea hasta después de que durante miles de años esas posturas idénticas han formado parte de las tradiciones hindú, budista e incluso cristiana. ¿Cómo sucede esto? ¿Qué hace que esto suceda en ciertos momentos y en otros no?

Éste es un fenómeno interesante que personalmente he experimentado muchas veces. En la meditación, una persona entra en contacto, en mayor o menor grado, dependiendo en la meditación y la experiencia del meditador, con su propia alma. Cuando el mantenimiento de un mudra tiene lugar involuntariamente, ha tenido lugar una de tres cosas: o el alma misma ha impresionado a su vehículo a fortalecer el valor de la meditación al 'confinar' o distribuir la energía del alma invocada, o existe una repetición espontánea, de una vida anterior, de un antiguo patrón de práctica de meditación. A veces (que por supuesto es más infrecuente) cuando el meditador tiene un contacto consciente con un Maestro o un iniciado elevado, Ellos pueden impresionar el uso de mudras en la mente del discípulo durante la meditación.

¿Durante la Meditación de Transmisión es útil el uso de ciertos mudras (posturas de manos)?

No. Si fuese útil, ya se hubiera sugerido. Mantened la Meditación de Transmisión lo más simple posible, como es presentada.

¿Podría decirme si los iconos son un buen foco para la meditación, y algo sobre su significado, por ejemplo, las austeras facciones faciales de los sujetos retratados? ¿También, fueron los artistas inspirados de alguna forma para crearlos?

Los iconos provienen de la tradición bizantina y están realmente concebidos como un foco para la meditación, la adoración y la oración. Han sido utilizados como tales durante siglos. Las austeras expresiones faciales tienen como objetivo simbolizar la santidad y trascendencia de la materia divina de los sujetos.. Los iconos permanecieron sin cambiar en estilo durante muchos siglos (como el arte egipcio) y fueron creados por artistas de todos los niveles y grados de inspiración, del más grande al más mediocre. Sólo serán útiles en la meditación si uno 'cree' en la divinidad de los sujetos y que ellos puedan ser contactados a través del icono.

¿Cómo puede uno eliminar el velo de la ignorancia de la mente para que tenga lugar la verdadera comunión durante la meditación o la oración?

El 'velo de la ignorancia' es el resultado de la identificación errónea, con la personalidad separada en vez de con el alma. El camino hacia la expresión del alma (y la verdadera comunión) es, como siempre, a través de la correcta meditación y servicio.

¿Qué significa 'shanti'?

Paz.

(1) El Boletín de Triángulos de Lucis Trust informa que, según la Academia para la Investigación de la Paz de Massachusetts, existe un descenso del 36 por ciento de la media de actividad solar durante

dos semanas después de una meditación por la paz global. (2) Ellos citan una investigación que afirma que desde 1900, los patrones violentes de comportamiento y los patrones de enfermedades han tenido correlación con un incremento de la actividad de manchas solares. ¿Es cierto o son ensoñaciones?

(1) Ensoñaciones. No existe forma por la cual una meditación por la paz, global o de otra índole, pueda afectar la actividad de manchas solares, que es de una naturaleza cíclica. (2) Cierto. La creciente energía resultante de la actividad de las manchas solares realmente produce resultados de tensión (y, a menudo, por tanto, de violencia y enfermedad) en la humanidad.

Cuando era un niño de unos siete años que vivía en el campo, cuando observaba después del anochecer las estrellas individuales, percibía un rayo de dulzura, amor y belleza que provenía, aparentemente, desde la estrella que estaba observando. Como adulto, ya no percibo esto. ¿Sabe si los niños están abiertos a alguna influencia de las estrellas, y si es así, qué es esta influencia?

¡Sed como niños pequeños! Sí, ciertamente, las estrellas irradian energías muy beneficiosas de amor y síntesis y belleza y muchos niños (y, por supuesto, algunos adultos) son sensibles a este 'polvo de estrellas'.

Al vivir en ciudades iluminadas con electricidad, la mayoría de personas incluso no ven las estrellas. Aquellos que son lo suficientemente afortunados de vivir en zonas donde pueden experimentarse las energías de las estrellas, deberían utilizar esta elevada radiación y acelerar su progreso hasta las mismísimas estrellas. Mirad arriba, y aceptad el resplandor de las Benditas Pléyades como un don de los Dioses.

Capítulo 9 – Mantener el Alineamiento

*Este capítulo se centra en cómo mantener el alineamiento entre el cerebro físico y el alma, un requisito indispensable para la adecuada Transmisión de energías espirituales. Este tema se debatió con detalles en las conferencias de Meditación de Transmisión de 1990 celebradas en San Francisco, EEUU, y en Veldhoven, Holanda. Las charlas de Benjamin Creme en estas conferencias trataron del discipulado y la práctica, el verdadero significado del discipulado, y la necesidad de mayor compromiso para practicar las enseñanzas dadas. La charla y los debates que se reproducen a continuación fueron publicados en **La Misión de Maitreya**, Tomo II, Capítulo 15. La porciones de estos debates relacionados con la Meditación de Transmisión se reproducen aquí.*

Discipulado y Práctica

Es un truismo en el ocultismo que ninguna nueva enseñanza puede darse hasta que la que ya se ha dado se haya puesto en práctica. Ésta es una ley. No puedes asimilar nada superior hasta que hayas puesto en práctica lo que ya has recibido. Principalmente, las personas abordan el esoterismo como si fuese un tema académico en el cual te examinas y recibes un título o grado. No es para nada así. Ciertamente existen grados, grados de iniciación, pero puedes convertirte en un iniciado sin saber nada sobre teoría o práctica del esoterismo, viviendo naturalmente, intuitivamente, la vida de un discípulo.

Tienes que hacerlo de una forma u de otra. Lo puedes hacer intuitivamente, o a través de la adquisición de conocimiento y la aplicación de las normas y preceptos en tu vida, momento a momento. Es un tema de todo el día. En mi experiencia, la mayoría de personas empiezan a ser un discípulo de una forma muy tibia. Lo ajustan a su vida cotidiana cuando hay un momento libre. El discípulo medio no comprende que el discípulo es una persona diferente del resto de la humanidad. Las normas y leyes que se aplican, incluso las leyes de causa y efecto y de renacimiento, que afectan a la humanidad en cualquier caso, afectan al discípulo de forma diferente, según su capacidad de trabajar dentro de ellas y de manipularlas para las necesidades del alma.

Un discípulo, o cualquier persona que aspira a convertirse en un discípulo, debe reconocer en primer lugar que es un ser humano normal y corriente que ha realizado una promesa y que ha asumido el desarrollo de su propia evolución. Él está aprendiendo a trabajar con el alma y a llevar a cabo su propósito. Cualquiera que sean los demás propósitos que el alma pudiera tener, bajo la Ley de Sacrificio, su propósito es trabajar con el Plan de evolución hasta donde el discípulo pueda intuirlo y aplicarlo en su vida. Sólo los rudimentos del plan pueden llegar a ser reales en su conciencia, pero hasta donde estos aspectos se vuelvan reales, le incumbe a él o a ella ponerlos en práctica en la vida. De hecho hacer esto es realmente muy raro.

No son las fuerzas del mal lo que preocupa al Cristo y los Maestros de la Jerarquía. Ellos pueden arreglárselas con las fuerzas del mal bastante bien. La mayoría de las personas piensan que los principales obstáculos para la exteriorización de la Jerarquía y la espiritualización de la vida de la humanidad son los problemas relacionados con las fuerzas de la materialidad. Existen tales problemas. Pero algunos de los que responden con más celeridad a la materialidad son los discípulos del mundo. Es la arraigada materialidad y, sobre todo, la inercia de los discípulos como también la de todos los demás, lo que mantiene a la humanidad prisionera de las fuerzas de la materialidad, las fuerzas del mal como las denominamos.

Los discípulos son doblemente responsables. Ellos tienen la responsabilidad de la humanidad normal y corriente más la responsabilidad extra porque conocen algunos aspectos de la verdad. Ellos se han comprometido a hacer algo para cambiar la situación del mundo, y para cambiar su propia naturaleza de tal manera para poder trabajar inteligentemente con el Plan. No obstante las personas están tan inmersas en el materialismo, está tan arraigado en la inmensa mayoría incluso de los discípulos del mundo, que poca o ninguna acción es realizada por nosotros para remediar la situación. Permanecemos enfrascados en el materialismo como cualquier otra persona. Ese es el problema para el Cristo y los Maestros: no las fuerzas del mal, sino la inercia, la paralizante inercia de los discípulos del mundo.

He sabido recientemente de mi Maestro que la cifra media de minutos en la cual las personas de los grupos de Meditación de Transmisión en todo el mundo están realmente alineadas, en la cual el cerebro físico y el alma están alineados, y así son transmisores y por tanto realizan el trabajo de Transmisión, es sorprendentemente baja.

¿Por qué es así? Tiene que existir una razón de por qué, después de 10 años, aún lo estáis haciendo tan mal. Ésta es la décima vez que he venido a Estados Unidos y el décimo año en el cual algunos de vosotros habéis estado haciendo Meditación de Transmisión.

"¿Qué habéis estado haciendo todos estos años?" me pregunto. Por supuesto es una cuestión de polarización. Si uno está astralmente polarizado, y la inmensa mayoría de las personas de estos grupos lo están, es más difícil mantener la atención en el centro ajna y así estar alineado más de unos pocos minutos por vez. También las personas parecen no conocer la diferencia entre estar alineados y no estarlo. Ellos realmente piensan que están alineados. Estoy seguro que todos vosotros estáis conmocionados por esta afirmación. Imaginad que estáis alineados, pero no obstante, francamente, la mayor parte del tiempo no lo estáis.

¿Qué estáis haciendo si no estáis alineados? Yo sugiero que estáis en un estado de ensueño. Estáis divagando. Estáis en un estado en el cual vuestra atención permanece en el plexo solar. Pero dado que sabéis que la Meditación de Transmisión implica enfocar vuestra atención en el centro ajna, y dado que de vez en cuando, cuando lo recordáis, lleváis de vuelta la atención allí, os olvidáis de que ha bajado. Pero durante unos pocos minutos ha bajado. Si sumáis los pocos minutos en los cuales realmente se mantiene en el centro ajna y en los cuales estáis transmitiendo, suma, de media, cuatro o cinco minutos por hora. Algunas personas sólo hacen una hora de Transmisión a la semana. Eso son cuatro o cinco minutos a la semana. No es mucho. 'El Papel de la Meditación de Transmisión en el Desarrollo del Discípulo' [*Nota del Editor*: El título de una charla anterior, reproducida en el Capítulo 10] es algo que no se aplica a persona que están realizando cuatro o cinco minutos de Transmisión real por semana. Poco se puede esperar que suceda en ese tiempo.

No obstante, suficiente sucede para que la Meditación de Transmisión sea una forma poderosa de servicio. Si transmites cuatro o cinco minutos por hora incluso sólo una hora por semana, estás recibiendo el beneficio de estas fuerzas espirituales a través de los chakras de una forma aún más poderosa que la que podrías conseguir con cualquier otro método, con la misma inversión en tiempo y esfuerzo.

La cuestión es que la personas no se esfuerzan demasiado. Ellas piensan que lo hacen. Todos tienen buenas intenciones. Todos imaginan que están trabajando bastante duro. Pero desde el punto de vista de los Maestros, ellas sólo están jugando en participar en un grupo de Transmisión, en ayudar al mundo. Un grupo de Meditación de Transmisión contacta energías espirituales que transforman el mundo entero, política, económica, socialmente, etc. La mayoría de personas están contribuyendo a esto sólo unos pocos minutos por semana, y no obstante sienten que están en una situación muy potente, poderosa, que lo están, pero sólo porque estas energías son tan potentes, tan poderosas, tienen estos cortos minutos de Transmisión real algún tipo de valor.

Alineamiento del Alma

Hemos estado practicando Meditación de Transmisión desde ya hace bastante tiempo, pero parecería que no hemos sido capaces de hacerlo correctamente (i.e. estar alineados). ¿No hemos estado realmente sirviendo a través de la Meditación de Transmisión?

Conozco a personas que están muy contentas y orgullosas de forma parte de un grupo de Meditación de Transmisión. Hablan de ello, les cuentan a sus amigos sobre ello, y a veces me escriben a mí sobre ello. Luego me entero que realizan quizás una hora, o incluso media hora, a la semana. Antes de comenzar, tienen, quizás, un estudio grupal, realizan ejercicios, celebran cesiones de curación, etc. Después, toman pastel, café, y charlan con sus amigos. Entre medio incluyen media hora o una hora de Meditación de Transmisión y, al hacer esto, piensan que están sirviendo el Plan. Es realmente un gran espejismo. Si en realidad estás alineado quizás cinco minutos en una hora (de media), realmente no es mucho. Cinco minutos por hora una vez por semana es servir al Plan de evolución a duras penas. Es pretender servir al Plan de evolución. Digo esto con conocimiento de causa porque sé que muchas personas asisten a la Meditación de Transmisión muy ocasionalmente: incluso no cada semana, quizás una vez cada dos, tres o cuatro semanas. Aún y así, ellos consideran que están haciendo Meditación de Transmisión. Esa es su actividad de servicio, una vez por semana, o una vez por mes durante una hora o un par de horas como máximo, en las cuales podrían estar alineados, y por tanto realmente transmitiendo, durante cinco minutos.

Pongo un gran énfasis en esto porque es muy importante entender que si no estás alineado, no estás transmitiendo. Las energías proceden desde el nivel del alma y tienes que estar alineado con tu alma. Esa es la razón de mantener la atención en el centro ajna. Si no lo haces, sino que miras alrededor, o piensas en lo que comiste para cenar y qué pesado te ha caído al estómago, entonces con toda probabilidad no estás alineado para nada. La mayoría de personas tienen una atención muy pobre y por tanto un alineamiento muy pobre. Habiendo dicho esto, lo que salva todo, no obstante, es que la Meditación de Transmisión es tan poderosa, tan científica, que incluso estos pocos minutos son más valiosos en término de servicio y crecimiento personal que cualquier otra cosa que podrías hacer.

Los grupos japoneses, debo decir, tienen una actitud completamente diferente hacia la Meditación de Transmisión y el servicio en general. Es probablemente debido al 6º rayo del alma de Japón y la larga tradición que tienen los japoneses en relación a la meditación. Ellos se adaptan a la Meditación de Transmisión como patos al agua, como solemos decir. Les encanta, son buenos en ello, y poseen el récord mundial de alineamiento durante la Transmisión y por tanto están transmitiendo realmente. El tiempo medio de alineamiento en el mundo es aproximadamente cinco o seis minutos. Existen algunos, por supuesto, que hacen mucho más. Existen personas en Japón que están 55 minutos en una hora, y la mayoría está alineada durante 10 minutos en una hora. La media en Japón es aproximadamente 15 a 20 minutos por hora. Eso es transmitir realmente.

¿Cómo podemos estar seguros del alineamiento real?

Existe una forma de estar seguros del alineamiento real. Eso es polarizarse mentalmente. Si no estás mentalmente polarizado, encontrarás más difícil mantener el alineamiento. El verdadero alineamiento es el resultado de una constante polarización y foco en el plano mental o más elevado de eso.

La humanidad está experimentando un proceso de elevar gradualmente su foco de conciencia, el nivel general en donde actúa su conciencia, desde los planos astrales a los mentales. Durante 6 millones de años, durante la primera raza, la Lemuriana, la conciencia de la humanidad estuvo enfocada en el plano físico. No existe nadie en el mundo actualmente que sólo tenga conciencia del plano físico. Tenemos conciencia despierta en ese plano, así que es una realidad para nosotros, pero no es el foco de nuestra conciencia.

Para la inmensa mayoría de la humanidad, el foco de la conciencia ha subido hasta el plano astral. Este cambio de enfoque fue logrado por el hombre durante la raza raíz Atlante, que duró 12 millones de años. Llevó, por tanto, mucho tiempo para el hombre atlante perfeccionar el vehículo astral, que logró con tan buenos efectos que la mayoría de personas actualmente están aún polarizadas en el plano astral. El astral es el cuerpo más poderoso del individuo normal y corriente.

Somos miembros de la quita raza raíz, la Aria (que no tiene nada que ver con la idea de Hitler de Ario). Tenemos como objetivo evolutivo perfeccionar el vehículo mental, que sucede cuando una persona tiene conciencia en todos los cuatro planos mentales (existen cuatro subplanos mentales como que existen siete subplanos astrales). Cuando has logrado la polarización en estos planos y has elevado tu conciencia hasta el plano causal (el subplano más elevado del plano mental), has comenzado la polarización espiritual.

En términos de iniciación, la polarización astral, y por tanto el foco astral de conciencia, continúa hasta mitad de camino entre la primera y la segunda iniciación, lo que yo denomino 1.5. Por conveniencia, mi Maestro y yo hemos acordado esta definición de exactitud al hablar sobre el punto de evolución de una persona. Logras una gradación muy fina de grado, que significa nivel de conciencia, si lo haces de esta manera.

Alrededor de 1.5, comienza a tener lugar el cambio de la polarización astral a la mental. Si tienes 1.5, probablemente aún estarás astralmente polarizado, aunque de vez en cuando habrá un grado de polarización mental. Una oscilación entre el astral y el mental tiene lugar durante bastante tiempo hasta 1.6. Entonces puedes decir que esa persona está mentalmente polarizada, incluso si sólo está al comienzo de la polarización mental. Podría ser interesante indicar que la mayoría de nuestros actuales líderes mundiales están alrededor de 1.6, así que están al comienzo de la polarización mental. Obviamente son miembros avanzados de la humanidad, pero desde el punto de vista de los Maestros, aún están en las etapas elementales del discipulado.

En 1.6 comienzas a funcionar en el mundo de una forma del todo más poderosa. Tan pronto como alcanzas la polarización mental, tan pronto como puedas trabajar en el plano mental inteligentemente, tu influencia, poder y contribución al mundo aumentan, como lo indicó el Maestro DK, exponencialmente cientos de veces. Tal es la diferencia entre la polarización astral y la mental que moverse de 1.5 a 1.6 te proporciona cientos de veces más poder, influencia y efecto en el mundo, tan poderoso es el plano mental en comparación con el astral.

La polarización mental continúa hasta medio camino entre la segunda y la tercera iniciación. En ese punto la polarización cambia del plano mental al nivel del alma, y el alineamiento se completa. Podría oscilar durante algún tiempo, pero con el tiempo existe una polarización espiritual constante. La persona está entonces alineada automáticamente todo el tiempo. No se realiza esfuerzo para mantener el alineamiento. No realizamos ningún esfuerzo para tener conciencia en el plano físico o astral, es natural para nosotros. Sólo es cuando se trata del plano mental que muchas personas tienen un problema. El plano espiritual para la mayoría de personas es sólo una idea, algo que podrían tocar durante una meditación, pero no mucho más que eso.

¿Cómo puedes estar seguro del alineamiento real? Polarízate mentalmente y con el tiempo, por supuesto, polarízate espiritualmente, en otras palabras, hazte un iniciado.

¿Cómo podemos reconocer que estamos realmente alineados durante una Transmisión? ¿Cómo podemos saberlo?

Podría que algunas personas no puedan saberlo. La persona que está muy polarizada astralmente, cuyo cuerpo emocional está muy excitado y por tanto perturba su foco, muy probablemente no tendrán la atención para descubrir lo que es el alineamiento. El alineamiento entre la personalidad y el alma tiene lugar cuando mantienes tu atención en el centro ajna en el entrecejo. Este es el centro rector. Con el tiempo se convierte en la síntesis para todos los centros debajo suyo.

Si aún estás muy astralmente polarizado, podrías no tener mucha atención. El reconocimiento del alineamiento, y prácticamente en todo lo demás en el desarrollo de cualquier cosa, tiene que ver con la atención. Si no tienes la atención, no aprendes mucho. Si estás enseñando a un niño y el niño no presta atención, no aprende. Sólo aprendes aquello a lo cual prestas atención. Si deseas aprender muy bien, de hacer el máximo uso del tiempo y la energía que inviertes en cualquier trabajo, hazlo con total y completa atención excluyendo todo lo demás, completamente concentrado y atento a lo que estás haciendo.

Cuando alguien está hablando contigo y realmente deseas saber lo que te están diciendo (y no sólo estás siendo educado y estás pensando en tus propias cosas), tienes que darles tu atención. Cuando les das atención, escuchas, y normalmente recuerdas. Igualmente, puedes reconocer los chakras, puedes sentir si estás alineado o no, sólo cuando prestas atención a lo que está sucediendo. Durante una Meditación de Transmisión, las energías de la Jerarquía están pasando a través de los diversos chakras. Si tu atención se mantiene en el centro ajna, se crea automáticamente un alineamiento entre el cerebro físico y el alma, utilizando el canal de luz que denominamos antahkarana.

No estarías haciendo Meditación de Transmisión si no hubieras realizado alguna forma de meditación antes de esta vida. Todos vosotros habéis realizado mucha meditación en vidas anteriores, quizás las últimas cuatro o cinco, en las cuales habéis formado, hasta un grado considerable de eficacia, el antahkarana. Ese canal está hecho de energía y conecta el alma y el cerebro del hombre o mujer. A través de él, se mantiene el alineamiento entre el alma y el cerebro. Tan pronto como pones tu atención en el centro ajna, activas ese canal. Si no prestas atención a lo que te está pasando, no te haces consciente. La totalidad de la vida, descubriréis, la totalidad del desarrollo, es un proceso por el cual gradualmente te haces cada vez más consciente. Es un perfeccionamiento gradual de un instrumento de conciencia despierta. En la Meditación de Transmisión, es un instrumento a través del cual las energías son enviadas al mundo. Del mismo modo, es un instrumento por el cual el Ser puede demostrarse a Sí mismo, manifestado en el plano físico, porque esa es la naturaleza del servicio que tiene lugar a través del alma. El alma actúa al servicio del Ser. La personalidad con el tiempo actúa al servicio del alma.

¿Existen algunas normas básicas para el alineamiento y para saber cuándo se está alineado, o varía según los rayos, sensibilidad del cuerpo, etc.?

Ciertamente varía según la sensibilidad del cuerpo. Existen algunos cuerpos físicos que parecen estar hechos de madera o piedra, bastante insensibles a las energías que fluyen a través del cuerpo etérico.

No todos saben que tienen un cuerpo etérico. Han oído que todos tienen un cuerpo etérico, pero en lo que respecta a su propia experiencia, no son conscientes de ello. Esto tiene mucho que ver con el rayo físico, no el mental o de la personalidad. Podría tener que ver parcialmente (pero sólo parcialmente) con el nivel real de evolución. En grupos como estos, esto normalmente no es el caso porque todos tienen el mismo nivel de evolución, más o menos. Es principalmente debido a que tienen este tipo de cuerpo rígido o mineral que prácticamente les hace insensibles a su experiencia física y por tanto no queda registrado en su cerebro. Existe cierta dicotomía entre su sensación física y la capacidad del sistema computacional, que es su cerebro, de registrarlo. No significa que sean menos evolucionados. ¿Existen algunas normas básicas para el alineamiento? La primera norma es prestar atención. Realizad el esfuerzo concentrado de mantener la atención en el centro ajna. No sucede por sí solo. Si tienes la voluntad de practicar bien la Meditación de Transmisión, y de convertirte en un mejor instrumento para los Maestros de esta manera, tenéis que implementar vuestra voluntad. Hace el esfuerzo necesario. Practicad. Mantened la atención en el centro ajna. Practicad mantenerlo allí todo el tiempo durante el día. Y dejad de interrumpir y de distraer vuestra atención. Se necesita un foco mental positivo.

¿Durante la Meditación de Transmisión, deberíamos prestar atención a las energías que llegan al cuerpo, sintiendo el plano físico, o deberíamos simplemente enfocarnos en el centro ajna y no preocuparnos sobre sentir las energías en el cuerpo físico?

Depende del tipo de cuerpo que tengas. Algunas personas tienen una experiencia muy fuerte de las energías en el plano físico, en el cuerpo etérico. Existen aquellos que experimentan las energías de una forma u otra, pero quién dice que realmente no las sienten, en el sentido físico de la palabra. Sería inútil pedir a estas personas que se concentren en las energías en el plano físico porque no experimentan las energías allí. Si no experimentas las energías en el plano físico, clara y poderosamente, y tu atención está enfocada en el centro ajna, no veo cómo no puedes ser consciente de ellas, incluso si no te centras en ellas.

En mi caso, soy totalmente consciente de la experiencia en el plano físico, en los chakras etéricos, de las diferentes energías cuando llegan. Diferencio entre unas y otras, y cuál es la mezcla específica. Yo soy adumbrado por Maitreya, y Él está liberando la energía del Triángulo Cósmico. Él las baja hasta los planos, y luego las sube hasta los planos. Quizás el Avatar de Síntesis estará a cierto nivel, el Espíritu de Paz en otro nivel, el Buddha en otro nivel. Maitreya lleva las energías arriba y abajo, y yo observo cómo esto sucede. Yo no estoy diciendo que por tanto todos deberían observar, pero si observas lo que tu cuerpo etérico está experimentando, podrás con el tiempo comenzar a diferenciar entre los diferentes tipos de energía, cada cual única. Al comienzo de la Transmisión, menciono las energías que vienen, para que así las personas puedan aprender a distinguirlas unas de otras. Por otro lado, es perfectamente posible que las personas transmitan eficazmente sin reconocer una energía de otra.

Durante la Meditación de Transmisión, a veces no puedo sentir el centro ajna, aún cuando mi mente está calmada y percibo que mi

atención está en el sitio correcto. ¿Significa esto que (1) seguramente no estoy alineado, o (2) podría simplemente estar alineado pero no ser sensible del cuerpo etérico?

(1) No, no necesariamente. (2) Sí.

No sé si estoy alineado en una Meditación de Transmisión. De alguna forma parecería que no lo estoy, excepto por unos minutos a la hora. ¿Qué falta?

Lo que falta es atención. Y conciencia despierta. Presta atención a lo que realmente está sucediendo, a lo que experimentas mientras las energías son enviadas, con tu atención mantenida en el centro ajna.

Te volverás consciente de la actividad en este chakra. Podrías volverte consciente también de la actividad en otros chakras, de una vibración de la energía, un tipo de presión mientras las energías fluyen a través de los chakras. Cada vez que participas en una Transmisión, los chakras se expanden cada vez más de lo que ya estaban. Las energías estimulan la actividad de los chakras y su radiación al mundo, y deberías intentar hacerte consciente de esa energía que fluye realmente a través del chakra.

Cuando no estás alineado, cuando tu atención cae, como lo hace inevitablemente, podría seguir sintiendo energía y pensar que aún estás alineado. Pero el 99 por ciento de las veces estás simplemente percibiendo la vibración residual de la energía después de que haya pasado a través del chakra. Mientras estás alineado, existe un movimiento dinámico a través del chakra, pero tan pronto como dejas de estar alineado, la energía ya no está siendo enviada a través tuyo. La energía proviene del plano del alma, pero si no estás en contacto con el plano del alma a través del alineamiento, no puedes recibir la energía.

Tienes que reconocer que esto es así prestando atención. Reconoce la diferencia entre un flujo dinámico de energía a través del chakra y simplemente una vibración residual que existe después de que la energía haya pasado.

¿Está usted diciendo que debemos hacernos más sensibles al cuerpo etérico para reconocer si estamos alineados con nuestra alma y transmitiendo apropiadamente?

Es un requisito indispensable. El físico-denso proviene del físico-etérico que lo subyace. Los chakras existen no en el físico-denso sino en el etérico.

Por tanto, si deseas volverte consciente de los chakras, y así hacerte más sensible a la ida y venida de las energías y a los diferentes tipos de energías, porque todas ser perciben de forma diferente, tienes que hacerte consciente del cuerpo etérico.

¿Si no eres consciente de los chakras durante una Transmisión, es probable que no estés transmitiendo adecuadamente?

Puedes reconocer cuando estás alineado y transmitiendo adecuadamente si estás experimentando el flujo de energía a través del chakra. Realmente percibes la pulsación de la energía. Si no eres consciente del chakra, es posible que no estés realmente alineado y no estés transmitiendo. Podrías descubrir que tu atención está abajo en el plexo solar. Muchas personas tampoco sienten este chakra, pero dado que la mayoría de las personas están astralmente polarizadas, es el foco regular de su conciencia y por tanto de su atención, así que incluso no necesitan percibirlo. Pero puedes aprender a percibir también este chakra (plexo solar).

Es un chakra muy poderoso, un centro distribuidor, y puedes absorber energía del sol a través del mismo y cargarte a ti mismo cada día. Puedes cerrarlo (y así no derrochar tu energía), trabajar con él científicamente. Cuando eres consciente del chakra, descubrirás que puedes abrirlo y cerrarlo a voluntad, pero tienes que hacerte consciente del mismo en primer lugar como una unidad funcional en tu cuerpo etérico. Entonces obedecerá tu voluntad. Todo lo que le diga que haga, lo hará.

¿Es posible divagar en tu cabeza y pensar que estás enfocado en el centro ajna?

No sólo es posible sino que sucede todo el tiempo. Esa es la razón por la cual algunas personas realizan tres o cuatro minutos reales de Transmisión en una hora. Pensando que están enfocados en el centro ajna, en realidad están divagando. La divagación y la ensoñación son actividades astrales. La ensoñación es uno de los principales obstáculos para la correcta Transmisión, para cualquier tipo de meditación en realidad. Una gran cantidad de personas confunden la ensoñación con la meditación, y creen que las imaginaciones astrales que experimentan en ese estado son impulsos del alma o mensajes de Maestros o incluso Arcángeles, aunque sólo están cavilando subconscientemente.

La ensoñación, la divagación, experimentar esas experiencias imaginarias satisfactorias, inhiben el correcto pensar. Cada vez más, la raza tiene que aprender a utilizar el cuerpo mental, del cual apenas hemos arañado su superficie. Por tanto, es esencial elevar la conciencia por encima de la ciénaga astral hacia la luz de la mente a través de la cual el alma puede trabajar. Emplea tu mente, y la voluntad detrás de ella, sobre esta imaginación astral y de espejismo y divagación y sécala en su origen.

Defina exactamente la actividad mental que podemos y no podemos tener durante la Transmisión. ¿Existen símbolos que podamos visualizar o enfocarnos?

No existen desde luego símbolos que deberías visualizar o enfocaros en ellos. La actividad mental que podáis tener durante la Transmisión es en cualquier nivel que no interfiera con vuestro alineamiento. Descubriréis, sin duda, que cualquier tipo de nivel interfiere con vuestro alineamiento. Idealmente, deberíais estar tan constantemente alineados que podríais hablar, escribir, o lo que sea, y aún continuar estando en un alineamiento absoluto. Debería volverse tan instintivo, tan autosostenido como eso.

Dado que pocos tienen ese tipo de foco, tenéis que limitar la actividad del cuerpo mental. Eso sucede automáticamente cuando mantienes tu atención en el centro ajna. Si piensas OM, no existe mucho más que puedas pensar al mismo tiempo. Si piensas OM, descubriréis que inmediatamente todo el pensamiento que estabais realizando antes amaina. Vuestra atención está alineada, hasta que la perdéis y todo vuelve a comenzar: la mente traviesa se vuelve activa y tu atención vuelve a bajar. Cuando te das cuenta de ello, pronunciad OM y descubriréis que durante un tiempo, quizás segundos o minutos, de repente os encontráis en otro estado tranquilo, más dichoso, en el cual no existe actividad mental. No es necesario librarse de toda actividad mental para estar alineado, pero para la mayoría de personas la actividad mental es un estorbo para el alineamiento.

¿Cómo puedo tratar con la incomodidad física durante una Transmisión?

Encuentra una silla recta y confortable y utiliza un cojín si es necesario. Si estás realmente alineado, no serás demasiado consciente de tus sensaciones físicas. Sentirás como si tu cuerpo hubiera desaparecido. Casi dejarás de respirar. Descubrirás, cuando realizas la Transmisión correctamente, que hay largo períodos en los cuales no pareces respirar. La respiración es tan ligera, tan imperceptible, justo lo suficiente para mantener al cuerpo funcionando. Entonces, de repente, involuntariamente, realizas una gran inspiración de aire.

Las personas se complacen en todo tipo de distracciones en la Transmisión, que ellos piensan que no tienen importancia. La tienen, a menos que tengas un alineamiento constante e ininterrumpido entre tu alma y el cerebro físico. Entonces no tendrías que sentarte quieto, enfocado, prestando una tremenda atención. Sería automático. Hasta que tengas eso, importa. Debes tomártelo seriamente. Debes prestar atención y concentrarte. Si no te concentras, no prestas atención. Si no prestas atención, no serás consciente de lo que está sucediendo, excepto de que estás incómodo.

La cuestión es aprender a concentrarse, de ser consciente, de alcanzar ese foco de atención que se vuelve automático y tiene lugar tanto si haces esfuerzo como si no, o estás cómodo o no.

¿Es una buena idea interrumpir una Transmisión, caminar un poco para intentar ayudar al alineamiento, y luego continuar?

Las personas no pueden mantenerse alineadas durante mucho tiempo cuando están sentadas quietas intentando mantenerse alineadas. ¿Piensa que si se levantan, caminan un poco, se toman algo, charlan un poco, escriben unas líneas a sus amigos, realizan el pino, que de alguna manera eso ayudará a su alineamiento? ¿Si interrumpes tu concentración y atención tanto, es probable de que te ayude a alinearte mejor? Por supuesto que no.

¿Está bien durante la Meditación de Transmisión utilizar la visualización o la imaginación creativa para intentar mantener nuestra atención en el centro ajna, por ejemplo, imaginando una luz en el centro, o alguna otra cosa?

Está bien hacer esto pero no es necesario, y demasiado esfuerzo para hacer esto bien podría interferir con el alineamiento entre el cerebro y el alma que debe ser mantenido.

¿Durante la Meditación de Transmisión, es útil, o incluso apropiado, visualizar una conexión entre el centro ajna y el chakra coronario?

No. Es interesante cómo a las personas no les gusta la simplicidad, y siempre intentan complicar los métodos sencillos. La Meditación de Transmisión ha sido formulada por un Maestro que, pienso, se puede confiar que sabe mejor cómo debe realizarse. Por favor, mantenedla simple, como se ha presentado, sin visualización.

Usted ha dicho que uno quizás podía percibir una sensación en el centro ajna incluso si la atención había bajado. Es una especie de secuela de sentimiento. La cuestión es, ¿cómo uno diferencia entre los dos, y cuánto puede perdurar esa secuela de sentimiento y puede uno aún estar transmitiendo?

¿Dónde están mirando tus ojos? Tus ojos estarán mirando a través del chakra, en cuyo caso estás alineado allí, o no lo estarán. Existe un cierto tipo de negatividad que aparece cuando te centras en el plexo solar. Puedes deliberadamente experimentar el plexo solar mientras mantienes tu atención en el centro ajna. Es un empeño consciente.

Eso es diferente de literalmente dejar caer la atención hasta el plexo solar. Puedes hacer lo que quieras desde el centro ajna, si estás enfocado allí. Pero estoy hablando de dejar caer literalmente la atención y sucumbir en una negatividad astral. Puedes determinar si estás enfocado en el centro ajna o el plexo solar. Es un sentimiento. Simplemente puedes sentirlo. Tu sensación es en uno o el otro.

En la Sociedad de la Autorealización tienen una imagen de Babaji. Sus ojos miran hacia arriba hasta el punto que casi desaparecen. ¿Está él haciendo lo mismo que se nos pide a nosotros?

Si te encuentras con Babaji, sus ojos no estarían allí arriba. Él te miraría normalmente y diría: "¿Cómo estás?" Así es sólo como Él es visto en meditación. Su atención está allí arriba, en lo alto de la cabeza.

Cualquiera que medite en el chakra de la cabeza, el coronario, tiene que girar sus ojos hacia arriba. Pero cuando realizas Meditación de Transmisión, pones tu atención en el centro ajna, en el entrecejo. No está demasiado alto. Y puedes aprender a mantenerla allí indefinidamente. O puedes llevarla incluso más arriba, pero no necesitas hacerlo.

Un año intenté literalmente mirar hacia arriba internamente con mis ojos, y realmente tuvo una mala consecuencia con mis ojos físicos. Sería algo malo hacerlo en mi caso, poner el pensamiento allí.

Sí. El pensar es lo importante, no el girar hacia arriba los ojos. Todo lo que tienes que hacer es mantener la atención arriba. Eso no causaría tensión. Si lo haces de una forma rígida, los ojos oculares duelen. Pero si lo haces de una forma relajada, ellos se vuelven hacia arriba por sí mismos y se mantienen. Pienso que habrás sido muy rígido.

¿Está bien meditar con los ojos abiertos?

Personalmente no lo recomiendo. Es suficientemente difícil meditar con los ojos cerrados, sin intentar hacerlo con los ojos abiertos. Con los ojos abiertos, absorbes todas las experiencias que entran por los ojos, todas las sensaciones de luz, movimiento, personas, césped, aquello que tengas a tu alrededor. La meditación es girarse de ello. Es volverse hacia el alma. Si puedes excluir todo el entorno, en primer lugar, facilita mucho el contacto con el alma. Esa es la razón por la que cierras los ojos.

El instructor espiritual Muktananda habló de ver una perla azul en el centro ajna cuando estás alineado. Los sufíes hablan de ver una luz negra.

No es necesario. Puedes añadir todo tipo de posibilidades. Muchos instructores tienen, de sus instructores, tradiciones para hacerlo más fácil. Pero no tienes que ver nada para mantener tu atención allí. Simplemente es mover hacia arriba la atención. No tienes que visualizar el chakra. Lo puedes hacer si lo deseas. Puedes visualizar una bola de cristal, una luz negra, una perla, o lo que sea. Eso sólo es una ayuda para visualizar el chakra. Pero en la Meditación de Transmisión, todo el trabajo lo hacen por ti. No estamos invocando el alma. El trabajo es realizado por los Maestros, que envían la energía a través del chakra. Todo lo que tienes que hacer es mantener la atención para permitirles que lo hagan. Incluso no tienes que visualizar el chakra ni nada en el chakra. Éstas son dos funciones diferentes. Ellos no están haciendo Meditación de Transmisión. Ellos están enseñando a Sus discípulos a contactar con el alma, que no es lo que nosotros estamos haciendo. Estamos utilizando los chakras en forma correcta para que los Maestros puedan enviar Sus energías a través de nosotros. Eso simplemente implica el foco, eso es todo.

Mantener la Atención Elevada

Parece que tantos de nosotros estamos tan poderosamente enfocados en el plexo solar que tenemos dificultades en elevar y mantener la atención en el centro ajna. ¿Me pregunto, además de en la meditación, simplemente durante el curso del día, haciendo las cosas cotidianas, si hacer un esfuerzo consciente para trabajar en mantener la atención en el centro ajna puede ayudar a largo plazo en ser capaz de mantener la atención allí?

Tienes que aprender a trabajar desde el ajna. La mayoría de personas trabajan desde el plexo solar. Es una cuestión de polarización. Si estás por debajo de 1.5 a 1.6, estás astralmente polarizado. Eso significa que el foco de tu conciencia es el plano astral. Esto condiciona todo lo que hagas.

Si estás mentalmente polarizado, eso condicionará la reacción física. Si le dices a tu cuerpo que continúe con ello y permanezca sentado quieto, lo hará. Te olvidarás de ello, y hará su trabajo y se sentará allí. Los músculos te mantendrán derecho. Pero si caes en la naturaleza astral, que anhela la comodidad –es el deseo astral el que responde a la necesidad del cuerpo de comodidad, no sufrir dolor o rigidez o lo que sea– entonces tienes problemas. Esa es la razón de que las personas no puedan sentarse quietas. En este país, y obviamente sucederá en Japón y en otras partes, uno de los principales destructores de esta calma interior, la capacidad de concentrarse, es la televisión comercial. La extensión de la atención de cualquier persona, desde la niñez en adelante, es mínima. Se corta en trozos pequeños. Cualquier programa que estén viendo, en pocos minutos, de repente, ponen un anuncio publicitario. Hay una tonadilla publicitaria y un diálogo persuasivo, etc. y la atención queda hecha añicos. Luego, después de cinco minutos, se les devuelve al hilo de la historia. Luego vuelven a estar absortos, su naturaleza astral ha quedado satisfecha.

Pero este continuo giro y cambio del foco en la televisión comercial es, creo, un gran destructor de la concentración. No miréis televisión comercial y mantened vuestra atención en el centro ajna todo el tiempo.

Durante la Transmisión, creas el alineamiento entre el cerebro y el alma manteniendo la atención en el centro ajna. Pero cuando pasas el día, ¿estás creando el mismo alineamiento al mantener la atención allí?

Sí. Desde luego estás creando ese alineamiento y manteniendo ese alineamiento. Eso es lo que es el antahkarana.

¿Si sólo estamos alineados dos o tres minutos por hora en la Transmisión, y si las personas están alineadas en momentos diferentes, alguna vez en realidad se forma un triángulo?

Eres muy pesimista. Te sorprendería. Los alineamientos se sincronizan, durante unos pocos minutos intermitentemente, lo suficiente para que valga mucho la pena hacerlo. Esa es la cuestión. Son tan potentes, estas energías, que es lo más importante que podrías estar haciendo.

¿Es casi tan valioso intentar realizar la Meditación de Transmisión solo? ¿Puedes realmente atraer la atención de los Maestros? ¿Funcionaría?

Puede hacerlo. Si utilizas la Gran Invocación, la energía fluirá. No será lo mismo, porque no tienes el triángulo. El triángulo potencia toda la energía y es más seguro. Más energía puede enviarse de forma segura a través de un grupo de personas que están formadas como triángulos que a través del mismo número de individuos separados.

Durante el adumbramiento te enfocas en el centro coronario, pero mi atención parece regresar a mi centro ajna porque parece más poderoso.

No, sólo ha descendido, porque es más difícil mantenerla en lo alto de la cabeza.

¿Existen factores de seguridad a tener en cuenta para mantener la atención en el chakra coronario?

Sí, los hay. Es seguro mantener la atención en el centro ajna. Éste debería con el tiempo convertirse en el foco normal de tu atención. Éste es el centro rector desde el cual toda acción es llevada a cabo. Mantener la atención en lo alto de la cabeza sólo deber hacerse durante el adumbramiento cuando yo estoy presente. No es seguro para la mayoría de las personas mantener su atención en lo alto de la cabeza. El que lo hayan estado haciendo cuando yo estoy presente no significa que debáis continuar haciéndolo. El centro ajna es el centro seguro.

Pensar "OM" durante la Meditación de Transmisión

No puede comprender realmente qué significa "pensar OM" durante la Transmisión para mantener mi atención en el centro ajna. ¿Ves el OM?

No ves el OM, piensas OM. Es el pensamiento, el sonido del OM en el plano mental lo que utilizas, no verlo como OM escrito. Es el sonido del OM, aunque no produces un sonido. Pero en el plano mental estás produciendo un sonido.

¿Pensar OM? ¿Pensar el sonido de OM?

Pensar OM. Al igual que piensas en cualquier pensamiento. Pensad el pensamiento OM, no OM escrito, sino OM pensado.

¿Quizás la pregunta es, debería el OM generalizarse en tu cráneo o localizarse en el centro donde deseas que vaya tu atención?

Tiene que ser en la mente, allí donde esté tu actividad de pensamiento, que será tu cerebro. Piensas OM. Dices que tu nombre es John. Piensa John. O Alice. O Vera. Es un pensamiento como cualquier otro pensamiento. No lo piensas de forma diferente, pero la palabra misma es diferente, esa es la cuestión. El OM es un gran mantram.

Tiene que haber una forma de pensar la palabra en la cual escuches el sonido mejor que lo que lo estamos haciendo.

No lo oyes, lo piensas. Oír y pensar son dos cosas diferentes. Lo puedes hacer rápido o despacio, pero es pensamiento. No es diferente que cualquier otro pensamiento, excepto por su reverberación en la mente. Eso es lo que lleva tu atención al centro ajna. Es una vibración. Si pronuncias "OM" en voz alta, eso vibra a un cierto nivel. Si lo pronuncias debajo de tu respiración (silenciosamente), en otro. Si lo piensas, eso es lo más elevado.

¿Tiene la capacidad de sintonizar con el sonido interior dentro de la cabeza, el OM interior, algo que ver con el adumbramiento?

No.

(1) ¿Durante la Meditación de Transmisión, cuando uno se está concentrando en el centro ajna, es bueno respirar con un cierto ritmo? (2) ¿Al hacerlo, puede uno concentrarse mejor?

(1) Durante la Meditación de Transmisión es mejor no intentar regular o incluso ser consciente para nada de la respiración. En la práctica, si se mantiene verdaderamente la atención en el centro ajna, se verá que la respiración prácticamente se detiene durante períodos bastante largos y se reanuda con una inspiración súbita. Debería, en cualquier caso, ser ligera, en lo alto del pecho, y silenciosa. No realicéis ejercicios de respiración. (2) No. Simplemente te estás concentrando en la respiración.

¿Cómo se reconcilia el OM y la respiración?

No utilizas para nada el OM en relación a la respiración. Simplemente piensas OM. Puedes pensar OM en cualquier momento, tanto si estás respirando como si no. No es una cuestión de "con la exhalación" o "con la inhalación". Simplemente es cuando descubres que tu atención ya no está en el centro ajna que piensas OM. La reverberación en el plano mental del OM devuelve tu atención al centro ajna.

¿Envías fuera el OM?

No lo envías fuera. Lo piensas. Es mucho más sencillo de lo que las personas se imaginan. No debes realizar ningún tipo de ejercicio de respiración. Simplemente permite que la respiración siga su propio ritmo, y se hará cada vez más lenta hasta casi desaparecer. Mientras se reduce, descubriréis que vuestros pensamientos menguan. Cuando estás realmente enfocado, cuando tu respiración está calmada, justo la mínima para mantener el cuerpo funcionando, no hay pensamiento. Vas más allá del pensamiento.

Respiración y Pensamiento

Cuando la respiración mengua surge un súbito sentimiento de pánico, de leve asfixia.

Si tu respiración se reduce tanto, habrá un momento en el cual tendrás que respirar. Pero no debería haber pánico. No temáis. Simplemente realizad una inspiración. ¡Es fácil! No tienes que recordártelo. La reducción es instintiva, no la gobiernas, ni tampoco gobiernas cuándo realizar una inspiración. Tu cuerpo te lo dicta. Posee su propia inteligencia. Sabe cuándo necesita algo de oxígeno, y entonces realizará una inspiración. Olvídate de la respiración.

¿La respiración se reduce debido a que nuestro foco se aparta de la respiración hacia este foco que mantenemos?

Cuando te enfocas en el centro ajna, tu actividad mental se reduce. Se puede acelerar, lo sé. Pero si lo haces correctamente, descubriréis que surgen cada vez menos pensamientos en la mente. Al reducirse los pensamientos, la respiración se reduce, y viceversa.

Esa es la razón de que los principales ejercicios de yoga para controlar el pensamiento sean para controlar la respiración, porque el pensamiento y la respiración provienen de la misma fuente. Si realmente te enfocas en el centro ajna y lo mantienes allí con el OM durante largos períodos, descubriréis que no habrá pensamiento, y por tanto tampoco respiración. Entonces realizarás una inspiración y comenzaréis a pensar. Pronuncias OM nuevamente y todo el proceso se repite.

¿De qué fuente provienen el pensamiento y la respiración?

Encuentra esa fuente. Observa el pensamiento de "yo". Con cada pensamiento que surja en la mente, pregúntate: "¿Quién pensó eso?" Dirás: "Yo lo pensé". Retrocede: "¿Quién soy yo?" Rastrea esta sensación de "yo" y descubrirás que mientras lo haces, mientras retrocedes y retrocedes hacia la fuente del "yo", tus pensamientos se reducirán y también la respiración. Descubrirás que ambos provienen de la misma fuente. Experimenta por ti mismo de dónde provienen.

¿Está esto relacionado con lo que Maitreya dice: Cuando existe un espacio entre la respiración y el pensamiento, "Allí estoy yo"?

Sí. Esa es la razón por la que Él puede utilizar ese espacio. La cuestión es que lo que llamamos respiración es el pulso del universo. Toda la creación está respirando, y no estamos separados de eso. Nuestra respiración es la respiración, en este nivel, de ese gran latido que crea todo lo que podemos ver. Esa gran exhalación creó el universo, toda creación. No había nada, y luego hubo todo. Luego está la inhalación, en la cual todo regresa a su fuente. Tienes el movimiento hacia fuera de la creación, y el movimiento de retorno, involución y evolución. Nuestra respiración está íntimamente relacionada con esa respiración.

De lo que estoy hablando es de encontrar la fuente de la respiración, la fuente del pensamiento de "yo", el pensamiento primordial. Antes del pensamiento de "yo", eres. Pero tan pronto como piensas "yo", te separas de lo que eres. Descubre quién eres, quién tuvo el pensamiento de "yo". ¿Quién está pensando este "yo"?

Obtén es sentido de eso como el Ser, y descubrirás que lo que llamamos respiración, esta actividad que nos conecta con el universo, y el pensamiento de "yo", provienen de la misma fuente. Existe la creación. O eres eso, o aquello que la trae a la manifestación. Ve más allá del pensamiento de "yo". Ve más allá de la respiración y te descubrirás como el Ser, que está más allá de la creación, aquello que causó la respiración en primer lugar, aquello que respiró. Cuando detienes la exhalación y la inhalación, sólo hay causa. Tú eres esa causa. Experiméntala.

La Meditación de Transmisión y el Trabajo de la Reaparición

¿Es la Meditación de Transmisión una prioridad en el trabajo de la Reaparición?

Es una prioridad, pero no la única prioridad. El valor de la Meditación de Transmisión es que proporciona a los discípulos un campo de servicio sin parangón en su impacto en el mundo. Al mismo tiempo, proporciona un estanque, una gran reserva de energía y poder de la cual puedes disponer en cualquier momento. Eso te sustenta. En mi experiencia, los grupos mejores y más activos, los más efectivos, tienen en su base una buena y poderosa actividad de Meditación de Transmisión. El mismo tiempo, como campo de servicio, quema mucha de la carga del karma que retiene a las personas. El principal freno para la evolución es el karma. Cualquier cosa que te quite el peso del karma de tu espalda debería ser bienvenido, por más difícil que sea. Los obstáculos son oportunidades (kármicas) para superar y librarse del peso del karma, para resolverlo y avanzar rápidamente. La Meditación de Transmisión es la prioridad en el trabajo de los grupos de Meditación de Transmisión. Pero la primera prioridad es el trabajo de la Reaparición, dar a conocer el hecho de la Reaparición.

Las personas a menudo me preguntan hasta dónde deberíamos llegar en el empeño de diluir nuestro trabajo para la Reaparición juntándonos con otros grupos, realizando otros tipos de trabajo, involucrándonos en alimentar a los hambrientos, etc. Existe una gran cantidad de grupos sirviendo a la causa del hambre, muchos grupos preocupados con la pobreza, muchos poderosos, y más o menos efectivos, organismos trabajando en todo el mundo.

Sin embargo, nadie en el mundo, exceptuando este grupo, está involucrado en el trabajo de anunciar la presencia de Maitreya, creyendo que Él está en el mundo y actuando hacia ese fin. Existen muchos grupos realizando trabajo Jerárquico, que no creen, ni por un instante, que la Jerarquía se está exteriorizando y que el Cristo está en el mundo. Ellos trabajan de forma diferente, subjetivamente, quizás con menos intensidad, y menos en respuesta a lo que en realidad está sucediendo ahora. Ellos realizan un tipo más académico de trabajo esotérico, divulgando información, hablando sobre las diversas así denominadas escuelas esotéricas.

Todos surgen de la misma fuente Jerárquica. Todos reciben, más o menos, energía Jerárquica. La diferencia en su expresión son simplemente las diferencias en énfasis de la personalidad o expresión de rayos. Pero somos el único grupo que, de una forma muy consciente, está dando a conocer deliberadamente el hecho de la presencia del Cristo en el mundo.

Otros grupos, y existen muchos en todos los campos (político, económico, social, religioso, etc.), están realizando el trabajo de preparación. Ellos no lo denominan así, porque no saben que eso es lo que es. Ellos realizan este trabajo de una forma inconsciente, preparando al mundo, realizando los cambios que harán posible que la Jerarquía emerja.

¿Cuánto deberías involucrarte en otro trabajo? Eso depende de ti. Si sigues mi consejo, no diluyas tu tiempo y energía demasiado. No puedes hacer todo. No puedes cambiar el mundo individualmente o como un grupo, y ciertamente no de la noche a la mañana. Haz lo que sabes hacer, que es el trabajo de la Reaparición.

Esa es la razón de que estéis aquí. Si este grupo se hubiese formado simplemente para hablar sobre las millones de personas que padecen hambruna, para trabajar con Oxfam o quien sea, bien, existen cosas maravillosas que podrías hacer en muchas líneas diferentes de servicio que ahora están siendo abordadas por muchas personas. Pero, decidme, en qué otra parte existe un grupo que está haciendo lo que nosotros hacemos. Siendo esto así, es de sentido común dar a este trabajo de la Reaparición el máximo de tu tiempo, energía y esfuerzo.

Está teniendo lugar un 'debate sano' dentro de algunos grupos de Meditación de Transmisión: algunas personas piensan que es muy importante reunirse en grupos de estudio y 'grupos de debate esotéricos' mientras que otras personas piensan que la situación en el mundo y el trabajo cotidiano de informar al público, etc., necesita nuestra atención en este momento específico. ¿Podría por favor comentar y aconsejar?

Éste es un momento de crisis y tensión y requiere la atención y diligencia fijada de todos los grupos que trabajan para la Reaparición. Algunos grupos han 'reincidido' en el espejismo de 'grupos de estudios autodidactas' a expensas de informar al público sobre Maitreya y Sus planes. Ellos parecen haber decidido que el emerger de Maitreya tardará años y así no existe una urgencia especial de informar al público. Están equivocados, y no darán la talla.

Pienso que no era necesario que usted anunciara la idea del Día de la Declaración porque, para aquellos que practican la Meditación de Transmisión, el emerger de Maitreya no tiene mucha importancia. Nuestro propósito debería ser simplemente continuar y divulgar el servicio altruista como transmisores de luz a la humanidad. El anuncio de la idea de la Declaración infunde un sentido de expectación en la mente de los transmisores y podría conducir al peligro de esperar a Maitreya inconscientemente. Entonces el trabajo de Transmisión, que debería ser un servicio altruista, se volvería no para la humanidad sino para uno mismo y podría destruir la pureza de la Transmisión. (2) ¿O fue este (anuncio) realizado para poner a prueba a los transmisores?

Me temo que el que formula la pregunta malinterpretado totalmente el propósito que subyace a mi trabajo de anunciar la presencia y emerger de Maitreya, y la relación de la Meditación de Transmisión con ese evento y después del mismo.

Es precisamente para crear un sentido de expectación en la mayor escala posible que yo imparto conferencias y escribo. Lejos de ser un peligro para los transmisores, esta expectación, cuanto más consciente mejor, debería proporcionar una poderosa plataforma de lanzamiento para el servicio, la Meditación de Transmisión, y/u otras formas. Mi labor es informar a todo aquel que escuche, no sólo los que practican Meditación de Transmisión, sobre el Día de la Declaración, y realmente no llego a ver cómo esta información interfiere con el servicio altruista a la humanidad de cualquier persona. Aquellos que practican Meditación de Transmisión no deberían considerarse como un grupo de élite de alguna forma separado de la humanidad en su conjunto. Creo que todos necesitan la orientación y enseñanza de Maitreya, que Su emerger es importante para todos nosotros. Nada puede destruir la pureza de la Transmisión excepto los espejismos emocionales y las tendencias separatistas de aquellos que participan. (2) Huelga decir que mi anuncio del emerger de Maitreya se realiza con total seriedad de propósito y de ninguna manera para poner a prueba a nadie.

¿Después del Día de la Declaración, cuál será el beneficio práctico del trabajo de la Meditación de Transmisión a corto plazo?

La Meditación de Transmisión no es sólo una forma de distribuir energías para provocar la Declaración del Cristo. Es un proceso a largo plazo por el cual las energías Jerárquicas pueden ponerse a disposición de la masa de la humanidad a un nivel que pueda absorberse y utilizarse. También es un proceso que lleva a aquellos involucrados en su práctica a las Puertas de la Iniciación. Es una forma de cooperación con los Maestros de la Jerarquía para servir al mundo y, al mismo tiempo, un yoga de autodesarrollo de enormes beneficios prácticos para aquellos que participan en ella.

¿Cuál será el papel de los grupos de Transmisión después del Día de la Declaración?

La Meditación de Transmisión será una actividad continuada para vosotros en esta vida, la próxima vida, y así sucesivamente en el futuro durante el tiempo que querréis servir de esta manera. Habrá cada vez más grupos, y más grandes, en cuanto las personas encuentren esto una forma interesante de servir.

La energía de la Transmisión es básica para el proceso evolutivo. En todas partes existen grupos más evolucionados transmitiendo energía a grupos menos evolucionados, desde tan alto en el cosmos como podáis ir, hasta lo más bajo. Todo en el cosmos evoluciona en respuesta a la energía recibida de aquellos que están por encima.

Capítulo 10 – El Papel de la Meditación de Transmisión en el Desarrollo del Discípulo – Su Propósito Subyacente

El siguiente artículo es una trascripción editada de charlas impartidas por Benjamin Creme en las conferencias de Meditación de Transmisión celebradas en Estados Unidos y Holanda en 1987. A las conferencias asistieron miembros regulares de grupos de Meditación de Transmisión de Norteamérica y Europa. Las preguntas y respuestas relevantes surgidas durante las conferencias también han sido incluidas.

El trabajo de Meditación de Transmisión se ha extendido por todo el mundo, y el número de personas que se une o crea grupos de Transmisión crece todo el tiempo. Es interesante indicar que la información contenida en el siguiente artículo está dada por el Maestro de Benjamin Creme en este momento. Es, quizás, un buen ejemplo de la forma en que la Jerarquía imparte cada vez más enseñanza e información a discípulos cuando su desarrollo y capacidades lo permiten.

Hasta ahora, cuando hablaba o escribía sobre Meditación de Transmisión, ponía énfasis, en su conjunto, en su aspecto de servicio. Si la Meditación de Transmisión es en realidad algo, es indudablemente un acto de servicio al mundo.

Pero hay más que el servicio en la Meditación de Transmisión. No es posible transmitir estas grandes fuerzas espirituales a través del grupo sin que estos individuos sean transformados. Cuando las energías pasan a través de los chakras, estimulan e intensifican la actividad de los diversos chakras, sobre todo el corazón, la garganta y la cabeza. Debido a esto, la Meditación de Transmisión es probablemente el método más útil de crecimiento personal abierto para cualquier individuo actualmente. Es como un invernadero, un proceso forzado, por tanto, no es para todos. Pero para aquellos que están preparados para este estímulo es, por excelencia, el método de evolución rápida. En un año de Meditación de Transmisión sostenida y correcta, una persona puede realizar el mismo avance evolutivo como en 10 o 15 años de meditación ordinaria. Es por tanto un enorme estímulo para el proceso evolutivo.

Hasta ahora, la mayoría de mediaciones se han dado, al menos al comienzo, a grupos específicos que podían soportar la meditación, llevar a cabo su rigorosas normas y requisitos, y luego gradualmente darla a conocer más exotéricamente en el mundo. Éstas han ocupado su sitio como las diversas formas de meditación que habitualmente se usan en todo el mundo. Cada una de ellas es una técnica que nos pone en contacto con nuestra alma. De eso trata la meditación. Los Maestros, hasta ahora, han estado ocupados en llevar a los miembros más avanzados de la humanidad hasta un punto en el cual puedan contactar son sus almas y construir el antahkarana, el canal de luz entre el hombre o mujer en encarnación y el alma del individuo.

Un nuevo proceso completamente nuevo está teniendo lugar ahora. Una nueva energía está entrando en nuestro mundo, el 7º rayo de Orden Ceremonial, Ritual u Organización, como también las energías entrantes de Acuario que trabajan hacia la síntesis. Las energías acuarianas pueden percibirse, comprenderse y utilizarse sólo en formación grupal.

Hasta ahora, el mayor énfasis en el desarrollo ha sido en el discípulo individual. Eso ha sido necesario debido a la cualidad individualizadora del 6º rayo de Devoción o Idealismo, que ha dominado nuestro mundo en los algo más de 2.000 años. Este rayo está ahora saliendo de encarnación, y estamos cada vez más influenciados por el 7º rayo, que estimula la actividad grupal debido a su cualidad organizadora, como lo hacen las energías acuarianas al incidir en nuestras vidas.

Otro gran factor es la exteriorización de la Jerarquía Espiritual que, durante milenios, ha permanecido fuera de vista, oculta, en Sus retiros en las montañas y desiertos del mundo. Ellos están regresando al mundo ahora en una cifra bastante sustancial. Mi información es que existen ahora 12 Maestros en el mundo y Su número aumentará gradualmente hasta que haya, en los próximos 20 años o así, alrededor de 40 Maestros trabajando abiertamente en el mundo. [*Nota del Autor*: 14 Maestros en el mundo hasta 2015.]

Este suceso tan inusual trae en conjunto energías más potentes a nuestras vidas y abre totalmente nuevas posibilidades para la humanidad. Específicamente es así para los discípulos y aspirantes del mundo y para la Jerarquía en su plan a largo plazo de fusionar el centro, la Jerarquía, donde el Amor de Dios es expresado, y el centro, la humanidad, donde la Inteligencia de Dios es demostrada.

Esto conducirá, con el tiempo, a la fusión de los tres mayores centros, incluyendo Shamballa, "el centro donde la Voluntad de Dios es conocida". De momento, no obstante, en el período de los próximos 2.500 años, los Maestros de la Jerarquía trabajarán para la fusión gradual de Su centro y el de la Humanidad.

El mayor trabajo para el Cristo, como el Instructor del Mundo para este ciclo venidero, es llevar a la humanidad hasta la Jerarquía Espiritual, a través de los primeros dos portales, la primera y segunda iniciación. Éste es un plan a largo plazo, y se están dando pasos hasta cierto punto para llevar a cabo esto.

En lo que respecta a los discípulos, los Maestros trabajan tan poderosamente, tan específicamente, como los mismos discípulos permiten. Ninguna información, ninguna forma o técnica es retenida que podría ser aplicada o conocida de forma segura. Nosotros mismos condicionamos el grado en el que puede darse la enseñanza y las técnicas necesarias para el desarrollo futuro inmediato.

La Meditación de Transmisión es una de las principales formas de lograr un alineamiento entre los dos reinos, el Reino de Dios, la Jerarquía Espiritual, y el reino humano. Esto es así porque es una técnica que une la actividad de estos dos grupos. La Meditación de Transmisión es el medio por el cual la Jerarquía libera Su energía a través de grupos y que, al mismo tiempo, con los ajustes kármicos así realizados, les permite trabajar con estos grupos de una forma mucho más estrecha que fuera posible de otra forma.

Los Maestros, hasta ahora, han trabajado con grupos sólo si los grupos podían responder a Su impresión. Los grupos trabajan a través del trabajo iniciado por sí mismo o el alma, por la impresión Jerárquica o a través de la supervisión Jerárquica directa. Los discípulos veteranos trabajan bajo supervisión directa, y muchos de ellos trabajan a través de grupos que responden desde su propia influencia de alma, o desde una más bien lejana influencia de los Maestros.

Los Maestros están ansiosos de desarrollar un vínculo más estrecho, una relación de trabajo, con los discípulos del mundo. Al emerger, Su esperanza es que Ellos no permanecerán demasiado distantes de los discípulos trabajadores y será posible trabajar en una cooperación consciente más estrecha con ellos. Por supuesto que llevará tiempo desarrollar tal relación estrecha. La Meditación de Transmisión ha sido dada como un punto de partida para que esto tenga lugar. Lleva al hombre o mujer de una simple relación con su propia alma, a la creación, a través de la Transmisión grupal, de un alma grupal a través de la cual el Maestro puede trabajar.

La Meditación de Transmisión es el método por excelencia para que grupos creen su propia alma grupal. No es algo que uno realiza de forma consciente, sino que sucede a través de la actividad interrelacionada de los individuos del grupo.

La Meditación de Transmisión, debido a que tiene lugar desde el nivel del alma, proporciona gradualmente el campo en el cual el alma grupal puede sintetizarse. El alma grupal no es la suma total de los rayos individuales de un grupo, por muchos que estén involucrados, sino una síntesis de las fuerzas que conforman ese grupo. El grupo puede estar formado de personas de diversos rayos de alma, con una variedad de rayos de personalidad, mental, astral y físico. De la síntesis realizada por la Meditación de Transmisión surge una nueva y distintiva nota que el Maestro puede estimular y trabajar a través de la misma. Esto relaciona al grupo con un Maestro, no simplemente en un nivel individual sino en un sentido grupal. Los Maestros envían las energías a través del grupo siempre con dos propósitos en mente. En primer lugar, el servicio de distribución de Sus energías, y en segundo lugar (y para Ellos igual de importante), la transformación gradual de las cualidades de los individuos del grupo en un rayo de alma combinado, con un propósito específico dado al mismo por el alma del grupo. De esta forma, el grupo se convierte en una poderosa vanguardia para el trabajo de la Jerarquía Espiritual. Ellos pueden utilizar un grupo así a través de la estimulación y la impresión para realizar cierto trabajo que cualquier Maestro específico podría tener como parte de Su área específica del Plan.

El Plan general de evolución proviene de Shamballa. Traído por el Buddha a la Jerarquía, es delineado por el Cristo, el Manu y el Mahachohan. Cada Maestro toma una parte del Plan que Él sabe intuitivamente se amoldará a Sus propias habilidades, y busca desarrollar a través de Sus grupos la consecución de Su aspecto específico del Plan.

No se trata de un proceso de un solo sentido. El trabajo de los grupos mismos a menudo estimulan un desarrollo del Plan del Maestro. Yo sé, por ejemplo, que mi Maestro está realizando trabajo que Él nunca planeo hacer, responder preguntas, escribir libros, y dar estructuras de iniciados con sus puntos de evolución. Sin embargo, grupos de todo el mundo han evocado de mi respuestas que, a su vez, han provocado respuestas de mi Maestro, y estas han desarrollado y condicionado el trabajo que el Maestro ha realizado. Esto es un suceso extraordinario. Ésta es la forma en que los Maestros desean trabajar. Ellos parecen tener tiempo, energía y entusiasmo ilimitados para lo que para Ellos debe ser unas labores muy tediosas.

Recuerdo cuando los rayos se estaban recopilando para *Share International*. Yo tenía 578, no una cifra memorable para nada, y tenía una lista de más para hacer, algunos de ellos iniciados bastante elevados, yo percibía. Se estaba acercando el momento de la publicación y yo esperaba alcanzar los 600, dado que sería una bonita cifra redonda. El Maestro un día me dijo, bastante abruptamente: "Sabes, es tan bueno por tu parte de proporcionarme este campo de servicio. Es tan aburrido aquí arriba, sentado jugueteando con mis dedos pulgares, sin nada que hacer. Te estoy tan agradecido de que me des estos rayos para consultar. Estoy tan contento con esto". Vi gato encerrado. Él continuó: "No me pidas otra estructura de rayos de ningún tipo hasta que yo te lo diga, que será dentro de unos meses". Yo respondí: "Pero sólo tenemos 578 y me gustaría tener todos estos más". Él dijo firmemente: "No, ninguno más. En unos pocos meses quizás puedas". Yo dije: "Bueno, tenemos este iniciado de tercer grado, y ese podría ser uno de cuarto, realmente personas avanzadas". Supliqué: "Me gustaría tener una bonita cifra redonda, por favor". Finalmente Él accedió y dijo: "Muy bien, ese y aquel y eso es todo". Así que fueron 580. [*]

Él es tan amable, tan generoso con Su tiempo que el trabajo se realiza, y de esta forma Él ha dado al mundo información nunca dada antes, que para los estudiantes es absolutamente fascinante. Si uno mira al punto de evolución de personas como Mahatma e Indira Gandhi, Hitler, Julio César, o quién sea, pone las propias ideas sobre la evolución en perspectiva. Es extremadamente interesante y sé que un gran número de personas lo ha encontrado de enorme ayuda.

Ésta es la forma en la cual los grupos mismos pueden evocar de un Maestro trabajo que Él no anticipó hacer. Por supuesto, si un Maestro no tiene intención de hacer algo, no lo hará a menos que Él vea algún propósito que merezca la pena al hacerlo.

La Meditación de Transmisión ha sido dada para proporcionarnos un campo de desarrollo y para proporcionar a la Jerarquía misma un campo de expresión a través del cual Ellos pueden trabajar y juntar el reino humano y el Reino Espiritual. Su propósito subyacente es llevar a los grupos involucrados a través de los portales de la iniciación. A través de la iniciación, los dos reinos pueden fusionarse y, como ya se indicó, el principal objetivo del Cristo en esta era es llevar a la humanidad al Reino Espiritual.

La razón de que los Maestros, después de miles de años, puedan regresar al mundo es debido a que la humanidad está ahora preparada para entrar en el Reino de Dios, el Reino Espiritual. Después de 18,5 millones de años, la humanidad está preparada para realizar ese paso y para convertirse en el discípulo del mundo. Al fin la humanidad está llegando a la mayoría de edad y logrando ese primer paso hacia la divinidad. Éste es un acontecimiento extraordinario en el desarrollo de la humanidad y está detrás de la exteriorización de la Jerarquía.

El Maestro DK escribió (a través de Alice A. Bailey) sobre una forma especializada de Laya Yoga que sería el yoga de la Nueva Era. Laya Yoga es el yoga de las energías, de los centros. Esta forma especializada de Laya Yoga en realidad ya es conocida. Se denomina Meditación de Transmisión.

La Meditación de Transmisión es una fusión de dos yogas: Laya Yoga, el yoga de las energías, y Karma Yoga, el yoga del servicio. Combina precisamente estas dos formas más poderosas de evolución. Nada mueve tan rápido a un hombre o mujer por el sendero evolutivo como estar involucrado poderosa, potentemente, en alguna forma de servicio. Eso es Karma Yoga. Es la palanca del proceso evolutivo.

La otra palanca igualmente importante es la meditación. La meditación lleva a uno a contactar con su propia alma y con el tiempo a contactar con el Reino de las Almas. La combinación de estos dos, servicio y meditación, es el método más potente de impulsarse por el sendero evolutivo, llevándonos al sendero del discipulado, al sendero de la iniciación y finalmente a la Maestría.

Los Maestros denominan Su trabajo el Gran Servicio. Ellos están aquí sólo para servir. Ellos han hecho eso Su trabajo. Su razón de ser, porque Ellos saben que no hay nada más importante en todo el universo manifestado que el servicio.

El que exista un universo se debe a la actividad de servicio de la gran Conciencia que yace detrás del mismo y que lo trajo a la manifestación. La razón de que estemos en este planeta, como formas mentales en la mente del Logos creador, es debido a que el Logos mismo está sirviendo al Plan de evolución del Logos Solar. Somos parte de ese gran Plan y, si el Logos Solar ve el servicio como lo más importante de Su actividad, entonces pienso que, como tenues reflejos de esa deidad, podríamos concluir que nosotros mismos estemos para el servicio. No podría ser de otra forma. El servicio nos llevará de vuelta con el tiempo, en total conciencia Logoica, a identificarnos con el Logos del cual formamos parte.

La meditación y el servicio, unidos, proporcionan el medio. La Meditación de Transmisión reune a estas dos palancas tan poderosas del proceso evolutivo, Laya, el yoga de las energías, y Karma, el yoga del servicio. Ellas impulsan a las personas involucradas en ello rápidamente a lo largo de la última fase de evolución: el sendero de la iniciación.

La inmensa mayoría de aquellos que participan en el trabajo de Transmisión, como una parte realmente importante de sus vidas, invirtiendo tiempo y energía en ello, ya han tomado la primera iniciación, tanto si lo saben como si no. De otra forma, no estarían en un grupo de Meditación de Transmisión. No tendrían el deseo de servir de esta manera.

La mayoría de personas que entran en el trabajo grupal son atraidos a una actividad donde pueden verse, hablar de ellos, aprender sobre ellos. Están preocupados en avanzar y conocerse y desarrollar esa u aquella facultad. La 'Canalización' se ha convertido en 'la moda' en los grupos Nueva Era. La Meditación de Transmisión no proporciona el formato para todos estos tipos de cosas interesantes de la personalidad, es sólo sentarse sin hacer aparentemente nada. Nada parece estar sucediendo. Ciertamente no es algo sobre lo que puedas decir: "¿Sabes lo que sucedió esta noche? Supe quién fui en mi vida anterior". No puedes irte a casa y decir eso. Nadie te está diciendo quién fuiste, Cleopatra o quién sea. Simplemente estás sentado allí, permitiendo a las energías fluir a través tuyo. Algunas personas encuentran esto un poco difícil de ver como valioso.

Si lo haces, tienes que estar haciéndolo por el servicio que proporciona al mundo. Por tanto, si lo haces de forma consistente y concienzuda, casi seguro has tomado la primera iniciación. De otra forma, no estarías interesado.

Por tanto, la mayoría ha pasado a través de los portales al menos una vez y, como el Cristo dice en Su mensaje Nº 20: "Os llevaré hasta Él cuando estéis preparados, cuando hayáis pasado a través de los Portales dos veces, y os presentasteis ante Mi resplandecientes". Eso significa llevarles a la tercera iniciación.

Una de las obligaciones más importantes del Cristo es como 'Sustentador de los pequeños', como se lo denomina. Eso supone nutrir a aquellos que han tomado las dos primeras iniciaciones y prepararles para la tercera.

Uno ya es un iniciado cuando uno se presenta ante el Iniciador, el Cristo en las dos primeras iniciaciones y el Señor del Mundo en la tercera y más elevadas iniciaciones. De otra forma los chakras no podrían soportar el influjo de fuego del cetro de iniciación: en el caso de las primeras dos iniciaciones, el Cetro Menor como se lo denomina, utilizado por el Cristo, o, en la tercera y más elevadas iniciaciones, el Diamante Flamígero, que es cargado desde el Sol Central Espiritual y es enfocado a través de los chakras del iniciado por el Señor del Mundo.

Una de las principales labores del Cristo es estimular a los aspirantes y discípulos del mundo para que puedan pasar a través de los Portales' dos veces ante Él –tomar las primeras dos iniciaciones– y presentarse ante el Señor del Mundo mismo, tomar la tercera iniciación, y volverse divino.

Los Maestros piensan en la iniciación y de ser iniciado cuando has tomado la tercera iniciación. Las primeras dos son realmente preparatorias, integrando la personalidad, con sus cuerpos físico, astral y mental, en un todo. Así que la labor del Cristo es nutrir lo que parecen ser individuos pero que en realidad son grupos, porque detrás de cada individuo hay un grupo. Nosotros vemos los individuos, los Maestros ven los grupos.

Dado que Ellos están viniendo al mundo ahora, están estimulando al formación de grupos que en realidad se ven entre ellos, trabajan juntos, y crean a través de su actividad un alma grupal, vibrando a un ritmo específico. La vibración que el alma grupal misma genera a través de la Meditación de Transmisión y el servicio (que la Meditación de Transmisión es) puede entonces ser estimulada y utilizada por los Maestros y finalmente por Maitreya mismo.

La 'sustentación de los pequeños' tiene lugar en dos niveles. Aquellos que están preparados para tomar la segunda iniciación son estimulados directamente por Maitreya. Aquellos entre la primera y la segunda iniciación también son sustentados, ahora, por el proceso de adumbramiento. Cuando yo voy de grupo en grupo y Él me adumbra, se convierte en un adumbramiento grupal, y de esta forma Maitreya es capaz de hacer para ellos lo que Él no podría hacer de otra manera. La energía es 'reducida' hasta un punto donde es segura para el trabajo de nutrición. Es un experimento que Él ha emprendido dado que Él me adumbra de todas formas.

Todo lo que los Maestros hacen produce ramificaciones de esa misma actividad y así el trabajo genera más actividad y una mayor expresión de Su propósito.

El propósito subyacente, entonces, de la Meditación de Transmisión es proporcionar los medios, el estímulo, para llevar a los grupos involucrados al portal de iniciación. En primer lugar, está el estímulo energético que pasa a través de los chakras. Cuando las personas participan en el trabajo de Transmisión, sus chakras son estimulados de una forma más potente que lo que sería en otro caso. Nosotros mismos condicionamos el grado en el cual el estímulo tiene lugar. Con nuestro servicio, nuestra actividad, gradualmente desarrollamos un dinamismo en los chakras, que permite a los Maestros dar más. "Porque al que tiene, se le dará". Esto no significa que si eres rico recibirán más dinero. Significa que si tus chakras están abiertos, vibrantes y radiantes, puedes en realidad recibir más energía, porque magnéticamente la atraes y puedes recibirla de forma segura. Así que cuando participas en la Meditación de Transmisión, proporcionas a los Maestros un campo de trabajo en el cual el estímulo es exactamente, científicamente, proporcional a tu capacidad de servir. Ellos proporcionan la energía y, cuando la pones en uso, magnéticamente atraes más energía hacia ti con cada Transmisión en la cual participas. Tiene que ser continuado, por supuesto. Es un proceso dinámico y tiene que realizarse de forma consistente y regular.

Con cada Transmisión, gradualmente desarrollas una capacidad de recibir potencias más elevadas de las energías y expandes tu sensibilidad a diferentes energías.

Uno de los grandes experimentos llevados a cabo en la Jerarquía actualmente es la relación de los diferentes ashrams. Existen tres grandes departamentos: el del Manu, del Cristo y del Mahachohan, y luego los diversos ashrams de los rayos subsidiarios. El problema para la Jerarquía siempre ha sido encontrar grupos que puedan trabajar de una forma sofisticada. Por ejemplo, aunque el Maestro Moria está en el 1ᵉʳ rayo y el Maestro Koot Hoomi está en el 2° rayo, Ellos siempre trabajan juntos. Lo han hecho durante siglos, y no me cabe duda de que continuarán haciéndolo en los próximos 2.500 años, debido a la estrecha relación entre el 1er y 2º rayo. Así los Maestros del Amor y los Maestros de la Voluntad trabajan juntos en la más estrecha asociación y armonía, con una identidad de propósito y métodos de trabajo, que, aunque diferentes, interactúan y se corresponden en la necesidad interna como Ellos juzgan necesario.

En el campo externo, entre los discípulos, Ellos buscan lograr la misma situación. La Jerarquía es una totalidad de siete ashrams mayores, cada cual con seis ashrams subsidiarios, que suman en total 49. El objetivo final es que estos 49 ashrams deberían trabajar juntos en la más estrecha armonía y relación entre ellos. Una interacción funcionando de tal manera que cada uno contribuye con su propio y específico método de rayo al Plan en relación a todos los demás, no separada sino conjuntamente.

Ellos prevén un momento en el cual nosotros mismos trabajaremos en ese tipo de interrelación. Así que existe un experimento en marcha en la Jerarquía en el cual los grupos de Transmisión, en cualquier rayo en el que puedan estar, tienen la oportunidad de trabajar con rayos diferentes de los propios.

No sé si es cierto para grupos que no realizan Meditación de Transmisión, pero en los grupos con los cuales trabajo, este experimento se ha estado llevando a cabo desde 1974, cuando se formó el primer grupo de Meditación de Transmisión en Londres a petición de mi Maestro.

En algunos momentos en el curso de la Transmisión, cada grupo tiene la oportunidad de trabajar con rayos, de que se transmitan a través de ellos, que podrían ser bastante ajenos a sus estructuras de rayos. Las estructuras de rayos varían (un grupo podrían incluir más o menos todos los rayos), pero la mayoría de grupos tienden a tener, por atracción gravitacional, el mismo rayo de alma. He descubierto que los rayos de los países parecen determinar el rayo dominante de los grupos hallados en esos países. No es por casualidad, ni tampoco improvisado.

En este trabajo, los grupos son atraídos de todos los rayos debido a la fuerza específica sintetizadora y atractiva de este mensaje de la reaparición del Cristo y los Maestros de Sabiduría. Los grupos con los cuales trabajo son aquellos que han respondido a ese mensaje de alguna forma u otra. Tiende a atraer a personas cuya estructura de rayos le permite, más fácilmente que otras, ser atraídos al trabajo. No existen demasiadas personas, por ejemplo, que en el curso normal de las cosas, estén en política o economía o ciencia. Tienden a ser de los grupos metafísicos, o son personas que tienen un interés de 2º rayo en alguna de las disciplinas metafísicas. Lo que atrae a las personas a este trabajo es el hecho de que el mensaje sobre la reaparición del Cristo ha captado su imaginación. Su alma ha respondido. Su intuición les dice que es cierto o podría ser cierto y así ellos gravitan hacia el trabajo. Eso les pone en contacto con energías que luego utilizan de diversas formas.

La mayoría de personas en los grupos de Transmisión están en algún sitio entre la primera y la segunda iniciación y se están preparando para presentarse ante el Cristo y tomar la segunda iniciación, el Bautismo. Esto es el resultado de la polarización mental. La segunda iniciación se hace posible cuando el elemental astral está suficientemente dominado desde el nivel mental, a través de la polarización mental, para así debilitar su control sobre la naturaleza astral del individuo. Con nuestra actividad emocional captamos energía desde el plano astral a través de nuestro poderoso cuerpo astral, desarrollado durante unos 12 millones de años de la raza raíz atlante y ahora tan poderoso que domina a la mayor parte de la humanidad. Debido a su extraordinaria potencia, mantiene a la humanidad retenida en su naturaleza emocional, y con el tiempo debe ser controlado. Es creado de la actividad de vida de diminutos elementales astrales, al igual que nuestro cuerpo físico es creado de la actividad de los elementales físicos. Éstas son diminutas vidas dévicas que conforman nuestros cuerpos, físico, astral y mental. Son materia. Incluso nuestro cuerpo mental está hecho de materia del plano mental. Esa materia es creada por los elementales del plano. Ellos nos dominan o nosotros los dominamos. Con el tiempo, por supuesto, por la pura presión de la evolución, por la atracción del gran imán cósmico que lleva a la existencia a todo el ciclo evolutivo, somos llevados a un punto en el que debemos afrontar este problema: dominar primero al elemental físico y tomar la primera iniciación, luego el elemental astral y tomar la segunda iniciación.

La Meditación de Transmisión es literalmente un regalo de los dioses. Acelera el proceso permitiéndonos casi enseguida, comparado con ciclos previos, dominar el vehículo astral. No hay nada más potente para alcanzar la dominación de ese vehículo que la Meditación de Transmisión. Debido al método científico con el cual los Maestros trabajan, produce las condiciones en las cuales la polarización mental se hace posible.

La polarización mental comienza a medio camino entre la primera y la segunda iniciación. El número medio de vidas entre la primera y la segunda iniciación son unas seis o siete, y la mayor parte de ese tiempo se utiliza para ir de 1 a 1.5. Así que cualquiera que sepa que está alrededor de 1.5 debería comprender que si es lo suficientemente joven podría probablemente tomar la segunda iniciación en esta vida. Tan pronto como se alcanza la polarización mental, todo el proceso se acelera tremendamente.

Existe un plan muy importante que se relaciona con los grupos involucrados en la Meditación de Transmisión. Ellos verán al Cristo mucho más pronto de lo que piensan posible. No me refiero en el sentido de Su venida al mundo, eso está sucediendo de todos modos, sino de una forma mucho más personal. Aquellos involucrados en la Meditación de Transmisión que están ahora entre 1.4 y 1.5 casi con toda seguridad se presentarán ante el Cristo en esta vida y tomarán la segunda iniciación. La Meditación de Transmisión ha sido dada en este momento para permitir que esto suceda y proporcionar al Cristo y a los Maestros grupos muy potentes, ya formados en todo el mundo, que puedan actuar como estimulantes para el resto y así acelerar todo el proceso de evolución.

El Maestro DK ha dicho que lo más importante que puedes hacer para el mundo es controlar el vehículo astral y polarizarte mentalmente. Liberas los éteres del mundo del impacto de tu actividad astral, emocional que tanto los descolora. El plan, el propósito subyacente, es llevar a tantos grupos como sea posible con la mayor celeridad ante el Cristo en la segunda iniciación, así un gran grupo de personas preparadas en los grupos de Transmisión se presentarán ante Maitreya y recibirán la energía iniciática del Cetro.

Esa es la razón de que el Cristo actúe tan poderosamente en este proceso de adumbramiento para nutrir a los grupos. Él lo está haciendo ahora, experimentalmente, a través de mí para llevar a grupos de Meditación de Transmisión en todo el mundo al punto en el cual puedan presentarse ante Él y convertirse realmente en poderosos y activos trabajadores. Uno tiene que haber tomado la segunda iniciación para ser realmente activo de una forma en la que la Jerarquía pueda confiar: para trabajar inteligentemente, objetivamente, sin la interferencia del espejismo astral. Para realizar un buen trabajo objetivo para el Plan, uno necesita estar en o cerca de la segunda iniciación.

Ellos desean que todos pasen ese obstáculo, porque es enorme. La segunda iniciación es la más difícil de tomar de todas las iniciaciones. Esa es la razón de que tanta ayuda es necesaria para superar ese obstáculo.

Se me pide que os presente esta promesa y oportunidad: Iniciación en esta vida. ¡Ir a por ella!

[* La lista de iniciados ha sido reimpresa, junto con 40 nombres adicionales, como un apéndice de *La Misión de Maitreya, Tomo I*. Una lista adicional de 201 nombres apareció en un apéndice de *La Misión de Maitreya, Tomo III*. *La Misión de Maitreya, Tomo III* contiene la lista completa de 950 nombres.]

[*Nota del Editor*: Para más información sobre los rayos y las iniciaciones, ver *La Misión de Maitreya, Tomo I, II y III*, de Benjamin Creme.]

¿Podría describir el proceso evolutivo desde el punto de vista del discípulo, especialmente las etapas entre la primera y la segunda iniciación?

El discípulo es alguien que está *conscientemente* tomando parte en el viaje evolutivo. Huelga decir que toda la humanidad está evolucionando, ha evolucionado desde el hombre animal primitivo hasta el punto en el que nos encontramos ahora. Durante incontables eones de tiempo, ese proceso ha tenido lugar más o menos de forma inconsciente. El alma individual se encarna una y otra vez, arrastrada a la evolución por el imán de la evolución misma.

El discípulo, por otro lado, desempeña un papel muy consciente en este proceso, que conduce a una meta muy específico. La masa de la humanidad no sabe realmente que existe un punto final, una meta, al menos en lo relativo a este planeta.

El discípulo es alguien que sabe que existe una meta, y busca impulsar su evolución por sí mismo de una forma muy consciente. La meta que ve es, por supuesto, la perfección, la liberación de la necesidad de encarnarse en este planeta totalmente. El discípulo dispuesta y conscientemente se somete a sí mismo a la disciplina necesaria –eso es lo que supone ser un discípulo– para llegar finalmente a esa meta.

Existen cinco grandes puntos de crisis que marcan el proceso evolutivo. Son las cinco iniciaciones hacia la Maestría o Liberación. Después de eso no necesitas encarnarte en este planeta. Estas cinco grandes expansiones de conciencia, que es lo es la iniciación, cubre sólo las últimas pocas vidas del viaje evolutivo desde el hombre animal hasta el Maestro totalmente liberado. Lleva literalmente ciento de miles de experiencias encarnatorias antes que una personas pueda estar preparada para la primera iniciación. Cuando el alma ve a su vehículo acercarse a ese punto, quizás cuatro o cinco encarnaciones aún antes de la primera iniciación, lleva a su vehículo, el hombre o mujer en el plano físico, a contactar con alguna forma de meditación.

En esa primera instancia, podría ser realmente muy leve, la persona oye sobre meditación, lo intenta un poco, quizás dedique una pequeña parte de su tiempo practicándola. Finalmente llega una vida en la cual la persona invertirá una parte considerable de su tiempo dedicada a la práctica de alguna forma de meditación. No es la personalidad la que busca la meditación, es forzada a este proceso por el impulso del alma misma. En este sentido el alma es el primer Maestro.

Cuando, después de pasar varias vidas en un enfoque más serio hacia la meditación, la persona está preparada para la primera iniciación, el Maestro interviene y guía, prueba y prepara a la persona para estar extraordinaria primera expansión de conciencia.

En encarnación hay aproximadamente 800.000 personas que han tomado la primera iniciación. (Por supuesto, hay muchas fuera de encarnación que también han pasado por esta experiencia.) De 5.000 millones no son muchas. De aquellos que han tomado la segunda iniciación sólo hay 240.000 en encarnación; de la tercera, sólo entre 2.000 y 3.000. De aquellos que han tomado la cuarta iniciación, sólo hay unas 450 en el mundo actualmente. Las cifras son realmente muy pequeñas. Lo interesante hoy es que el proceso se está acelerando extraordinariamente. Ahora, varios millones de personas se encuentran en el umbral de la primera iniciación. Esa es la razón de que la Jerarquía, por primera vez en incontables miles de años, está regresando al mundo cotidiano, los discípulos están atrayéndoles de vuelta magnéticamente.

El discípulo probatorio es observado y puesto a prueba por un Maestro, en la frontera del Ashram del Maestro. Cuando él ha pasado sus pruebas y está preparado, entre a través del portal de iniciación en la Jerarquía y se convierte en un discípulo. Ese es el comienzo de un viaje del cual no hay retorno, la quema de las naves detrás del discípulo. Él puede malgastar muchas vidas, retenerse a sí mismo, pero él realmente ya no puede nunca más volver contra la corriente de la evolución.

Entonces él entra en un período en donde se libra una gran batalla entre su alma y su personalidad. El hombre o mujer en el plano físico se convierte en el campo de batalla por la posesión entre su vida de deseo de la personalidad y la vida espiritual del alma. Al final, aunque podría llevar algún tiempo, el alma, debido a que es más fuerte, gana.

La batalla puede librarse a lo largo de muchas vidas. Hay una media de seis a siete vidas entre la primera y la segunda iniciación. Es un obstáculo muy duro, y doloroso, al comienzo, para el discípulo. Él se encuentra que es estimulado en todos los frentes, mental, emocional y físicamente. Sus tres cuerpos son estimulados como nunca antes. La batalla tiene que librarse simultáneamente en los tres frentes. Cuando piensa que se las arregla con el enemigo que ataque su frontera física, se encuentra invadido en el frente emocional. Él utiliza todas las fuerzas de su personalidad para repeler al enemigo, y descubre que en el plano mental y en el plano físico, nuevamente, hay nuevamente fuerzas atacándole por la espalda. Al final, por puro agotamiento por la batalla, se rinde.

Se convierte en un discípulo aceptado bajo la supervisión y disciplina de un Maestro, trabajando más cerca del centro del Ashram de un Maestro. Entonces descubre que no está solo, y nunca lo ha estado, como pensaba, sino que realmente forma parte de un grupo, los miembros del cual probablemente nunca ha conocido en el plano físico. Él trabaja bajo la supervisión, no directamente de un Maestro, sino de un discípulo de uno de los Maestros. Él descubre que la batalla arrecia más y con más virulencia hasta que llega a un punto aproximadamente a mitad de camino entre la primera y la segunda iniciación.

De repente él ve un pequeño rayo de luz al final de un largo túnel. Él descubre que el cuerpo físico está obedeciendo su voluntad, y que el cuerpo más rebelde de todos, su cuerpo astral, (¡al menos, dos o tres veces de 100!) comienza a estar controlado. Él encuentra esto muy alentador, ve un camino adelante. Es aún una lucha, pero él ve que, si persiste en ello, hay esperanza.

Entonces descubre que es puesto en contacto con otras personas en algún trabajo grupal. Descubre que estas otras personas tienen exactamente las mismas experiencias, las mismas dificultades, y comprende que esto forma parte de su emancipación de su ignorancia, espejismo, ilusión, y comienza a ver el mundo y la realidad y a sí mismo como realmente son.

Para lograr todo esto, se ha dado la meditación al mundo. Es un proceso catalítico que permite al alma crear esta situación en relación a su reflejo. Controla su vehículo, mental, astral, físicamente, cada vez más, convirtiéndolo en un reflejo más puro de sí misma. El objetivo es hacer de su vehículo un reflejo perfecto de sí misma. Lo hace estimulando el ritmo vibratorio de cada uno de los cuerpos, físico, astral y mental, hasta que los tres están vibrando más o menos a la misma frecuencia.

El alma no tiene prisa. Tiene eones de tiempo, porque incluso no piensa en términos de tiempo. Sólo es el hombre o la mujer, la personalidad, que tiene la sensación de que esto lleva una eternidad. Nos parece que nunca nos liberaremos de estos controles físico, astral y mental que nos impiden expresarnos como el alma, el ser espiritual, que sabemos que somos, cuya inteligencia, amor y voluntad espirituales está demostrando e irradiando. Cuando ese punto es finalmente alcanzado, la tercera gran expansión de conciencia puede tomarse.

Éste es un punto decisivo en el proceso evolutivo. Desde el punto de vista de los Maestros, ésta es la primera iniciación. Las primeras dos son consideradas por ellos como iniciaciones preparatorias para esta primera iniciación verdadera del alma cuando el hombre o la mujer realmente se enalman –y por tanto se vuelven realmente divinos– por primera vez. Hasta entonces la divinidad está allí, pero solo en potencia.

Dos factores provocan esto: meditación de un tipo u otro, llevando al hombre o la mujer a contactar con el alma; el otro es el servicio, alguna forma de servicio altruista.

¿Podría explicar un poco más sobre Karma Yoga y Laya Yoga?

Karma Yoga es el yoga del servicio. Imaginaos a vosotros pasando por esta encarnación con una gran carga de karma sobre vuestros hombros, o arrastrándolo a vuestra espalda en un gran trineo sobre un terreno desigual. Tiras y tiras, pero se queda atascado en cada pequeño surco. Las obras y desmanes de vuestro pasado son todas transportadas contigo, no sólo de vuestras vidas pasadas, sino de ayer, la semana pasada, el año pasado, y cuando eras un niño.

Todo eso en nuestro karma. Todo aquello que alguna vez hemos puesto en marcha, cada efecto de cada causa conforma nuestro karma. Eso tiene que resolverse, los lazos kármicos deben desatarse, para que así podamos continuar y convertirnos en Maestros sin ningún karma personal. Ese es el objetivo del proceso evolutivo.

En términos de Karma Yoga, la Ley del Karma se convierte en la Ley del Servicio. Esta Ley nos proporciona la oportunidad de equilibrar el karma negativo creado durante muchas vidas. El Karma Yoga es servir al mundo tan desapasionadamente, tan desapegadamente, como uno pueda. Es como si existiese una gran balanza, en un lado de la cual se apilan nuestros desmanes pasados –el resultado de nuestras imperfecciones– y en el otro, nuestra actividad de servicio. Tenemos que arrojar cada vez más en ese platillo a través del servicio para gradualmente equilibrar esta carga de karma y resolverlo. El servicio quema el karma al equilibrar los dos. Eso es Karma Yoga.

Laya Yoga es el yoga de la energía de los chakras. Este yoga subyace la manipulación de las energías del cosmos, pero en el sentido en el cual las usamos, es el yoga por el cual los Maestros transmiten sus energías a través de los grupos. Es un yoga muy oculto realizado para nosotros por los Maestros. Ellos son expertos, Maestros Científicos. Cada segundo de cada hora, Ellos están transmitiendo y transformando las energías de alguna fuente extraplanetaria (protegiendo a la humanidad de aquellas que serían nocivas).

¿Os podéis imaginar tener tales científicos avanzados supervisando vuestra propia meditación? No obstante cada uno que practica Meditación de Transmisión entra en un campo de servicio tan sencillo que un niño de 12 años puede hacer, pero por otro lado se envían a través suyo energías de forma tan científica que se hace posible el avance más rápido por el sendero evolutivo. La Meditación de Transmisión se presentó al mundo en este momento porque sólo ahora se están formando grupos de discípulos que son capaces de manejar tales potentes energías, y trabajar conscientemente en formación grupal.

Gradualmente, asistiremos a los Maestros en la manipulación de estas energías y de esta forma les ahorraremos tiempo y energía.

¿Ahora que sabemos que podemos tomar la evolución en nuestras manos, es esto tan bueno para el mundo, en un sentido espiritual, como actuar de forma totalmente altruista en el servicio al mundo?

Sí, yo diría que sí. Aquello que tomas en tus manos y trabajas conscientemente será más resuelto y mejor dirigido que si lo haces sin dirección o propósito. Entonces el estímulo de la Voluntad entra en el proceso. La Voluntad es necesaria para proporcionar la fuerza motriz, dinámica hacia la iniciación. El servicio del tipo que sea gradualmente te llevará hasta el portal de iniciación. Laya Yoga, el proceso yóguico preciso y científico que la Meditación de Transmisión es, proporciona la dirección y potencia para el servicio que te impulsa hacia delante.

Una de las preguntas que a menudo surgen sobre Meditación de Transmisión es que las personas no son conscientes de los resultados. Ellas no ven un resultado de la Transmisión y se pregunta si de hecho están haciendo algún bien al mundo. Simplemente al servir, tienen que asumir en fe que están ayudando al mundo. No pueden ver el resultado de la Transmisión y decir: "Tal y tal suceso fue debido a mí. Eso sucedió debido a que tomé parte en esta maravillosa Transmisión la pasada noche". No puedes esperar ese tipo de causa y efecto en la Meditación de Transmisión. Pero lo que puedes ver es el cambio en ti. Y cuando sabes que en esta vida puedes tomar la segunda iniciación –y controlar el vehículo astral– eso por sí solo debería impulsarte a unirte a un grupo de Transmisión.

¿Si la energía del amor no es utilizada correctamente, cómo se manifiesta esto en el cuerpo físico?

Si la energía del alma, cuya naturaleza es inteligencia, amor y voluntad, no es utilizada correctamente, esto puede manifestarse como una enfermedad física, perturbación emocional y/o inestabilidad mental. Si practicas meditación correcta –no estoy hablando sólo de Meditación de Transmisión– y servicio correcto, descubrirás que todo se desarrolla normal y correctamente. No te enfermas, y si lo haces, es una enfermedad kármica, algo del pasado que tienes que afrontar. Existen dos tipos de enfermedades en el sendero del discipulado: la enfermedad, física, astral o mental, que es el resultado de la no utilización o uso incorrecto de la energía del alma; y, especialmente al final del sendero de la iniciación, enfermedades que son simplemente el fin para el individuo de la carga del karma.

Por ejemplo, analicemos el caso de dos iniciadas muy conocidas, H.P. Blavatsky y Alice A. Bailey, iniciadas de cuarto y tercer grado respectivamente. Estuvieron enfermas durante una parte considerable de sus vidas. En los últimos más o menos 12 años de la vida de Madame Blavatsky, padeció varias enfermedades, todas a la vez. Pero ninguna de estas enfermedades física le impidieron realizar su trabajo como una importante y experimentada discípula, trabajando con los Maestros, y entregando al mundo un conjunto invaluable de información. Igualmente con Alice Bailey. Estas enfermedades no son el resultado del uso incorrecto de la energía del alma. Al contrario, nadie podría haber utilizado su energía del alma más correctamente, más científicamente, más en línea con el propósito de sus almas, que estas dos iniciadas. Ambas eran individuos totalmente infundidos por el alma. En su caso, sus enfermedades fueron la retribución de deudas kármicas que finalmente les libraría del karma del pasado y les conduciría a al portal de la liberación.

En discípulos menores, las enfermedades son en gran medida el resultado de su no utilización o uso incorrecto de la energía del alma. Se 'estropea' en ellos y se vuelven neuróticos. Tan pronto como contactas con tu alma, contactas con fuerzas muy poderosas. Si no utilizas esas fuerzas en el servicio dañarán tus vehículos físico, astral o mental. Ésta es la razón de las enfermedades –principalmente psicológicas, nerviosas y astrales– del discípulo. Con meditación correcta y científica, un uso correcto de las energías invocadas en el servicio, el cuerpo físico, la naturaleza astral y el cuerpo mental pueden llevar a cabo sus propósitos de forma correcta, y la salud de todos ellos se mantiene sin ningún esfuerzo por parte del individuo.

El punto decisivo es 1.5, a medio camino entre la primera y la segunda iniciación. La mayor tensión tiene lugar entre 1.3 y 1.6. La persona se hace consciente de los espejismos del plano astral. Comprende que hasta ahora, casi todas sus respuestas a la vida han sido astrales, un espejismo e irreales. Esto ha sido el caso todo el camino hasta la primera iniciación. Mientras la persona está totalmente inmersa en los espejismos, no percibiéndolos para nada, no hay problema para ella, porque las reacciones son respuestas automáticas, astrales y emocionales, con las que se identifica completamente y se aceptan como reales. Pero alrededor de 1.3 hasta 1.5 o 1.6, comienza a reaccionar más desde el plano mental debido a que la influencia del alma se hace cada vez mayor.

La luz del alma, brillando a través del cuerpo mental sobre los espejismos, comienza a mostrar estas reacciones como irreales. Hasta este momento, la persona está bastante contenta con sus espejismos, sus ilusiones, sus reacciones irreales a la vida. Pero cuando ves que tus reacciones emocionales son irreales, que no son 'tú', es doloroso, y te hace sufrir. El impulso es, entonces, intentar hacer algo respecto a estas reacciones, librarte de ellas, y eso incrementa el sufrimiento, el poder del espejismo. Cuanto más nos esforzamos para librarnos de un espejismo, más poderoso lo haremos. Tenemos que aprender el arte de reconocer u observar a los espejismos, y a la irrealidad de nuestras respuestas, sin intentar cambiarlos. Simplemente observándoles y no dándoles energía, perecerán por falta de sustento. Ese proceso llega a su momento cumbre entre 1.3 y 1.6. Por supuesto, la naturaleza astral está siendo estimulada todo el tiempo por el alma y por ello es un momento muy difícil. La Meditación de Transmisión te ayuda en este proceso, porque en la Meditación de Transmisión gradualmente cambias la polarización del plano astral al mental.

¿Podría explicar cómo la Meditación de Transmisión ayuda a inducir la polarización mental?

Lo hace llevándonos a un estado de tensión espiritual más elevado. En ese estado más elevado, a través del trabajo de la Transmisión, nuestros chakras son cargados por las energías espirituales, y nuestros cuerpos físico, astral y mental son estimulados y galvanizados. Las impurezas del plano astral son traídas a la superficie y resueltas, y nos situamos en un estado más o menos continuado de tensión espiritual inusual. Por supuesto, esto sólo ocurre si la realizamos de forma regular y consistente.

Cuando los vehículos están cargados, el alma puede trabajar a través de ellos, galvanizándolos y 'controlándolos', incrementando así la tensión espiritual. Cada influjo de energía espiritual es una oportunidad para el alma de controlar su vehículo con más firmeza. Cuanto más lo hace el alma, más se vuelve el individuo mentalmente polarizado, porque es a través de la luz del alma trabajando a través del cuerpo mental que el cuerpo astral es controlado. El cambio a la polarización mental tiene lugar cuando el cuerpo astral es gradualmente controlado. Cuando está lo suficientemente controlado, tomamos la segunda iniciación.

Este proceso de crear y mantener –mantener es lo importante– una tensión espiritual continua en la vida, donde la aspiración se hace cada vez menos astral y cada vez más mental (y finalmente espiritual) permite al alma realmente trabajar a través de sus vehículos. Entonces la intuición entra en escena, y la luz del alma, a través de la mente, ilumina toda el área de espejismo astral e ilusión. Estos se disipan y controlan gradualmente hasta que estamos lo suficientemente despejados para tomar la segunda iniciación.

El proceso de polarización mental comienza alrededor de 1.5 y continúa hasta medio camino entre la segunda y la tercera iniciación. Así que la polarización mental no se completa hasta 2.5. Entonces comienza la polarización espiritual. La tensión espiritual entonces es tan completa que el alma es realmente el foco de la conciencia.

¿Si la media han sido seis o siete vidas entre la primera y la segunda iniciación, una vez que la Meditación de Transmisión de convierta en una parte normal de nuestro estilo de vida, cuál piensa que será el marco de tiempo medio?

Eso es imposible de determinar, pero obviamente se acortará espectacularmente. Cada discípulo que acelera su evolución contribuye a acelerar la evolución del resto. Siempre guarda relación con la intensidad espiritual que ejerzamos. La tensión espiritual generada en el planeta atrae a la Jerarquía de regreso al mundo, esa es la razón de que Ello están regresando. Esta forma especializada de Laya Yoga, la Meditación de Transmisión, está especialmente diseñada para acelerar la evolución del discípulo porque los Maestros están viniendo al mundo. Ellos blanden una fuerza tremenda. La potencia espiritual de estos Hombres es bastante extraordinaria. Un Maestro puede galvanizar la actividad de todos lo que están a Su alrededor. Cuando tengamos a 40 Maestros, además de Maitreya, trabajando abiertamente en el mundo, y un número mucho mayor de iniciados de cuarto grado (actualmente hay alrededor de 450) junto con más de todos los demás grados, entonces tendremos una intensidad espiritual en el mundo que hará posible que las personas vayan de la primera hasta la segunda iniciación en tres, dos y quizás con el tiempo una vida. No sé si será en esta era, pero ciertamente el tiempo se reducirá.

¿Cuáles son los requisitos para construir una estructura de rayos en un grupo? ¿Qué sucede cuando personas abandonan o se unen a un grupo en términos de la estructura de rayos del grupo?

Cuando personas de diferentes rayos entran y trabajan con el grupo, gradualmente sus rayos, su influencia, deja una marca en el grupo. Esto podría ser a nivel del alma, a nivel de la personalidad, a nivel mental, y podría ser también a nivel astral y físico. Pero a nivel del alma, personalidad y mental, tendrá una profunda influencia en un grupo, dependiendo de la madurez de las personas entrantes. Si son maduras, dejarán una marca en el grupo. Podría llevar tiempo, pero indudablemente cambiará al grupo, de esta forma la estructura de la personalidad del grupo cambia todo el tiempo. Es una situación fluida y si hablo sobre ello, parecería más rígida de lo que es. Es muy fluido y puedes imaginarlo como que cada miembro entrante lo influencia de una forma u otra.

¿Debe el grupo tener un cierto número de personas para construir una estructura de rayos, y tiene que tener un cierto número de personas para construir un alma grupal?

Decir 'un cierto número' es una frase demasiado precisa para utilizar en este respecto. Si hubiera tres personas suficientemente evolucionadas, sería suficiente. Normalmente cuando entro en una sala de Transmisión y veo solo seis personas allí, digo, "Ni siquiera tenemos quórum" y mi Maestro estima un quórum en unos siete. Y no es serio, pero Él siempre dice, "¿Qué, ni siquiera un quórum?" si hay menos de siete. Y no es que tenga que haber siete, al menos siete, porque como dije si están lo suficientemente evolucionados, tres son suficientes. El número de personas en grupos verdaderamente esotéricos siempre se mantiene en un mínimo más que en un máximo. Los grupos externos en el mundo van por el mayor número de personas, como los grupos políticos, etc. Ellos desean cientos y cientos, miles, millones de partidarios si pueden tenerlos. Las religiones hacen lo mismo. Pero los verdaderos grupos esotéricos son unas, digamos, tres personas o siete o 12 personas que trabajan bien y adecuadamente, en lo que se refiere al Plan. Doce es una cifra muy buena para trabajar en este respecto. No tiene que ser inmenso. Deseas muchos 12 en todo el mundo.

¿Cómo influencia la estructura de rayos de un grupo a la energía que se envía a través del grupo?

Es al contrario. ¿Cómo influencia la energía que se envía a través del grupo a la estructura de rayos u otro aspecto del grupo? No influencias a la energía, la energía te influencia a ti. Vivimos en un universo energético, no existe nada más que energía. La energía se aviene al pensamiento y así puede ser, y es manipulada por los Maestros y enviada a través de diferentes países y diferentes grupos según sus rayos. Los países son diferentes porque tienen diferentes rayos trabajando a través de ellos a nivel del alma, en el caso de los discípulos, y a nivel de la personalidad en otros. No, las personas no cambian la cualidad de las energías excepto que las utilizan bien o mal, pero no las transforman en otra cosa.

Los rayos hacen de Holanda lo que es Holanda y Francia lo que es Francia. Proporcionan a cada país su sabor y cualidad específico. Los rayos nos proporcionan a todos nuestras cualidades y atributos específicos en cualquier vida dada. Ellos podrían cambiar de vida en vida, excepto para el alma, que permanece igual por periodos muy largos de tiempo. Igualmente en los países. Los países pueden ser dominados por un rayo durante cientos de años y luego lentamente cambian, con la llegada de otro rayo. Un país como Japón, por ejemplo, estuvo dominado durante siglos por el 7º rayo a nivel de la personalidad. Ahora su personalidad está en el 4º rayo. Y ese 4º rayo está gradualmente tomando el control y empezando a excluir una demostración demasiado grande del 7º rayo. Pero si vives en Japón durante un periodo de tiempo dado, verás que ese 7º rayo está poderosamente presente, lo ha estado durante siglos y probablemente continuará siendo influyente durante bastante tiempo.

¿La formación de un alma grupal ayuda a la capacidad del grupo a tomar la segunda iniciación, o a acelerar el proceso?

Por la intensidad de su actividad, un grupo crea una tensión espiritual que a su debido tiempo se manifiesta como un alma grupal. Tiene una identidad grupal y hace sonar cierta nota. En el plano físico, es un tono dado por la personalidad del grupo. En el nivel del alma, es la nota dada a través de la intensidad del propósito espiritual del grupo, y eso gradualmente crea, a través de las relaciones entre las almas que conforman el grupo, una síntesis que es un alma grupal. Es la síntesis del poder del alma de ese grupo.

En el grupo no todos podrían tener el mismo rayo de alma. No obstante forman una entidad que se denomina alma grupal. Esa alma grupal, en relación al grupo en el plano físico, actúa más bien como tu propio grupo ashramico. Cada ashram está compuesto de individuos alrededor de un núcleo, un Maestro, que atrae a sí mismo a los diferentes discípulos que Él decide que puede permitir estar cerca de Él (se te tiene que mantener en la periferia durante un cierto tiempo para que no perturbes el trabajo grupal). Cuando hayas alcanzado y mantengas constantemente una cierta vibración, se te puede llevar más cerca del grupo y del Maestro, hasta que puedas trabajar bastante cerca de Él y le puedas ser realmente útil. Pero lo más importante que el discípulo debe saber, conscientemente, es que es miembro de esa alma grupal y que puede hacer uso de la energía del grupo.

 Cuando se crean almas grupales a través del trabajo de Transmisión, no están formando nuevos ashrams, sino que son diminutos sub-ashrams. De, quizás, ashrams diferentes, se juntan almas para formar otra entidad. Ésta se relaciona a través de las almas individuales con los diferentes ashrams y podría trabajar con varios de los rayos. El objetivo actual de la Jerarquía es permitir a los grupos utilizar todos los rayos, si es posible, pero ciertamente rayos que no están en su propia línea. Así que existe una interrelación que se está formando entre los diversos ashrams. Cuando un alma grupal se forma a través de la Meditación de Transmisión, tienes una entidad que puede ser utilizada por el grupo para sustentarse.

Puedes utilizar energía de ella como puedes utilizar energía desde tu propio grupo ashrámico.

La Transmisión está teniendo lugar realmente en el plano del alma. La Jerarquía está creando una gran red de luz en todo el planeta. Meditadores de todo tipo están construyendo esto, pero los grupos de Transmisión, específicamente, están todos conectados en el plano del alma.

Maitreya, a través del proceso de adumbrarme a mí, está construyendo una red a través de la cual Él puede potenciar a todos los grupos de Transmisión. Con el tiempo, cuando un gran número de personas hayan tomado la segunda iniciación en los grupos, Él será capaz de estimular directamente, a través de estas líneas de luz, a todas las personas en estos grupos de Transmisión. Él no necesitará actuar a través de mí entonces, sino que podrá hacerlo directamente.

(1) ¿Si una zona tiene grupos que son muy pequeños, sería beneficioso hacer un esfuerzo de unirse en un gran grupo cuando transmiten? (2) ¿Es importante que transmitan al mismo tiempo?

Sí, eso sería algo bastante útil, sólo lleva un momento hacerlo. Ellos mentalmente se unen durante unos pocos instantes y eso es todo, ya está hecho. (2) No tiene mucha importancia debido a que no existe el tiempo en ese nivel.

¿Existe un número mínimo de personas necesarias para que un grupo de Meditación de Transmisión forme un alma grupal?

Tres es un grupo en términos de Transmisión. En términos de alma, siete comenzarían a florecer como un alma. Siete personas ciertamente podrían ser capaces, por la intensidad de su interacción, de formar un alma grupal. Su estructura de rayos sería la síntesis de los diversos miembros del grupo, no sólo una suma de ellos, sino una síntesis. El alma grupal surgirá de la intensidad de su trabajo. El trabajo tiene que ser intenso, de otra forma no sucede.

¿De qué forma podemos reconocer a un grupo que comienza a desarrollar un alma grupal externa e internamente? Desde el punto de vista de los Maestros, ¿cuál es la diferencia entre un grupo que está empezando a desarrollar un alma grupal y uno que aún no lo ha hecho?

Nuevamente, es algo muy fluido y sé que estáis poniendo mucha atención en ello, y yo intento no hacerlo. El alma grupal es una situación espiritual que se desarrolla a través de la capacidad de las personas de poner sus almas frente a ellos en cada cosa que hacen. Así, si un grupo de 12 personas, digamos, o un grupo de siete personas o incluso un grupo de tres personas pueden hacer eso en todo lo que hacen, entonces su aspecto alma es el principal aspecto, en todo lo que hacen.

Maitreya dice: *"Yo estoy con vosotros y en vosotros. Yo busco expresar Aquello que soy a través de vosotros; por esto vengo"*. Él se refiere con eso a que Él proporciona estímulo a la esencia espiritual de nosotros, que es el alma. Él trabaja a través del aspecto alma de las personas, y cuando las personas aprenden a trabajar con el alma frente a ellos para que toda su actividad provenga del nivel del alma, están permitiendo que Él trabaje a través de ellos.

No deseo dictar qué métodos deberíais utilizar para dar a conocer esta historia. Cada persona encuentra su propia manera. Pero esa forma estará más o menos enalmada por tu energía del alma. Tienes que reconocer esto. Ves, al realizar este trabajo, que es importante permitir al alma dictar lo que es correcto y lo que es incorrecto que hagamos, y cuando tu alma es consciente, creas ese espacio para la energía de Maitreya.

Y es eso lo que afecta a las personas en el mundo. Cuando las personas ven *Share International* o piensan en Share International, ellos piensan en personas que tienen una cierta resonancia, que no necesariamente pueden expresarlo en palabras, pero ven a personas que son básicamente inofensivas y que poseen un implícito, inconcebible, espontáneo amor por la humanidad. Eso es lo que demuestra y lo que las personas ven si responden. Así que sin saber nada sobre el trabajo, ellos aman a las personas que se lo están mostrando. Ellos perciben algo, ellos perciben el alma en nosotros, y aquel que llamamos el Cristo es el alma en nosotros. Él es la encarnación del aspecto alma de la vida, eso es lo que le convierte en el Cristo. Tienes que permitir que Maitreya sea visto haciendo este trabajo, y eso desarrolla la cualidad que es la cualidad del alma en cualquier grupo. Él dice: "Llevadme en vuestro interior y mostradme al mundo". Cuando esa cualidad es demostrada por cada vez más personas en el grupo, ese grupo forma lo que denominamos un alma grupal. Así que no es algo rígido. Es una cualidad interna del alma que permites demostrarse, permites a Maitreya que trabaje a través tuyo. Él desea ser capaz de trabajar a través de personas como almas, y para mostrar el aspecto alma de la vida al mundo. Es más importante que cualquier demostración de la personalidad con literatura o lo que sea.

Es un estado de ser, y ese estado de ser es lo que cuenta en este trabajo, y lo que las personas ven y, a menos que estén terriblemente cerradas –puedo pensar en ciertos grupos fundamentalistas que no responderían a ello– la mayoría de personas responden. La mayoría de personas responden incluso cuando no desean tener nada que ver con el esoterismo. No desean conocer la historia, no desean hacer nada al respecto, pero no pueden evitar que les guste y respetar, incluso amar, a las personas que lo hacen.

¿Usted sabe si una Transmisión va a ser larga?

Una de las primeras normas del discipulado es olvidarse del tiempo. Esto es absolutamente esencial. Tienes que tirar tu reloj. Normalmente, nunca miro mi reloj durante la Transmisión. Simplemente continúas hasta que acaba por sí sola. O estás trabajando con la Jerarquía o no estás trabajando con la Jerarquía. Las personas tienen que comprender que estos Hombres, los Maestros, son serios. Nosotros no somos realmente serios. Encuentro que muchas personas que les encanta denominarse discípulos son más bien frívolas dado que si están realizando una hora de Transmisión creen que es algo tremendo. Dicen: "Somos un grupo de Transmisión, transmitimos durante una hora y luego tomamos té y pastel y charlamos". Eso no es serio.

Si vas a realizar Meditación de Transmisión apropiadamente, tienes que estar preparado a realizarla mientras fluyan las energías, que podría ser durante una hora pero probablemente más cerca de tres, o incluso cuatro o cinco horas. Tienes que estar preparado a cooperar con la Jerarquía, y no sólo encajarlo en tu vida ocupada o vida indolente o vida personal. Tienes que adecuar tu vida indolente personal a los requisitos de la Jerarquía si vas a ser un discípulo. Ser un discípulo significa ser disciplinado.

Crea un ritmo de trabajo y sostén ese ritmo. Entonces realmente trabajas de una forma disciplinada. En términos de tiempo, no es como decir: "Cada día voy a hacer esto". Entonces miras tu reloj: "Oh, aún no lo he hecho", o "Ahora lo he hecho". Es no es disciplina. Disciplina es estar preparado a estar en el lugar correcto en el momento correcto. Eso también es servicio. Disciplina y servicio son bastante parecidos.

¿Por qué se nos ha dado esa promesa de tomar la segunda iniciación? ¿No tendrá un efecto adverso, creando un sentimiento elitista o arrogancia entre algunas personas?

Ciertamente existe ese peligro, pero asumo que estamos tratando con personas con un cierto sentido de la proporción, una cierta objetividad, de otra forma no estarían involucradas en el servicio.

La razón de que esta información haya sido dada fue para iluminar al grupo, para elevar su esperanza y aspiración, y para enfocar su trabajo. El propósito fue dar una visión más cercana del trabajo de la Jerarquía, Sus planes a largo plazo, la forma en la que Ellos trabajan, y para alentar a aquellos que podrían encontrarse alrededor de 1.5. Saber que en esta encarnación probablemente se presentarán ante el Cristo y tomarán la segunda iniciación es una idea enormemente galvanizadora. No todos – algunas personas no van a hacer nada en cualquier sentido con ello– pero la mayoría de personas, sabiendo eso, que estén interesadas de la Meditación de Transmisión, deberían encontrar esto galvanizador, iluminador y alentador. Ese fue el propósito: informar, alentar y estimular.

¿Qué hay de las personas que invierten quizás sólo una hora a la semana en Meditación de Transmisión? ¿Es posible también para ellos la polarización mental y la segunda iniciación?

Yo me estoy dirigiendo a aquellos que están practicando Transmisión seriamente y ya están alrededor de 1.5. Una hora a la semana no es un ritmo muy intenso, más que eso es necesario, creo.

¿Por qué no hay más iniciados de segundo y tercer grado involucrados en grupos de Transmisión?

Inevitablemente, dado que no hay espejismo involucrado (aunque estoy seguro que las personas pueden crear espejismo casi de todo), atrae sólo a aquellos que han tomado al menos la primera iniciación y quizás la segunda iniciación. Eso no quiere decir que no existe espejismo en los grupos involucrados en Meditación de Transmisión. Existe mucho espejismo en todos los grupos involucrados. Pero el hecho de que las personas estén en grupos de Transmisión significa que en general no están buscando los espejismos normales de los grupos corrientes Nueva Era u ocultos. Son personas que están bastante genuinamente en el servicio, de otra forma no la harían. Pero los motivos podrían ser variados. Casi con toda seguridad habrá un grado de ambición espiritual en los individuos.

Si se miran a sí mismos, descubrirán que, a menos en parte, su motivo es su propio avance. Pero si hiciera que estar libre completamente de cualquier aspecto de espejismo fuese un requisito para participar en un grupo de Transmisión, no habría ningún grupo de Transmisión en el mundo.

¿Por qué no hay más iniciados de segundo y tercer grado en los grupos de Meditación de Transmisión? Las personas que han alcanzado la segunda y tercera iniciación probablemente estarán realizando un trabajo que no necesariamente implicaría la Meditación de Transmisión. No obstante, tanto si forman parte de un grupo de Transmisión formal como si no, cualquier persona de ese nivel transmitirá energía de una forma muy potente y resuelta, porque esa es la naturaleza de la realidad, vivimos en un universo energético. Pero ese iniciado de segundo o tercer grado podría estar trabajando en el campo político o económico o científico o educativo. Este trabajo más esotérico de Transmisión es sólo uno de los muchos campos de actividad.

Mao Tse Tung y Winston Churchill eran iniciados de tercer grado, nunca oyeron de la Meditación de Transmisión, no sabían lo que era, y probablemente no hubieran estado interesados. No obstante, eran transmisores de su energía de alma específica. En el caso de Winston Churchill, su alma de 2º rayo estaba detrás de sus acciones. Con Mao Tse Tung, su 1er rayo del alma estaba detrás suyo. (Su estructura de rayos era 1-1-1-2-1.) Estoy seguro que si hubieseis preguntado a Mao Tse Tung o Winston Churchill si eran iniciados de tercer grado, hubieran dicho: "¿Qué es eso?" No estaban lo más mínimamente interesados en lo esotérico.

¿Un grupo de personas con puntos de evolución ligeramente diferentes toman la iniciación al mismo tiempo, teniendo que esperar los ligeramente más avanzados a que lleguen los más lentos para así pasar a través del portal de iniciación juntos el mismo día?

Ese portal, por supuesto, es simbólico. El umbral hacia la iniciación es un estado de ser. No es realmente un portal ante el cual esperas fuera a que lleguen tus amigos y dices: "Hola, veo que habéis llegado", etc. No existe el tiempo fuera del cuerpo físico, y las iniciaciones tienen lugar fuera del cuerpo físico. En este tiempo venidero también tendrán lugar en el plano físico, y entonces podría ser que encontréis a vuestros colegas de pie ante el portal delante vuestro.

Las personas pasan por ello cuando están preparadas. Esto depende de su preparación, en términos ocultos, para la iniciación. Ocurre cuando el

Cristo y sobre todo, Sanat Kumara, el Señor del Mundo, han comprobado que están absolutamente preparados para la iniciación. El Señor del Mundo tiene que ser consultado y si Él dice: "No, aún no", regresan. No hay ensayo y error en esto. Tienes que estar preparado, de otra forma estarías muerto. Ellos son expertos. Ellos saben si tus chakras soportarán el impacto de la energía del Cetro dirigido por el Cristo a través de sus propios chakras y luego a través de los de dos Maestros. El iniciado está de pie en el centro de ese triángulo, y la energía circula y luego es focalizada por Ellos a través del iniciado, donde acumula un gran fuego que tiene como resultado una tremenda intensificación de su vibración. Pero, al mismo tiempo, él ya ha alcanzado ese punto, lo que lo hizo posible en primer lugar. Sin embargo, le lleva más allá de ello. Así que la respuesta a la pregunta es, no.

Cuando estás preparado y cuando las influencias astrológicas son correctas, puedes tomar la iniciación. Si estás preparado pero ellas no, entonces no puedes. Tienes que esperar hasta que las influencias astrológicas sean las correctas antes de que puedas tomarla. Podrías estar preparado y otra persona podría no estarlo, pero cuando ellas estén preparadas, podrían ser lo suficientemente afortunadas de tener las influencias astrológicas justo las correctas y podrían tomarla antes de ti, que estabas preparado antes que ellas. Es muy complejo. Es una iniciación grupal, incluso hoy, aunque la tomes individualmente. Los grupos son iniciados incluso cuando no se conocen entre sí. Ellos sólo lo ven como una cosa individual, pero desde el punto de vista de la Jerarquía, es una iniciación grupal.

La diferencia en el tiempo venidero es que los grupos realmente la tomarán también en el plano físico. El Cristo irá de país en país iniciando, en formación grupal, a grupos que se han preparado en diversas formas de trabajo –la Meditación de Transmisión no es la única forma– para este gran logro.

¿Aunque existen muchos grupos de Transmisión, no somos todos en conjunto un Grupo de Transmisión?

Sí, eso es cierto. Aquellos que trabajan conmigo, y hay muchas personas en muchos países, forman, desde el punto de vista del Maestro, un grupo, porque están involucrados en la misma actividad y están participando en este intento o experimento Jerárquico específico. Mi Maestro se ha hecho Él mismo responsable de llevarlo a cabo. A través de mí, Él está estimulando a grupos en todo el mundo –y por supuesto Maitreya incluso más– que, juntos, forman un grupo interno que podrá trabajar directa y estrechamente con Maitreya en este tiempo venidero. Este grupo, allí donde estén, forma una vanguardia para Maitreya: preparando el camino para Él; realizando Su trabajo en el mundo; y siendo exponentes de Su energía a través de quienes Él puede cambiar el Mundo. "Yo estoy con vosotros y en vosotros. Yo busco expresar lo que soy a través de vosotros. Por esto vengo".

La 'Mano' de Maitreya

Esta foto muestra la huella de la mano de Maitreya, manifestada milagrosamente en el espejo de un lavabo en Barcelona, España. No es simplemente una huella de mano sino una imagen tridimensional con detalle fotográfico.

Publicada por primera vez en la revista *Share International* (Octubre 2001), la 'Mano' es un medio para invocar las energías curativas y ayuda de Maitreya. Colocando la mano propia sobre ella, o simplemente mirándola, la curación y ayuda de Maitreya puede invocarse (sujeto a la Ley Kármica). Hasta que Maitreya emerja abiertamente, y veamos Su rostro, es lo más cerca que Él puede venir hasta nosotros.

"Mi ayuda está a vuestra disposición, sólo tenéis que pedirla."

Maitreya, el Instructor del Mundo, del Mensaje Nº 49

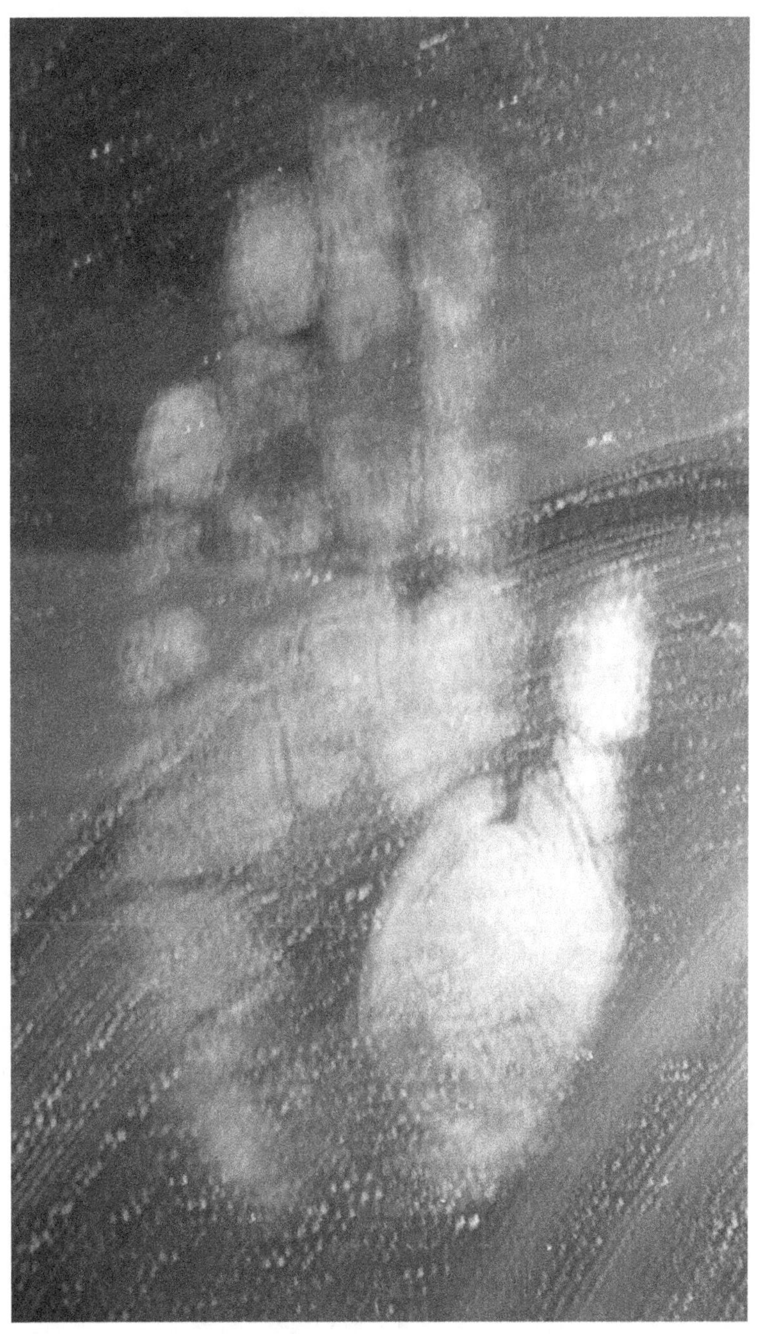

La Gran Invocación

Desde el punto de Luz en la Mente de Dios
Que afluya luz a las mentes de los hombres.
Que la Luz descienda a la Tierra.

Desde el punto de Amor en el Corazón de Dios
Que afluya amor a los corazones de los hombres.
Que Cristo retorne a la Tierra.

Desde el centro donde Voluntad de Dios es conocida
Que el propósito guíe a las pequeñas voluntades de los hombres—
El Propósito que los Maestros conocen y sirven.

Desde el centro que llamamos la raza de los hombres
Que se realice el Plan de Amor y de Luz
Y selle la puerta donde se halla el mal.

Que la Luz, el Amor y el Poder restablezcan el Plan en la Tierra.

La Gran Invocación, utilizada por el Cristo por primera vez en Junio de 1945, fue dada por Él a la humanidad para facultar al hombre a invocar las energías que podrían cambiar nuestro mundo y hacer posible el retorno del Cristo y la Jerarquía. Esta Oración Mundial, traducida a muchos idiomas, no está patrocinada por ningún grupo o secta. Es utilizada a diario por hombres y mujeres de buena voluntad que desean lograr correctas relaciones en toda la humanidad.

La Oración para la Nueva Era

Yo soy el Creador del Universo.

Yo soy el Padre y la Madre del Universo.

Todo viene de Mí.

Todo regresará a Mí.

Mente, Espíritu y Cuerpo son Mis Templos,

Para que el Ser realice en ellos

Mi Supremo Ser y Devenir.

La Oración para la Nueva Era, dada por Maitreya, el Instructor del Mundo, es un gran mantram o afirmación con un efecto invocativo. Será una herramienta poderosa en nuestro reconocimiento de que el hombre y Dios son Uno, de que no hay separación. El 'Yo' es el Principio Divino detrás de toda creación. El Ser emana del Principio Divino y es idéntico a él.

La forma más efectiva de utilizar este mantram es decir o pensar el texto con la voluntad enfocada, mientras se mantiene la atención en el centro ajna en el entrecejo. Cuando la mente comprende el significado de los conceptos, y se ejerce la voluntad simultáneamente, estos conceptos serán activados y el mantram funcionará. Si se dice sinceramente cada día, crecerá en ti una comprensión de tu verdadero Ser.

(Publicada por primera vez en *Share International*, Septiembre 1988.)

Libros de Benjamin Creme

(Ordenados según fecha de publicación en inglés)

La Reaparición del Cristo y Los Maestros de Sabiduría

El primer libro de Benjamin Creme proporciona la información básica y pertinente en relación al regreso de Maitreya, el Cristo. Colocando el acontecimiento más profundo de los últimos 2.000 años en su correcto contexto histórico y esotérico, Creme describe los efectos que tendrá la presencia del Instructor del Mundo tanto en las instituciones del mundo como en la persona normal y corriente. Los temas abarcan desde el alma y la reencarnación, a la energía nuclear, los ovnis, y un nuevo orden económico.

1ª Edición 1989. 2ª Edición 1994. 3ª Edición 2020 ISBN Nº 84-89147-56-0 (Share Ediciones). (Traducción de la 2ª Edición Inglesa)

Mensajes de Maitreya el Cristo

Durante los años de preparación para Su emerger, Maitreya dio 140 mensajes a través de Benjamin Creme durante conferencias públicas, utilizando el adumbramiento mental y la conexión telepática que surge de ello. Los Mensajes de Maitreya inspiran al lector para divulgar la noticia de Su reaparición y para trabajar de forma urgente en el rescate de las millones de personas que sufren de pobreza y hambruna en un mundo de abundancia. Cuando se leen en voz alta, los mensajes invocan la energía y bendición de Maitreya.

2ª Edición 2020. ISBN Nº 84-89147-57-7 (Share Ediciones). (Traducción de la 2ª Edición Inglesa)

Transmisión: Una Meditación para la Nueva Era

La Meditación de Transmisión es una forma de meditación grupal con el propósito de 'reducir' (transformar) energías espirituales que así se hacen asequibles y útiles para el público en general. Es la creación, en cooperación con la Jerarquía de Maestros, de un vórtice o estanque de energía superior para el beneficio de la humanidad.

Describe un proceso dinámico, presentado al mundo por el Maestro de Benjamin Creme en 1974. Grupos dedicados al servicio al mundo transmiten energías espirituales dirigidas a través de ellos por los Maestros de nuestra Jerarquía Espiritual. Aunque el principal motivo de este trabajo es el servicio, también es un poderoso medio de crecimiento personal. Se dan directrices para la formación de grupos de transmisión, junto con respuestas a muchas preguntas relacionadas con el trabajo.

2ª Edición 2020. ISBN Nº 84-89147-59-1 (Share Ediciones). (Traducción de la 6ª Edición Inglesa)

Un Maestro Habla, Tomo I

La Humanidad está guiada, desde detrás del escenario, por un grupo de hombres altamente evolucionados e iluminados que nos han precedido en el sendero de la evolución. Estos Maestros de la Sabiduría, como son llamados, raramente aparecen abiertamente, sino que en general trabajan a través de Sus discípulos – hombres y mujeres que influencian a la sociedad a través de su trabajo en ciencia, educación, arte, religión y política.

El artista británico Benjamin Creme es un discípulo de un Maestro con El cuál está en estrecho contacto telepático. Desde el inicio de la publicación de Share International, la revista de la cual Benjamin Creme es uno de los dos editores jefes, su Maestro ha contribuido con una serie de artículos inspiradores sobre una amplia variedad de temas: Razón e Intuición, La Nueva Civilización, Salud y Curación, El Arte de Vivir, La Necesidad de Síntesis, La Justicia es Divina, El Hijo del Hombre, Los Derechos Humanos, La Ley del Renacimiento – y muchos más.

El principal propósito de estos artículos es llamar la atención sobre las necesidades actuales y las de un futuro inmediato. Otra función es dar información sobre las enseñanzas de Maitreya, el Maestro de todos los Maestros, que está en Londres desde 1977 preparándose para Su misión como Instructor del Mundo para toda la humanidad. Esta nueva y ampliada edición contiene todos los 222 artículos de los primeros 22 volúmenes de Share International.

2ª Edición 2020. ISBN Nº 84-89147-58-4 (Share Ediciones). (Traducción de la 3ª Edición Inglesa)

Un Maestro Habla, Tomo II

La Humanidad está guiada, desde detrás de la escena, por un grupo de hombres altamente evolucionados e iluminados que nos han precedido en el sendero de la evolución. Estos Maestros de la Sabiduría, como son llamados, raramente aparecen abiertamente, sino que en general trabajan a través de Sus discípulos – hombres y mujeres que influencian a la sociedad a través de su trabajo en ciencia, educación, arte, política y cada esfera de la vida.

El artista británico Benjamin Creme era un discípulo de un Maestro con el cuál estaba en estrecho contacto telepático. Desde el lanzamiento en 1982 de la publicación de Share International, la revista de la cual Benjamin Creme era el editor fundador, su Maestro ha contribuido con una serie de artículos inspiradores sobre una amplia variedad de temas: La fraternidad del hombre, El fin de la guerra, Unidad en la diversidad, Salvar el planeta, Las ciudades del mañana, y muchos más.

El propósito de estos artículos es, en las propias palabras del Maestro, "presentar a los lectores de esta revista un retrato de la vida que está por delante, inspirar un enfoque positivo y feliz a ese futuro y equiparles con las herramientas de conocimiento con las que tratar correctamente los problemas que a diario surgen en el camino. Desde Mi situación de privilegio en experiencia y visión, he buscado actuar como 'vigilante' y guarda, para advertir del peligro cercano y permitirte a ti, el lector, actuar con valor y convicción en el servicio al Plan."

Un Maestro Habla, Tomo II, contiene todos los artículos publicados en la revista Share International de Enero de 2004 hasta Diciembre de 2016.

1ª Edición 1995. ISBN Nº 84-89147-53-9 (Share Ediciones). (Traducción de la 1ª Edición Inglesa)

La Misión de Maitreya, Tomo I

El primer libro de una trilogía que describe con amplitud adicional el emerger de Maitreya. Este tomo puede considerarse como una guía para la humanidad mientras realiza su viaje evolutivo. Se cubre una amplia gama de temas, como: las nuevas enseñanzas del Cristo, meditación, karma, vida después de la muerte, curación, transformación social, iniciación, papel del servicio, y los Siete Rayos.

2ª Edición 2020. ISBN Nº 84-89147-60-7 (Share Ediciones). (Traducción de la 3ª Edición Inglesa)

La Misión de Maitreya, Tomo II

Este volumen contiene una variada colección de las enseñanzas de Maitreya a través de Su colaborador, Sus muy precisas predicciones de acontecimientos mundiales, descripciones de Sus apariciones personales milagrosas, e información de fenómenos y señales relacionados. También contiene entrevistas únicas con el Maestro de Benjamin Creme sobre temas actuales. Tópicos relacionados con el futuro incluyen nuevas formas de gobierno, colegios sin muros, energía y pensamiento, la Tecnología de la Luz venidera, y el arte de la realización del Ser.

2ª Edición 2020. ISBN Nº 84-89147-61-4 (Share Ediciones). (Traducción de la 1ª Edición Inglesa)

Las Enseñanzas de la Sabiduría Eterna

Una perspectiva general del legado espiritual de la humanidad, este libro es una introducción concisa y fácil de entender de las Enseñanzas de la Sabiduría Eterna. Explica los principios básicos del esoterismo, incluyendo: la fuente de la Enseñanza, el origen del hombre, el Plan de evolución, renacimiento y reencarnación, y la Ley de Causa y Efecto (karma). También incluye un glosario esotérico y una lista de lectura recomendada.

2ª Edición 2020. ISBN Nº 978-84-89147-69-0 (Share Ediciones). (Traducción de la 1ª Edición Inglesa)

La Misión de Maitreya, Tomo III

Benjamin Creme presenta una visión convincente del futuro, con Maitreya y los Maestros ofreciendo abiertamente Su orientación e inspiración. Los tiempos venideros verán la paz establecida; el compartir de los recursos mundiales como norma; la conservación de nuestro medio ambiente como la máxima prioridad. Las ciudades del mundo se convertirán en centros de gran belleza. Creme también analiza a 10 famosos artistas – incluyendo a da Vinci, Miguel Angel y Rembrandt – desde una perspectiva espiritual.

2ª Edición 2020. ISBN Nº 84-89147-62-1 (Share Ediciones), 682 páginas. (Traducción de la 1ª Edición Inglesa)

El Gran Acercamiento: Nueva Luz y Vida para la Humanidad

Aborda los problemas de nuestro mundo caótico y su cambio gradual bajo la influencia de Maitreya y los Maestros de Sabiduría. Cubre temas como compartir, EEUU en un dilema, conflictos étnicos, crimen, medio ambiente y contaminación, ingeniería genética, ciencia y religión; educación, salud y curación. Predice extraordinarios descubrimientos científicos venideros y muestra un mundo libre de guerra donde las necesidades de todas las personas son satisfechas.

Primera Parte: "La Vida Futura para la Humanidad"; Segunda Parte: "El Gran Acercamiento"; Tercera Parte: "La Llegada de una Nueva Luz".

2ª Edición 2020. ISBN 84-89147-63-8 (Share Ediciones). (Traducción de la 1ª Edición Inglesa)

El Arte de la Cooperación

Trata de los problemas más acuciantes de nuestros tiempos, y sus soluciones, basándose en las Enseñanzas de la Sabiduría Eterna. Encerrados en la vieja competencia, intentamos solucionar los problemas utilizando métodos anticuados, mientras que la respuesta –la cooperación– yace en nuestras manos. El libro muestra el sendero hacia un mundo de justicia, libertad y paz a través de un creciente aprecio por la unidad que subyace toda vida.

Primera Parte: "El Arte de la Cooperación"; Segunda Parte: "El Problema del Espejismo"; Tercera Parte: "Unidad".

2ª Edición 2020. ISBN 84-89147-64-5 (Share Ediciones). (Traducción de la 1ª Edición Inglesa)

Las Enseñanzas de Maitreya: Las Leyes de la Vida

Presenta las Leyes de la Vida, la visión directa, simple, no doctrinaria y profunda de Maitreya. Revelando la Ley del Karma, o Causa y Efecto, estas extraordinarias predicciones de sucesos mundiales fueron dadas por Maitreya entre 1988 y 1993, publicándose por primera vez en la revista *Share International*. Editadas por Benjamin Creme.

Pocas personas podrían leer estas páginas sin experimentar un cambio. Para algunos, los extraordinarios comentarios sobre temas de actualidad les serán de gran interés, mientras que para otros conocer los secretos de la realización del ser, la sencilla descripción de la verdad experimentada, será toda una revelación. Para las personas que busquen comprender las Leyes de la Vida, estas sutiles y profundas revelaciones les conducirán rápidamente hasta el centro de la vida misma, y les ofrecerán un simple sendero que conduce hasta la cumbre de la montaña. La unidad esencial de toda vida se desvela de un modo claro y significativo. Jamás las leyes según las que vivimos se han descrito de una forma tan natural y liberadora.

2ª Edición 2020. ISBN 84-89147-65-2 (Share Ediciones). (Traducción de la 1ª Edición Inglesa)

El Arte de Vivir: Vivir dentro de las Leyes de la Vida

En la Primera Parte, Benjamin Creme describe la experiencia de vivir como una forma de arte, como la pintura o la música. Alcanzar un nivel elevado de expresión requiere tanto el conocimiento como el cumplimiento de ciertos principios fundamentales como la Ley de Causa y Efecto y la Ley del Renacimiento, todo descrito con detalle. La Segunda y Tercera Parte explican cómo podemos emerger de la niebla de la ilusión para convertirnos en un todo y una conciencia despierta de uno mismo.

Primera Parte: "El Arte de Vivir"; Segunda Parte: "Los Pares de Opuestos"; Tercera Parte: "Ilusión".

2ª Edición 2020. ISBN 978-84-89147-66-9 (Share Ediciones), 272 páginas. (Traducción de la 1ª Edición Inglesa)

Maitreya, el Instructor del Mundo para Toda la Humanidad

Presenta una perspectiva general del retorno al mundo cotidiano de Maitreya y Su grupo, los Maestro de Sabiduría; los enormes cambios que la presencia de Maitreya ha suscitado; y Sus recomendaciones para el futuro inmediato. Describe a Maitreya como un gran Avatar espiritual con un amor, sabiduría y poder inconmensurables; y también como un amigo y hermano de la humanidad que está aquí para liderarnos hacia la Nueva Era de Acuario.

2ª Edición 2020, ISBN 978-84-89147-67-6 (Share Ediciones). (Traducción de la 1ª Edición Inglesa)

El Despertar de la Humanidad

Un libro asociado a El Instructor del Mundo para Toda la Humanidad, que resalta la naturaleza de Maitreya como la Personificación del Amor y la Sabiduría. Mientras que El Despertar de la Humanidad se centra en el día en que cual Maitreya se declarará a Sí mismo abiertamente como el Instructor del Mundo para la era de Acuario. Describe el proceso del emerger de Maitreya, los pasos que conducirán al Día de la Declaración, y la respuesta anticipada de la humanidad a este momento trascendental.

2ª Edición 2020, ISBN 978-84-89147-68-3 (Share Ediciones). (Traducción de la 1ª Edición Inglesa)

La Agrupación de las Fuerzas de la Luz: Ovnis y Su Misión Espiritual

La Agrupación de las Fuerzas de la Luz es un libro sobre ovnis, pero con una diferencia. Está escrito por alguien que ha trabajado con ellos y tiene conocimiento desde dentro. Benjamin Creme ve la presencia de ovnis como planeada y de inmenso valor para las personas de la Tierra.

Según Benjamin Creme, los ovnis y las personas dentro de ellos están consagrados a una misión espiritual para aliviar la suerte de la humanidad y salvar a este planeta de una destrucción adicional y veloz. Nuestra propia Jerarquía planetaria, liderada por Maitreya, el Instructor del Mundo, que ahora vive entre nosotros, trabaja incansablemente con sus Hermanos del Espacio en un proyecto fraternal para restablecer la cordura en esta Tierra.

Los temas tratados en este libro incluyen: el trabajo de los Hermanos del Espacio en la Tierra; George Adamski; círculos de las cosechas; la nueva Tecnología de la Luz; el trabajo de Benjamin Creme con los Hermanos del Espacio; los peligros de la radiación nuclear; salvar el planeta; la 'estrella' que anuncia el emerger de Maitreya; la primera entrevista de Maitreya; educación en la Nueva Era; intuición y creatividad; familia y karma.

Primera Parte: "Ovnis y Su Misión Espiritual"; Segunda Parte: "Educación en la Nueva Era"

2ª Edición 2020. ISBN 978-84-89147-70-6 (Share Ediciones). (Traducción de la 1ª Edición Inglesa)

Unidad en la Diversidad: el Camino Adelante para la Humanidad

Necesitamos una visión nueva y esperanzadora para el futuro. Este libro presenta tal visión: un futuro que abarca un mundo en paz, armonía y unidad, mientras que la cualidad y el enfoque de cada individuo son bienvenidos y necesarios. Es visionario, pero expresado con una lógica convincente e irresistible.

Unidad en la Diversidad: El Camino Adelante para la Humanidad incumbe al futuro de cada hombre, mujer y niño. Trata del futuro de la misma Tierra. La humanidad, indica Creme, está en una encrucijada y tiene que tomar una gran decisión: seguir hacia adelante y crear una nueva y brillante civilización en la cual todos son libres y la justicia social reina, o continuar como estamos, divididos y compitiendo, y presenciar el fin de la vida en el planeta Tierra.

Creme escribe para la Jerarquía Espiritual en la Tierra, cuyo Plan para la mejora de toda la humanidad presenta. Él muestra que el sendero hacia adelante para todos nosotros es la realización de nuestra unidad esencial sin el sacrificio de nuestra igualmente diversidad esencial.

2ª Edición 2020. ISBN 978-84-89147-71-3 (Share Ediciones). (Traducción de la 1ª Edición Inglesa)

Los libros de Benjamin Creme han sido traducidos del inglés y publicados en alemán, castellano, francés, holandés y japonés por grupos que han respondido a este mensaje. Algunos de estos libros también han sido traducidos al chino, croata, esloveno, finlandés, griego, hebreo, italiano, portugués, rumano, ruso y sueco. Están proyectadas más traducciones. Estos libros están disponibles en librerías locales como también online.

Revista Share International

Una revista única que publica cada mes: información actualizada sobre la reaparición de Maitreya, el Instructor del Mundo; un artículo de un Maestro de Sabiduría; ampliación de la enseñanza esotérica; respuestas de Benjamin Creme a una variedad de preguntas de actualidad y esotéricas; artículos y entrevistas con personas a la vanguardia del cambio progresista del mundo; noticias de agencias de la ONU e informes de progresos positivos en la transformación de nuestro mundo.

Share International reúne las dos líneas más importantes del pensamiento de la Nueva Era: el político y el espiritual. Muestra la síntesis que sirve de base a los cambios políticos, sociales, económicos y espirituales que están ocurriendo actualmente a escala global, y busca estimular acciones prácticas para reconstruir nuestro mundo con unas bases más justas y compasivas.

Share International cubre noticias, sucesos y comentarios relacionados con las prioridades de Maitreya: un suministro adecuado de alimentos apropiados, vivienda y cobijo adecuados para todos, sanidad como un derecho universal, el mantenimiento de un equilibrio ecológico en el mundo.

Share International se publica en inglés. Existen también versiones en alemán, esloveno, francés, holandés y japonés.

Para más información:

www.share-es.org

Sobre el Autor

Benjamin Creme, pintor y esoterista de origen escocés, ha estado durante casi 40 años preparando al mundo para el acontecimiento más extraordinario de la historia humana – el regreso de nuestros mentores espirituales al mundo cotidiano.

Ha sido entrevistado por cadenas de televisión, radio y películas documentales de todo el mundo, y ofrece conferencias regularmente por toda Europa Oriental y Occidental, los EEUU, Japón, Australia, Nueva Zelanda, Canadá y México.

Entrenado y supervisado durante muchos años por su propio Maestro, comenzó su trabajo público en 1974. Él anunció en 1982 que el Señor Maitreya, el por tanto tiempo esperado Instructor del Mundo, estaba residiendo en Londres, preparado para presentarse abiertamente si era invitado por los medios de comunicación. Este suceso es ahora inminente.

Benjamin Creme continuó llevando a cabo su tarea como mensajero de esta noticia esperanzadora hasta su fallecimiento en octubre de 2016. Sus varios libros, diecisiete, han sido traducidos a numerosos idiomas. Él era también editor jefe de la revista *Share International*, que circula en más de 70 países. Él no aceptaba dinero por ninguno de estos trabajos.

Benjamin Creme vivía en Londres, estaba casado, y tenía tres hijos.

9 788489 147591